소설보다 더 재미있는 역사 이야기

조선왕조 오백 년 야사

한국문화연구회 편

조선왕조 500년 야사

초판5쇄 펴낸 날 | 2016년 3월 18일

지은이 | 한국문화연구회 편
펴낸이 | 곽선구
펴낸곳 | 늘푸른소나무

출판등록 | 1997년11월3일 제 307-2011-67
주소 | 서울시 강북구 수유동 535-116
전화 | 02-3143-6763
팩스 | 02-3143-6742
이메일 | sonamu1235@naver.com

ISBN 978-89-88640-99-9 13380

※ 저자와의 협의에 따라 인지는 붙이지 않습니다.
※ 잘못된 책은 꼭 바꾸어 드립니다.
※ 책값은 뒤표지에 있습니다.

소설보다 더 재미있는 역사 이야기

조선왕조 오백년 야사

책을 읽기 전에

 야사라는 것은 국가에서 관리를 두어 편찬하는 정사가 아닌 개인이 편찬한 이야기이다.
 그래서 집필하는 개인의 성향이나 생각에 따라서 정확성은 떨어질지라도 현장감과 재미가 있고 또한 없어서는 안 될 역사적 자료이다.
 야사의 기록은 후세에 이루어지며 정사이지 않은 만큼 주관적이고 자유로운 집필을 하기 때문에 혹 발생할 문제 때문에 집필자의 이름이 없는 경우가 많다. 또한 재미를 위주로 하기 때문에 과장된 이야기도 많고 집필하는 사람의 성격이나 성향에 따라 관심을 가진 사건 등을 다루기 때문에 단편적인 성격을 띠기도 한다.
 야사는 집필된 것도 있지만 구전으로 떠도는 이야기를 담아 놓은 내용도 있다. 그러기 때문에 역사로서는 다소 미흡하고 정사의 누락된 것을 보완한다는 차원에서 읽는다면 나름대로 재미와 흥미를 느낄 수 있을 것이다.
 한편으로는 야사를 통해 정사의 흐름을 엿볼 수 있는 기회를 가졌으면 하는 엮은이의 바람이다.

차례

영웅 탄생 ……14
야전사령관 ……18
숨은 진주 ……24
몰락의 징조 ……31
정몽주의 선혈 ……36
이성계의 포용정책 ……41
칼바람 속의 왕자들 ……48
정도전과 왕자의 난 ……49
돌아오지 않는 사람 ……56
조선의 만개 ……61
문종의 예언 ……63
바람 앞의 촛불 ……67
잔혹한 영월의 하늘 ……77
한양의 바람둥이 ……81
파리 목숨의 유생들 ……84
치마폭에 쌓인 왕권 ……91
간신들의 축제 한마당 ……93
부귀영화에 눈먼 간신들의 향연 ……97
조강지처의 한 ……101
젊은 선비들의 수난 ……104
지나친 사랑은 독약 ……107

붕당 속의 힘겨루기 ······111
나라를 망친 붕당들의 싸움 ······114
허기진 목구멍 ······119
경량의 당파싸움 ······123
이불과 빈들의 정치 ······126
허수아비와 허수 임금 ······129
붕당 속의 여인들 ······134
꿈속에 나타난 선조임금의 충고 ······138
용안 속의 검은 그림자 ······143
폭풍전야 ······151
영웅들의 논공행사 ······170
배반의 종착 ······175
하늘이 외면한 북벌 ······182
붕당들의 촌극 ······187
사직골 도련님의 능욕 ······191
계장 속의 꿀 ······200
궁중의 복수혈전 ······204
용안에 깃들인 화해무드 ······213
부자지간도 원수라 ······220
아내의 눈물 ······227
붕당 속에 불어닥치는 회오리바람 ······233

권력에 맛들인 척신들 ……239
용상 뒤의 음모들 ……243
운명의 장난 ……246
돌아서 버린 민심 ……249
왕족의 씨를 말린 외척들의 광란 ……252
운형궁에 서린 왕의 기운 ……256
호랑이 발톱 ……286
화양서원의 굴욕 ……288
허황된 욕심 ……291
종이호랑이의 포효 ……298
깨어진 운명의 첫날밤 ……306
임금의 마음을 녹인 한 잔의 술 ……313
가면 속의 두 얼굴 ……323
꺼져가는 조선의 불꽃 ……338
이불 속에서 새어나간 비밀 ……347
호롱불 아래의 어전회의 ……354
삼일천하의 비밀 ……361
외세에 휘둘리는 용상 ……370
나라를 망친 집안싸움 ……381
민비의 죽음과 몰락 ……390

소설보다 더 재미있는 역사 이야기

조선왕조 오백년 야사

영웅 탄생

태조 이성계는 전주 이씨(全州 李氏)로 아버지 환조와 어머니 최씨 사이의 2남으로 1335년(충숙왕 4년) 12월 11일 함경남도 영흥군 흑석리에서 태어났다.

자는 중결이며 호는 송헌이다. 성은 이씨며 휘가 성계다. 시호는 지인계운성 문신무대왕(至仁啓運聖文神武大王)이며 함경도 영흥군 흑석리에서 출생했다. 즉위 후 휘를 단, 자를 군진으로 고쳤다. 비는 한경민의 딸 신의왕후이며 계비는 강윤성의 딸 신덕왕후였다.

1357년(공민왕 6) 아버지 환조와 함께 유인우가 쌍성총관부를 공격할 때 공을 세웠고, 환조는 고려 삭방도(함경도)의 외직 무관 벼슬인 만호겸병마사(萬戶兼兵馬使)로 등용되었다.

이때부터 이씨 가문이 흥하기 시작했지만 안타깝게도 환조는 46세를 일기로 세상을 떠났다. 그의 슬하에는 장남 원계, 차남 성계, 삼남 화(和)가 있었다. 이중 장남과 삼남은 정실의 소생이 아니었기 때문에 차남 성계가 아버지의 벼슬을 이어받게 되었다.

그의 궁술은 어릴 때부터 신기에 가까웠으며 외모도 위풍당당했다. 젊은 시절엔 엄격하고 말이 적었으며, 평상시 눈을 감고 생활했기 때문에 친구조차 말을 붙일 수가 없었다. 하지만 일단 마음이 통하면 앞장서서 자신의 도리를 다했다.

그는 키가 크고 귀가 특이하게 생겼는데, 명나라 사신 왕태는 그의 귀를 보고 놀라며 이렇게 말했다.

"귀가 묘하게 생겼네! 평생 처음 그런 귀를 본다."

어느 날 관상가 혜등이 이성계의 친척에게 이렇게 말했다.

"앞날이 환하게 펼쳐지는 사람은 이성계밖에 없다."

그러자 그의 친척은 얼굴을 찌푸리며 이렇게 대답했다.

"턱없는 소리! 제아무리 잘 되어봐야 총재(내무부장관)밖에 더 되겠어."

그러자 혜등은 이렇게 결론을 냈다.

"총재라니? 답답하네그려. 내가 본 것은 그게 아니란 말이외다. 그는 임금의 상을 지니고 있어 틀림없이 권좌에 오를 것이오."

무학대사가 설악산 토굴에서 도를 닦을 때 이성계가 찾아와 자신이 꾼 두 가지 꿈을 해몽해 달라고 했다. 그는 꿈의 내용을 차근차근 설명해 주었다.

"허물어진 집으로 들어가 세 개의 서까래를 가로 짊어지고 나왔습니다."

그의 말을 들은 무학대사는 먼저 예의를 갖춘 후 대답했다.

이태조의 호적 원본

"등에 짊어진 세 개의 서까래는 임금 왕(王) 자를 뜻합니다."

이어 그는 또 다른 꿈을 말했다.

"꿈에서 꽃이 지고 거울이 떨어졌습니다."

태조 이성계

그러자 무학대사는 그 꿈을 이렇게 풀이했다.

"꽃이 진 것은 곧바로 열매가 생기는 것이고 거울이 떨어진 것은 틀림없이 무슨 소리가 났을 것입니다."

훗날 이성계가 무학대사와의 만남을 기념하기 위해 세운 사찰이 바로 석왕사(釋王寺)다. 하지만 안타깝게도 태조의 친필 '석왕사' 석자가 없어지고 현재는 각판만 남아 있다.

이성계가 정승의 벼슬을 할 때 꿈을 꾸었는데, 꿈에 신선이 나타나 금척을 주면서 이렇게 말했다.

"경 시중부흥(고려시대 정승)은 청렴하지만 늙었고, 최 도통사(고려시대 무장) 영은 성격이 곧지만 나라를 바로잡을 인재가 못된다. 이런 까닭에 이 금척을 주노니 이것으로 나라를 바로잡아라."

이성계는 어릴 때부터 활의 명수였다. 그는 활을 대나무가 아닌 싸리나무로 몸체를 만들고 깃을 붙여 사용했으며 촉은 미각을 사용했다. 이 때문에 활이 컸으며, 촉이 무겁고 간이 길어서 보통 화살보다 더 무거웠다.

어느 날 이성계는 아버지를 따라 사냥을 하게 되었는데, 아버지는 태조의 화살을 보면서 보통 사람으로서는 사용할 수 없다며 땅에 던져버렸다. 하지만 이성계는 이것을 다시 주워서 살통에 꽂고 앞장 섰다.

때마침 노루 한 마리가 그의 앞을 가로질러 도망갈 때 한 발을 쐈는데 노루는 그 자리에서 즉사하고 말았다. 그 후 일곱 번이나 노루가 나타났는데 그의 화살에 모두 죽고 말았다. 이것을 지켜본 아버지는 그의 활솜씨에 넋을 잃고 말았다.

그의 활솜씨가 천하에 퍼져나가자 활의 대부로 지칭되고 있던 찬성사(고려시대 정이품) 황상이란 사람이 활쏘기 시합을 제의해 왔다. 거리는 1백5십 보 밖에 과녁을 세워놓고 활을 쏘는 경기였다.

이성계는 새벽부터 시합 장소에 도착해 활을 쏘기 시작했는데 한 발도 과녁을 벗어나지 않고 백발백중이었다. 그렇지만 이성계와는 달리 황상은 정오에 시합장소로 나와 활을 쏘았다. 그는 수백 발 중 50발만 명중했고 나머지는 실패했다.

황상은 그의 활솜씨에 탄복해 공민왕에게 보고하자 왕은 이렇게 칭찬했다.

"이성계의 궁술은 신기에 가깝구나."

야전사령관

이성계는 밀직사부사(마을에서 두 번째 높은 벼슬) 안변 한경민의 딸과 혼인했다. 그의 나이 26세 때 아버지가 죽고 함경도 만호 겸 병마사(咸鏡道萬戶兼兵馬使)란 벼슬을 이어 받은 후 동북면 만호(東北面 萬戶)로 승진했다.

1361년(공민왕 10년)에 홍건적이 송도를 침략했다. 그러자 왕은 남쪽으로 피신하고 이성계가 출전하여 홍건적을 물리쳤다. 이듬해엔 원나라 승상 나하추가 쳐들어왔다. 왕은 이성계를 동북면 병마사로 삼아 출전시켰다. 전장으로 나간 이성계는 부하장수를 모아놓고 이렇게 말했다.

"우리가 여러 번 패한 원인을 말해 봐라."

그러자 여러 장수들은 입을 맞춘 듯 이구동성으로 그 원인을 보고했다.

"전투가 한창일 때 철갑옷을 입고 붉은 쇠털로 장식한 적장 한 사람이 창을 휘두르면서 달려듭니다. 그의 용맹에 군사들이 겁을 먹는 바람에 전패했습니다."

이 말을 들은 이성계는 적장을 혼자 물리칠 생각을 했다. 드디어 전투가 시작되었고, 그는 작전상 일부러 패한 척하면서 북쪽으로 도망쳤다. 이를 본 적장은 그의 작전에 속아 창을 휘두르며 뒤쫓아왔다. 이때 이성계는 몸을 잽싸게 말배에 붙여 적장의 말과 부딪쳤다. 그러자 적장은 중심을 잃고 넘어졌다. 이때를 놓치지 않고 말등에 올라앉으면서 활을 쏘아 죽였다. 그런 다음 큰 소리로 외쳤다.

"적장이 죽었다! 앞으로 진격하라!"

적장이 죽었다는 소리에 군사들은 사기가 올라 용맹스럽게 싸웠고, 반대로 적군은 우왕좌왕하다가 나하추를 따라 북쪽으로 도망가고 말았다. 이때 나하추에게 그의 아내가 말했다.

"장군! 지금까지 한 번도 패하지 않았는데 이렇게 도망가는 신세가 된 것을 보면 고려의 장수가 명장인 것 같군요. 괜히 헛수고 하지 말고 돌아갑시다."

그렇지만 나하추는 아내의 말을 듣지 않았다. 이성계가 함관령을 넘어가자 나하추는 십여 기의 기마병과 함께 진 앞에 서 있었다. 이에 이성계도 십여 기의 기마병을 거느리고 대치하였다.

이를 본 나하추가 이성계에게 이렇게 제안했다.

"지금 우리 군세가 매우 약해 이 전투에서 도저히 이길 수가 없다. 화해를 하면 어떻겠나. 화해를 하면 우린 조용히 물러나겠다."

이것이 계략임을 알아차린 이성계는 군사들에게 공격을 명했다. 얼마 후 이성계는 도망가는 나하추를 보고 뒤를 쫓았다. 다급한 나하추가 이성계에게 말했다.

"우리가 이럴 필요가 있겠소?"

이에 아랑곳 하지 않고 이성계는 나하추의 말을 향해 활을 쏘아 쓰러뜨렸다. 땅바닥으로 떨어진 나하추는 부하가 건네준 말을 타고 도망해 겨우 목숨을 건졌고 이성계는 동북면을 평정해 천하에 이름을 떨쳤다.

몇 년 후 이성계는 동녕부를 격파하기 위해 기병 5천, 보병 1만을 거느리고 황초령과 설한령을 거쳐 압록강을 건넜다. 그러자 동녕부를 지키고 있던 동지중추부사 이올로는 이성계를 맞이해 머리를 조아리며 항복했다.

"장군, 나의 조상은 원래 고려 사람이고 전 이원경이라고 합니다. 목숨을 걸고 장군의 부하가 되겠소이다."

이성계 덕분에 동쪽으로는 황성, 북쪽으로는 동녕부, 서쪽으로는 황해 바다, 남쪽으로는 압록강까지 고려 영토가 확장되었다.

1377년(우왕 3년) 왜구가 경상도로 침범해 피해가 심했지만 이를 제대로 방어하는 장수가 없었다. 왕은 이성계를 대장으로 임명하여 지리산으로 출정시켰다.

지리산에 도착한 이성계는 2백 보 떨어진 곳에서 왜구 한 놈이 뒤돌아서서 자기 궁둥이를 두드리며 조롱하는 것을 보았다. 화가 난 그는 화살로 그 왜구를 쏘아 죽이자 왜구들은 공포에 떨기 시작했다.

이때를 놓치지 않고 군사들에게 공격을 명하자 왜구들은 참패하여 도주하였다. 패잔병들은 험한 절벽 위에서 칼과 창을 휘두르며 아군을 조롱했다. 그러나 부하장수들은 감히 대항할 용기를 내지 못했다. 그러자 이성계는 자신이 앞장서서 왜구의 진지로 향하자 군사들은 용기를 얻어 패잔병들을 격파했다.

몇 년 후 왜구를 가득 실은 배 1백5십 척이 함주(함흥)와 북청으로 들어와 약탈을 일삼았다. 이에 원수 심덕부가 왜구를 맞아 싸웠지만 참패하고 말았다.

이때 이성계가 우왕에게 자청하여 함주로 갔다. 도착 다음 날 왜구가 진을 치고 있는 곳으로 달려가 항복을 권유했다. 이에 아무런 대답을 듣지 못한 이성계는 왜군 20여명을 활을 쏘아 죽였다. 이를 목격한 왜구들은 겁에 질려 우왕좌왕하다가 도망가거나 궤멸했다.

1379년(우왕 5년), 왜구의 대장 아지발도는 배 5백 척에 군사를 가득 싣고 들어와 운봉 인월역에 주둔하고 있었다. 우왕은 이성계를 경기, 전라, 경상 삼도순찰사를 삼아 왜구를 물리치도록 명했다. 그곳에 도착한 이성계는 높은 곳으로 올라가 운봉 넘어 오른쪽에 있는 험준한 지름길을 가리키며 말했다.

"왜적은 저 지름길을 이용해 습격할 것이 분명하다. 내가 혼자 들어가겠다."

이성계가 그 지름길로 들어서는 순간 왜적들은 공격했다. 그는 당황하지 않고 차분하게 왜구의 얼굴을 향해 백우전 20대를 쏜 뒤, 유엽전 50대를 연속으로 쏘았다. 왜구들은 얼굴에 화살을 맞았기 때문에 제대로 응사하지 못하고 죽고 말았다.

그러나 산속에 왜적들이 숨어 있었기 때문에 토벌하기가 무척 까다로웠다. 이성계는 부하장수에게 소라를 요란하게 불게 하여 군사를 진군시켰다. 그 순간 자신의 말이 왜구의 화살에 맞아 쓰러졌다. 그는 잽싸게 다른 말을 바꿔 탔는데, 그만 왼쪽 무릎에 적군의 화살이 박히고 말았다. 왼손으로 박힌 화살을 즉시 뽑은 다음 부하들에게 명령했다.

"죽음이 두렵다면 모두 물러서라! 난 적과 더불어 죽을 것이다!"

그의 말에 군사들은 사기가 충전되어 용맹하게 싸웠지만 왜적은 물러설 기미가 전혀 없었다.

왜장 중엔 나이가 15~6세 가량의 소년이 있었는데, 비록 나이는 어리지만 용기와 담력은 백전노장을 능가했다. 이 소년을 본 군사들은 이구동성으로 외치면서 도망을 치기 시작했다.

"저 자가 바로 아지발도이다!"

전투가 한창일 때 이성계는 아지발도의 용기와 기백을 높이 평가해 이두란(본명 퉁두란)에게 생포하라고 명했다. 그러자 이두란은 고개를 저으면서 반대했다.

"생포해서는 안 됩니다. 자칫 우리에게 해가 오면…."

아지발도는 전신 갑옷과 얼굴 투구까지 쓰고 있어 화살을 쏘아도 죽일 수가 없었다. 그렇지만 이성계는 이두란을 꾸짖으며 활시위를 당겼다.

"이장군은 그렇게 용기가 없소. 내가 투구를 쏘아서 벗겨놓을 테니 잘 보시오."

이성계의 화살이 명중하자 투구가 벗겨졌다. 이를 놓치지 않은 이두란이 활을 쏘아 그를 사살했다. 이로 인해 전세가 역전되어 우리 군사보다 10배나 많은 군사 중에서 살아서 도망친 왜적은 불과 70여 명이었다.

이성계가 운봉에서 크게 이기고 개선하자 판삼사(종일품) 최영은 친히 이성계를 맞이하면서 손을 잡고 눈물을 흘렸다.

"이 나라에 믿을 사람은 장군밖에 없소이다."

1382년(우왕 8년), 여진 사람 호발도가 대군을 이끌고 단주(단천)로 침략했다.

이성계는 동북면도지휘사(東北面都指揮使)로 임명되어 전쟁터로 향했다. 이때 이두란은 모친상을 당해 청주(북경)에 있었는데, 이성계가 편지를 보내자 이두란은 상복을 벗어던지고 복귀하여 호발도군을 맞아 길주에서 싸웠다.

하지만 승리를 거두지 못하고 돌아오자 이성계가 직접 나섰다. 호발도는 횡으로 진을 치고 대기하고 있다가 이성계가 나타나자 단신으로 칼을 빼어들고 달려들었다. 이성계도 칼로 대응하여 싸움을 하다가 재빨리 말을 돌려 호발의 등을 향해 화살을 쏘았다. 그러나 갑옷이 두꺼워 화살이 튕겨나가자 그의 말을 쏘아 쓰러뜨렸다. 그렇지만 호발도는 죽지 않고 싸움에 패해 도망치고 말았다.

이성계는 무인이지만 유학을 소중히 여겨 동정북벌 중에도 진중으로 이름 있는 선비들을 초청해 경사를 들었다. 특히 아들 방원에게 유학을 공부시켰는데, 방원이 과거에 급제해 벼슬을 하자 감격했다.

어느 날 명성 있는 선비들을 초청해 놓고 연회를 베풀면서 아들 방원을 보고,

"네 덕에 이런 낙을 맛볼 수가 있구나."라고 했는데, 이것은 이성계가 학문을 얼마나 좋아했는지를 알 수가 있다.

숨은 진주

 이성계는 동북면 상만호(東北面上萬戶) 시절 여진족과 홍건적과 왜구를 토벌하면서 명성이 천하에 알려졌고, 벼슬 또한 하시중(정승)에 이르렀다. 하지만 동정북벌을 하는 동안 나이가 들었다.
 이때 황해도 해주에 살고 있는 강윤성이란 사람은 양반은 아니지만 서민 중에서 학행을 갖춘 인물이다. 그에겐 미덕을 겸비한 딸이 있어 일등 사윗감을 찾고 있는 중이었다.
 어느 날 그는 친구로부터 이성계의 문객 홍진사라는 사람을 소개 받았다. 홍진사에게서 이성계가 좋은 신부감을 찾는다는 말을 듣는다. 그러던 중 강윤성은 잠자리에서 부인과 이런저런 이야기를 주고받다가 딸의 시집 문제를 끄집어냈다.
 "우리 딸의 나이가 지금 열아홉 살이오?"
 "그럼요, 내년이면 스물이니 맞지요."
 "허어, 늦은 것이 아니오? 그래, 부인께서도 사윗감을 구해 보았소?"
 "구해 보긴 했지만 마땅한 총각이 없어요. 이대로 가다간 딸아이가 늙을 수밖에…. 영감께서도 알아보셨습니까?"
 "구해 보긴 했지만 모두 신통치 않구려."
 "어떡하면 좋겠습니까?"
 부인의 말에 강윤성은 고개를 떨어뜨리고 뭔가에 몰두하다가 말을 이었다.

"내일 당장 개성으로 달려가 홍진사를 만나볼까?"

"무슨 좋은 수라도?"

"홍진사 말인데, 이성계 장군 같은 분에게 부인이 없을 리가 있겠소마는…. 벼슬이 높은 관계로 서울에서 고향으로 자주 내려올 수가 없다고 합니다. 그래서 서울에다가 첩을 두기 위해 작년부터 미덕을 겸한 규수를 찾고 있다고 했소. 그래서 개성에 가려고 하오."

"그렇게 하세요. 당연히 시골엔 정실부인이 있겠지요?"

"두말하면 잔소리지 않소."

"그 자리에 우리 딸을 주잔 말씀이군요."

부인이 서운한 기색을 보이며 고개를 숙이자 강윤성은 도닥거렸다.

"부인의 심정을 모르는 바는 아니오. 하지만 사윗감을 구하지 못해 그렇게 생각한 것이니 오해는 하지 마세요."

"이성계 장군께선 왜 여태까지 여자를 구하지 못했을까요?"

"글쎄."

"이성계 장군의 나이가 얼마나 되나요?"

"모르긴 몰라도, 대략 사십은 될 것입니다."

"뭐요! 사십이요? 아버지뻘인데 우리 딸아이가 좋아하겠어요?"

"그러니까 부인께서 조용히 물어보세요."

그 다음 날 개성에 도착한 강윤성은 홍진사를 만나 이성계의 혼사가 결정되었느냐고 물었다.

"아직 결정되지 않았소. 근데 그건 왜…. 나에게 솔직하게 말씀해 보시구려."

"네, 제 딸년 혼사문제로 별안간 찾아뵙게 된 것입니다."

"그래요? 그렇다면 누구와 혼인하게 되었습니까?"

"누구라니요? 이 장군에게 제 딸이 어떨까 합니다."

"그게 정말이오?"

"네, 정말이구 말고요."

"그렇다면 따님 나이가 얼마나 되었소이까?"

"방년 열아홉이랍니다."

"흠- 열아홉이라? 딱 좋은 나이구먼! 어릴 때 본 적이 있는 것 같은데요."

"그 아이랍니다. 지금은 딸아이가 만개한 모란꽃 같지요. 더구나 미덕까지 갖추고 있답니다."

"허어, 그래요. 복 받으셨구려. 이 장군에게 청을 한번 넣어보겠소."

"홍형만 믿고 기다리겠습니다."

"그동안 많은 처녀를 물색했지만 아직도 찾지 못한 것 같습니다. 이 정도라면 성공할 것 같소이다."

"홍형, 고맙소이다. 하지만 우리 집안은 양반이 아니라, 몇 대를 걸쳐 농사를 짓거나 장사로 살아왔습니다. 하지만 학행만큼은 양반집 못지않게 힘썼답니다. 이 점을 꼭 고려해 주세요."

혼인 부탁을 하러간 강윤성은 홍진사에게 술대접까지 받고 해주로 돌아왔다.

그날 밤 강윤성은 부인과 딸을 불러 홍진사에게 부탁한 혼담을 이야기했다.

"홍진사에게 도리어 술대접까지 받으면서 혼인 문제를 부탁하였소. 그동안 청혼이 많았지만 아직 결정되지 않았다고 합디다. 홍진사가 힘을 쓴다면 우리 애가 낙점될 것이 틀림없을 것이오. 며칠만 기다리면 좋은 기별이 올 것이오. 당신 생각은 어떤지 말씀해 보시오. 더구나 지금 이 장군이 장군이지만 반드시 고려를 대신하여 임금이 될 것이라고 장담하더군요."

이 말을 들은 부인은 눈을 크게 뜨고 기뻐하면서 손뼉을 치며 딸을 쳐다보았다.

"그러면 내 딸이 왕비가 되겠군요! 호호호."

이런 어머니의 반응에도 불구하고 강윤성의 딸은 아무 내색도 않고 고개만 숙이고 있었다. 딸의 모습을 본 강윤성은 부인에게 다시 물었다.

"부인, 처음엔 탐탁지 않게 여기더니만 지금 마음이 변한 것이오?"

"영감, 지나간 이야기는 하지 마세요. 전 오직 내 딸이 이 장군과 결혼만 하게 된다면 무슨 말이 더 필요하겠어요."

강윤성은 부인의 대답을 들으면서 뭔가를 생각하다가 딸에게 얼굴을 돌렸다.

"얘야! 이 장군에게 시집가는 게 싫으냐? 이 장군은 이 나라 임금이 될 분이시다. 남자로서 모든 것을 갖추고 있다고 하는데 말해 보아라."

그의 딸은 아버지의 말에 고개를 숙인 채 말을 꺼냈다.

"외람되게 무슨 말씀을 드리겠습니까? 아버님께서 옳다면 저도 옳다고 생각합니다."

늦은 오후, 강윤성이 해주로 돌아온 열흘 만에 홍진사가 친히 집으로 찾아왔다. 홍진사는 대뜸 강윤성을 만나기가 무섭게 먼저 말을 꺼냈다.

"강형! 이 장군을 직접 모시고 왔소이다."

그러자 강윤성이 홍진사의 뒤를 살핀 후 물었다.

"아무도 없는데, 지금 어디에 계십니까?"

"지금 읍내 객사에 머물고 있습니다."

"허어, 내가 어찌했으면 좋겠소이까?"

"오늘은 이미 날이 저물어 안 되겠소. 되돌아가 내일 정오까지 모시고 오겠소. 어떻게 생각하시오?"

"그렇게 합시다. 하지만 홍형께서 혼자 외롭게 되돌아가시는 것이 걱정되는군요."

"난 괜찮소이다. 강형, 내일 한 잔 하기로 하고 그만 돌아가겠소."

홍진사가 되돌아간 후 강윤성은 부인과 딸을 불렀다.

"홍진사가 이 장군과 함께 해주로 왔다고 하는군요."

이 말을 들은 부인은 홍진사를 문전에서 보냈다며 안타까워했다. 다음 날 정오가 되어 이성계는 홍진사를 따라 강윤성의 집으로 왔다. 강윤성은 이성계를 건넌방으로 안내하여 상좌에 앉게 한 후 절을 했다.

"천민한 집에 모시게 되어 죄송하옵니다. 하지만 장군께서 오신 것은 자자손손 큰 영광으로 알겠습니다."

그런 다음 강윤성은 홍진사를 향해 말을 이었다.

"홍진사님께 수고를 끼쳐 죄송합니다. 덕분에 이 장군님을 만나게 되어 너무나 기쁩니다. 그 은혜 죽을 때까지 기억하겠습니다."

얼마 후 강윤성은 부인과 딸을 불러 이성계와 홍진사에게 인사를 올리게 했다. 이성계는 그의 딸에게 절을 받은 후 홍진사에게 물었다.

"이 처녀가 홍진사가 천거한 본인이오?"

"네, 장군. 그렇습니다."

이 말이 떨어지기가 무섭게 이성계는 강윤성의 딸을 주의 깊게 살펴보면서 중얼거렸다.

'흠~ 홍진사의 말이 거짓은 아니었군…. 내가 보지 않았다면 이런 시골에서 세상을 보낼 뻔했어.'

그런 후 강윤성에게 얼굴을 돌렸다.

"정말 참한 따님을 두셨군요. 그런데 지금까지 왜 시집을 보내지 않았지요?"

"장군님과 인연을 맺으려고 그런 것 같습니다."

이렇게 화담이 오가던 중 강윤성의 부인과 딸은 자리에서 물러난 후 안방에 점심을 차려 놓았다. 안방으로 자리를 옮긴 이성계는 밥상에 앉은 후 강윤성에게 술을 권하면서 말을 던졌다.

"음식예절이 보통이 아니군요. 저같이 미천한 놈이 이런 집안과 혼사를 갖는다는 것은 영광이라면 영광입니다. 저에게 따님을 주신다면 감사히 받아드리겠습니다."

"장군님, 그 말씀이 진정이십니까?"

"그렇습니다. 저는 술을 먹어도 일구이언하지 않습니다."

"감사합니다. 저희 집안으로서는 무한한 영광으로 생각하겠습니다."

"무슨 겸손의 말씀을…. 오늘 이 자리에서 홍진사를 증인으로 모시겠습니다. 그리고 장인, 장모되실 어른 앞에서 따님을 후처로 맞아드릴 것을 맹세합니다. 길일을 택하여 적당한 장소에서 정식으로 결혼식을 올리겠습니다. 전 나랏일이 바빠서 내일은 곧바로 돌아가야 합니다."

이성계는 홍진사와 함께 강윤성에게 하직을 고하고 길을 나섰다.

몰락의 징조

1388년(우왕 14년) 우왕은 이성계와 조민수에게 요동을 토벌케 하였다. 그것은 명나라가 철령에 철령위를 세우고자 했기 때문에 사람들이 북원을 섬길 것을 주장하고 요동을 치기를 결의했던 것이다.

더구나 최영은 이성계가 임금이 된다는 소문을 낭설로만 여길 수가 없었다. 그는 이성계의 일거수일투족을 감시하기가 어렵게 되자 요동토벌에 천거하였다. 또한 요동토벌에서 약간의 잘 못도 트집을 잡아 처치하려는 흉계도 포함되어 있었다.

최영이 요동토벌을 우왕에게 권하자 공산부원군 이자송이 최영의 집으로 찾아가 조용히 만류했다.

"장군, 요동토벌은 아무 득이 없는 일이요, 도리어 화가 미칠까 걱정되니 그만두는 것이 좋을 것이오."

최영은 그의 말을 듣지 않고 도리어 죄를 뒤집어 씌워 하옥시켰다가 멀리 유배를 보낸 다음 죽였다. 이 일로 인해 겁에 질린 우왕은 최영의 말에 따라 요동토벌을 결의했다. 곧바로 우왕은 봉주에 도착해 최영과 이성계를 불렀다.

"요동을 토벌함에 있어 그대들은 최선을 다하라."

그러자 이성계는 현실을 우왕에게 설명했다.

"현 상황에서의 토벌은 불리합니다. 먼저 약소국이 강대국을 친다는 것이고, 두 번째는 여름철에 군사를 움직이는 것이고, 세 번째는 모든 군사를 토벌군으로 출진시키면 왜구가 이 틈을 타서 침입할 것이고, 네 번째는 더위와 비가 심해 군사들이 역병에 걸린다는 점입니다."

우왕은 이성계의 말을 듣지 않고 자신의 주장을 우겼다.

"이 장군, 이미 출사를 결정했는데 어찌 거두란 말이오?"

그렇지만 이에 굴하지 않고 이성계는 여러 번 출사를 중지할 것을 권했지만 왕은 막무가내였다. 이성계는 물러나와 이렇게 탄식했다.

"백성들의 불안이 이제부터 시작되는구나."

그해 5월, 우도통도사를 맡은 이성계와 그의 부장 이두란과 좌도통도사를 맡은 조민수와 그의 부장 심덕부와 함께 압록강을 건너 위화도에 들어서려다가 좌우통도사는 회군하기로 결심했다.

좌우군 도통사는 우왕에게 다음과 같이 상소했다.

'신들이 압록강을 건너 위화도에 도착할 때 많은 비가 내리고 있었사옵니다. 이것으로 인해 개울이 넘쳐 벌써 수백 명이 빠져 죽었사옵니다. 이대로 있다가는 군량미만 없어지고 말 것이옵니다. 다시 말씀드리면 약자가 강자를 섬기는 것은 나라를 보전하는데 안전할 것입니다. 더구나 나라가 어려운 지경에 있는데 별안간 대국을 정벌한다는 것은 어불성설이옵니다. 부디 저희의 청을 받아들이시어 회군하도록 하옵소서.'

상소를 받은 왕은 답변을 하지 않자 이성계는 부하장수들에게 경고했다.

"지금 명나라 국경을 침범하는 순간 나라와 백성들에게 위기가 닥쳐온다. 그래서 상소를 올렸건만 상감과 최영 장군은 모른 체하고만 있어 걱정이구나. 지금 심정 같아서는 여러 장수들과 함께 왕의 측근에 있는 간신들을 척살하고 싶다. 너무나 괴롭구나."

그러자 여러 장수는 한 목소리로 대답했다.

"장군, 사직을 보전하는 것은 장군의 손에 달려있습니다. 저희는 장군의 분부라면 목숨을 바쳐 따르겠습니다."

얼마 후 압록강으로 회군한 이성계는 백마에 올라 붉은 활에 백우전을 등에 메고 강변에 서 있는 모습에서 더욱 빛났다.

끝내 이성계가 회군했다는 소식을 접한 우왕은 말을 달려 개경으로 돌아왔다. 그러자 여러 군사는 우왕에게 글로서 최영의 죄를 묻자고 했다. 그러나 우왕은 이를 무시한 채 설장수에게 명해 다른 장수를 회유하여 파병케 했다. 그렇지만 군사들은 도성문 밖으로 나가 주둔만 했다.

그러자 우왕은 최영과 함께 병사를 소집하여 4대문을 지키게 하고, 이와 동시에 조민수를 비롯한 여러 장수의 직함을 삭탈하고 항전하려 하였다. 얼마 후 좌군은 선의문으로 이성계는 숭인문을 통해 들이닥쳤다. 이때 성안에 있던 사람들은 이들을 환호하며 반갑게 맞아주었던 것이다.

한편 조민수는 검은빛 깃발을 앞세워 영의교에 이르렀지만 최영의 군사에게 밀려났다. 하지만 조민수의 뒤를 이은 이성계가 황룡 깃발을 앞세워 선죽교를 거쳐 남산으로 올랐다. 그러자 최영의 군사들은 이성계의 군기를 보고 도망가기에 바빴다.

허탈함에 빠진 최영은 군사들과 함께 성문의 보초를 죽이고 우왕의 소재지인 화원으로 들어왔다. 이때 이성계는 암방사 북령에 올라가 소라나팔을 불어 화원을 수백 겹으로 에워쌌다. 그런 후 최영을 내놓으라고 소리쳤다.

이때 우왕은 영비(최영의 딸)와 최영과 함께 팔각전에 있었다. 이성계의 군사들이 수색에 들어가자 우왕은 최영의 손을 잡고 울면서 작별했다. 최영은 왕에게 절을 한 후 충보를 따라 나섰다. 최영을 본 이성계는 이렇게 말했다.

"이번 일은 내 본심이 아니란 것을 알아주시오. 하지만 요동토벌은 나라를 불안케 하는 일이기에 하는 수 없이 이런 군사적 수단을 취한 것이오. 부디 안녕하시기를 빌겠소."

최영은 고봉현(지금의 고양)으로 귀양살이를 갔고, 두 도통사와 원수는 제자리로 돌아갔다. 얼마 후 최영은 조인옥 등이 죄를 물어 상소함에 따라 참형을 당하고 말았다.

이때 최영의 나이가 73세였는데 참형의 순간까지 얼굴색이 변하지 않았으며, 성안의 모든 백성들은 그를 조상하였다고 한다.

6월 우왕을 폐하고 그의 아들 창이 왕위에 올라 같은 달 초 3일부터 홍무연호를 다시 쓰기로 했다.

폐위된 우왕은 이성계와 조민수를 척살하기 위해 강화도로 유배되기 전날 밤, 갑옷을 입고 내시 등 모두 80여 명이 그들의 집으로 찾아갔다. 하지만 모두 외곽에 주둔해 있었기 때문에 목적을 이루지 못했다.

1389년(창 1년) 창을 폐하여 강화로 추방하고 정창군 요를 왕위에 오르게 하였는데 이 사람이 바로 고려 마지막 임금인 공양왕이다. 그가 왕위에 오른 것은 다음과 같은 사연이 있었다.

어느 날 최영의 생질 김저가 정득후와 함께 남몰래 여흥으로 달려가 폐왕 우를 만나 울면서 하소연했다. 그러자 우왕은 자신의 솔직한 심정을 드러냈다.

"허~어, 정말 울화증이 나서 못 견디겠소. 난 꼼짝없이 죽게 되었소이다. 지금 나를 따르는 장사 한 명만 있다면 이성계를 없앨 수 있는데 말이오. 그를 그대로 두고 눈을 감는다는 것은 천추의 한이 될 것이오."

말을 마친 우왕은 칼 한 자루를 정득후에게 건네면서 거사할 것을 청했다. 그러자 정득후는 거사를 성공시키겠다고 말한 후 이성계를 찾아가 음모를 발고했다.

곧바로 이성계는 김저를 체포한 후 국문에 붙이기로 했다. 그런 다음 심덕부, 지용기, 정몽주, 설장수, 성석린, 조준, 박위, 정도전 등을 불러 이 일을 상의했다. 이 자리에서 이런 결론이 났다.

'우와 창은 처음부터 왕씨의 자손이 아니므로 종사를 받들 자격이 없다. 따라서 진실을 밝혀야 한다.'

이에 정비에게 교지를 내리게 해 우를 강릉으로, 창을 강화로 옮기고, 그 다음 날 정창군 요를 왕위에 오르게 했던 것이다.

요가 임금 자리에 오른 후 윤회종이 우와 창을 죽여 없앨 것을 상소하였다. 얼마 후 우는 강릉에서 창은 강화에서 참형을 받았다. 이때 우왕의 비였던 영비는 소리를 내어 통곡하면서 울부짖었다.

정몽주의 선혈

이성계는 공양왕의 아들 세자 석이 명나라에서 돌아오자 황해도 황주까지 달려가 마중했다. 그 후 그는 해주에서 노루사냥을 하다가 말에서 떨어져 심한 부상을 입었다.

고려의 충신 정몽주는 이성계의 위상이 날로 더해지자 위험인물로 간주해 그를 제거하려고 마음먹었다. 때마침 이성계가 말에서 떨어져 집안에 꼼짝하지 않고 누워있다는 말을 듣고 대간에게 말했다.

"이성계가 마상으로 인해 몹시 고생하고 있는 모양이구나. 먼저 그의 측근인 조준을 척살하고 후에 이성계를 죽이는 게 좋겠다."

이 말을 삼사에게 전하자 삼사는 조준, 정도전, 남은, 윤소종, 청주목사 조박 등의 죄를 들어서 왕에게 고했다. 그러자 왕은 도당에게 처리하도록 명했다. 이때 도당으로 들어간 정몽주는 그들의 죄를 부추겨 여섯 사람이나 귀양을 보냈다. 또 자기 당파인 김구련과 이번 등을 시켜 이들을 국문토록 했다.

그 순간 이성계의 아들 방원이 어머니 한씨의 무덤 가까이에 여막(상제가 거처하는 초막)생활을 하고 있다가 소문을 들었다. 그것은 아버지가 말에서 떨어졌다는 것과 정몽주가 대궐로 입경하는 날 아버지를 죽일 것이라는 내용이었다. 그는 이 소문을 듣는 순간 말을 타고 벽란도로 달려와 아버지 이성계에게 말했다.
 "아버님, 정몽주가 음모를 꾸미고 있답니다. 속히 집으로 돌아가셔야 봉변을 면할 수가 있습니다."
 방원은 이성계가 자신의 말을 듣지 않자 계속해서 청을 했다. 나중에는 할 수 없이 상처의 고통을 참아가며 걸어서 서울 집으로 돌아왔다.
 한편 이성계가 돌아온 것을 모르는 정몽주는 대간에게 상소하여 조준과 정도전 등을 죽이라고 하였다. 이 소식을 들은 방원은 아버지 이성계에게로 나아가 간청했다.
 "아버님, 정몽주를 죽여야만 우리 집안이 살 것입니다."
 그러나 이성계는 수도 없이 간청하는 아들에게 화를 냈다.
 "듣기 싫다! 이놈. 이제 그만하고 돌아가 너 할 일이나 해라."
 그렇지만 방원은 포기하지 않고 숭교리의 옛 집에 머물면서 이성계의 답을 기다렸다.
 한참 후 광흥창의 사자 정탁이 찾아왔다. 그는 방원을 보기가 무섭게 이렇게 충고했다.
 "이 장군님을 뵈오니 지금 신명으로 나서실 때이옵니다. 왕후장상이란 따로 있는 게 아닙지요."
 이 말을 들은 방원은 방과와 이성계의 사위 제와 의논한 후 정몽주를 죽이기로 결심했다. 방원은 즉시 이두란에게 척살을 부탁했지만 거절당했다. 그러자 방원은 조영규, 조영무, 고려, 이부 등을 불러 당부하자 그들은 흔쾌히 받아들였다. 그들은 도평의사사로 들어가 정몽주를 암살하기로 했다.
 이들이 거사를 위해 막 일어서려는 순간 대문 밖에서 벽제성의 큰 소리가 들려왔다.

"물러서라~ 물러서라."

방원이 대문 밖으로 나가자, 그곳에 정몽주가 서 있었다. 그는 음모가 있다는 정보를 알고 병문안을 핑계로 분위기 파악에 나섰던 것이다. 그렇지만 아무것도 모르고 있는 이성계는 정몽주를 따뜻하게 맞아 주었다. 이날 이성계의 서자 화도 있었는데 그는 방원에게 채근했다.

"몽주를 척살할 기회는 오늘이다. 다만 아버님께서 화를 내시는 것이 걱정이구나."

"형님, 기회란 항상 있는 것이 아닙니다."

이때 판개성부사 유원이 사망한 터라 정몽주는 이성계와 헤어진 후 초상집으로 향했다. 그는 초상집에서 한참 동안 머물다가 집으로 돌아가기 위해 말에 오른 후 길을 나섰다. 모든 준비를 하고 기다리고 있던 조영규는 정몽주가 나타나자 일격을 가했다.

하지만 그 일격이 빗나가서 정몽주는 말고삐를 급히 돌렸다. 그 순간 조영규가 다시 달려들어 말을 쓰러뜨리자 정몽주는 말에서 떨어져 도망치기 시작했다. 그것도 한순간, 그를 뒤쫓아간 고려 일당들에게 결국 정몽주는 목숨을 잃었다.

방원은 즉시 이성계를 찾아가 정몽주를 척살했다고 보고하자 대노했다.

"뭣이라고? 너 때문에 충신으로 알려진 우리 집안에 똥물을 튀겼구나. 앞으로 백성들을 어찌 볼까 두렵다, 이놈!"

하지만 방원은 자신의 한 일에 대해서 정당성을 주장했다.

"아버님! 왜 그러십니까? 정몽주와 그의 일당은 아버지를 척살하기 위해 음모를 꾸미고 있지 않았습니까. 그런 자들을 어찌하여 품으로 안으시려고 했습니까?"

방원에 주장에 대해 화가 풀리지 않은 이성계를 본 부인 강씨는 이렇게 격려했다.

"대감, 오늘 따라 대장군답지 않게 왜 비겁해지려고 하십니까? 초지일관하십시오."

다음 날 이성계는 왕에게 사람을 보내어 이렇게 아뢰게 했다.

"정몽주는 대간들과 음모를 꾸며 충신을 모함했기 때문에 그 죄로 말미암아 죽임을 당했사옵니다. 그런즉 그와 연관된 자들을 잡아다가 조치하심이 옳은 줄 사료되옵니다."

이성계의 청으로 정몽주와 가까운 대간들을 구금시킨 후 배극렴과 김사형에게 국문하도록 하면서 사건이 마무리되었다.

정몽주가 척살당하기 전으로 거슬러 올라가보자. 정몽주와 이성계는 아주 친한 사이였다. 하지만 이성계의 세력이 점점 커짐에 따라 그가 왕이 될 것으로 생각한 정몽주는 그를 암살하려고 음모를 꾸몄다. 그러나 이성계는 그 사실을 전혀 눈치채지 못했다. 하지만 이성계의 아들 이방원이 정몽주의 음모를 알아차린 것이다. 그래서 이방원은 잔치를 열어 그를 초청해 마음을 떠보았다. 이때 주고받은 시조가 바로 '하여가'와 '단심가'였다.

정몽주의 이런 충정에도 불구하고 이미 이성계가 위화도에서 회군할 때 남은과 조인옥은 그를 임금으로 추대할 것을 이방원에게 말한 상태였다. 이방원은 공양왕 6월에 조인옥, 조준, 정도전, 조박 등 52인과 협력하여 추대할 것을 비밀리에 결정하였다.

하지만 이방원은 아버지 이성계가 노발대발하며 이에 불응할 것을 고민하다가 강씨 부인에게 모든 것을 털어놓고 이성계에게 알려달라고 청했다.

며칠이 지난 어느 날 밤 강씨 부인은 조용히 이성계에게 이 사실을 말했다. 그 다음 날 아침, 시중 배극렴이 정비(공민왕비)에게로 나아가 아뢰자 곧바로 왕을 원주로 내쫓고 이성계에게 국사를 맡겼다.

며칠 후 배극렴은 옥새를 이성계에게 전하기 위해 그의 집으로 갔다. 하지만 이성계는 대문을 굳게 걸어 잠그고 있자, 그는 부하들을 시켜 대문을 떼어버리고 들어갔다. 그는 옥새를 놓고 절을 올린 뒤 북을 치면서 '천세 천세'라고 부르짖었다.

그렇지만 이성계는 굳이 사양하면서 이렇게 말했다.

"예로부터 임금이 되려면 천명이 따라야 하거늘, 나는 그런 천명도 못 받았을 뿐더러 덕이 부족해 임금엔 적합하지 않다."

그러나 대소신료들은 하늘의 뜻이라며 결국 이성계를 임금으로 추대했다.

드디어 다음 날인 1392년 7월 16일, 이성계의 나이 58세가 되던 해 고려조 오백년은 역사의 뒤안길로 사라지고 조선 태조로서 첫발을 내디뎠다.

이성계의 포용정책

왕위에 오른 태조 이성계는 민심의 이완을 막기 위해 고려를 그대로 국호를 사용하고 송도에서 떠나지 않았다. 또한 고려 태조의 묘를 경기도 마전에 건설하고 왕씨 후예를 우대했다.

그러나 1393년 태조 2년 2월에 국호를 조선(朝鮮)으로 고쳤다. 서울을 공주 계룡산으로 옮기려다가 하윤의 말을 듣고 그해 3월에 한양으로 결정했다. 이곳에 종묘와 사직과 궁궐(경복궁과 창덕궁)을 건설하여 신왕조의 기초를 다졌다.

어느 날 개국공신 정도전이 대낮부터 공신의 한 사람인 남은의 첩 집으로 놀러갔다. 두 사람은 몹시 가까운 사이로 대낮부터 술상을 앞에 놓고 세상 돌아가는 이야기를 주고받았다.

"허허~ 이런 대낮에 찾아준 걸 보니 삼봉(정도전의 호)께서 퍽이나 심심했던가 보오."

"무슨 말씀을요. 오랫동안 의성군 대감을 뵙지 못해서 일부러 왔습니다."

"아~ 그래요. 좋소이다. 오늘 어디 한번 취해봅시다."

시원스럽게 술잔을 비운 정도전을 향해 남은이 물었다.

"삼봉, 술맛이 기가 막히지요?"

"역시, 좋은 술인가 보오. 대감! 이렇게 좋은 술이 있는데 안어사(남은의 첩)도 참석시킵시다."

남은의 첩이 술자리에 참석하자 정도전은 잔에 술을 가득히 채워 권했다. 그러자 남은의 첩은 사양하면서 이렇게 말했다.

"어머, 이러시면 곤란합니다. 전 정대감께 약주를 올리고자 이 자리에 앉았답니다. 그래서 술은 사양하겠습니다."

하지만 정도전의 끈질긴 권유에 못 이긴 남은의 첩은 첫잔만 마셨다. 그러자 정도전이 입을 열었다.

"안어사, 물어볼 것이 있소. 상감의 정실부인이었던 한씨 부인을 생전에 뵌 적이 있소?"

"대감께서도… 저 같은 신분이 어떻게 그분을 뵙는단 말씀입니까? 아직까지 일면식도 없답니다."

그러자 정도전은 술잔 두 개에 술을 가득히 부어 남은과 그의 애첩 박씨에게 또다시 권하였다. 박씨는 거절했지만 그의 성화에 또다시 한 잔을 비우고 말았다. 그는 다시 말을 이었다.

"그렇다면 한씨 부인이 어떤 인물이란 것도 들어보시지 못했겠군요."

"아니에요. 소문으로 들었는데, 아주 현숙하시고 씩씩한 부인이라고 합니다."

"그럼, 한씨 부인이 상감께서 왕업을 성취하시기 전 55세에 돌아가신 것도 알고 계시요?"

"네, 별세하신 것은 알고 있지만 몇 살에 돌아가신 지는 몰랐습니다."

남은은 두 사람이 주고받는 말에 술만 마시고 있다가 말문을 열었다.

"이젠 그만하시고 삼봉을 친정 오라버니처럼 따르는 강비마마에 물어보시구려."

이 말을 들은 정도전은 한씨에 대해 더 이상 묻지 않고 연거푸 서너 잔을 들이킨 다음 말을 이었다.

"지금 안어사께선 왕비마마에 대해서도 들은 적이 있소?"
"그럼요, 대감."
"그렇다면 지금의 왕비께서 후취라는 것도요?"
"후취가 아니라고 알고 있습니다. 작은집으로 들어오신 어른이잖습니까?"
"그렇지요. 혹시 그 어른의 성과 집안을 알고 있소?"
"성은 강씨고요, 서민의 딸로 해주 사람이라고 합니다. 더구나 아름다운 미모와 자태를 겸비하고 있다고 하더군요."

이 말을 들은 정도전은 자신 앞에 놓여 있는 술잔을 기울이며 또다시 질문했다.

"자꾸 물어서 미안하오, 안어사. 한씨 부인의 소생이 몇 명이라고 합디까?"
"정확히는 알 수 없지만 아드님이 여섯 분이고 따님이 두 분이라고 알고 있습니다."
"맞소이다. 그러면 왕비 강씨의 소생은 몇 명인지 아십니까?"
"아드님이 두 분, 따님이 한 분이지요."

고개만 끄덕이고 있는 박씨 부인에게 정도전이 이렇게 물었다.
"만약 한씨 부인이 살아 계셨더라면 왕비는 누가 되었을까요?"
"그걸 말씀이라고 하세요. 당연하게 한씨 부인이죠."
"그렇다면 강씨 부인은 어떻게 되었을까요? 강씨 부인이 재수가 좋다고 생각하시오?"

"네, 대감. 천하일색이지만 서민의 딸이 왕비까지 되시었으니 운수가 대통했다고 할 수 있지요."

박씨의 논리에 감동한 정도전은 한 잔을 막무가내로 권하자 그녀는 결국 또 마시고 말았다. 이를 물끄러미 바라보고 있던 남은이 한마디 거들었다.

"삼봉! 이제 그만하시구려. 취한 것 같소."

"그래, 술이 오르는 것 같소이다."

"삼봉, 그렇다면 술잔을 물리고 잠이나 청합시다."

"대감, 우리가 무슨 술을 많이 먹었다고 그러십니까? 심심하셨다면 대감께서 저에게 질문해 보시오."

"그렇다면 삼봉께선 왕비 강씨를 어떻게 생각하십니까?"

"정말 좋은 분이지요. 상감께서는 미와 색의 여왕으로 보고 계십니다."

"그럼, 상감께서는 강씨를 천하의 미인으로 보고 미와 색에 반했다는 말씀인가요?"

"그렇게 보셔도 무난합니다."

"삼봉은 왕비에게서 어떤 기색을 못 보셨소이까?"

"대감, 내 눈엔 아무것도 보이는 것이 없더군요."

"그게 아니라, 세자책봉에 대해 아무런 눈치도 없더란 말입니까?"

"아~하! 그렇다면 왕비가 세자책봉에 관심이 있다는 말이군요."

"글쎄요, 내 생각에 그런 것도 같소이다."

"왕비가 자기 소생의 왕자를 세자로 세우려는 야심이 있는 모양인가?"

"뭐, 그렇다고 왕비의 맘대로 되겠소이까?"

정도전이 남은의 말에 한참을 생각하다가 이렇게 말했다.

"가능하지요. 상감이 지금까지 강씨의 청을 들어주지 않은 것이 없다오."

"그렇지만 상감께서는 자기 소생의 왕자를 세자로 책봉할 것이 틀림이 없소."

"그렇지 않을 겁니다. 강씨의 말을 확실하게 들어줄 것이오."

술에 취한 두 사람은 시간가는 줄도 모르고 담소를 주고받았다.

태조 이성계는 왕비 강씨를 사랑하는 만큼 그녀의 소생 두 왕자 중 여덟 번째 왕자인 방석을 무척 사랑했다.

어느 날 태조가 내전으로 들어와 잠자리를 하면서 이런 말을 했다

"내 뒤를 이을 수 있는 왕자는 아무리 생각해도 방석밖엔 없는 것 같소."

그러자 왕비 강씨는 이 말을 듣고 속으로 기뻐했다. 때마침 강씨 소생의 경순공주가 개국공신 흥안군 이제에게로 시집가려는 시기였다. 이런 와중에 태조는 대신 배극렴과 조준을 내전으로 불러놓고 물었다.

"배정승, 과인의 뒤를 이을 세자를 책봉해야겠는데 아는 대로 말해 주시구려."

"네, 폐하. 천하가 태평무사할 땐 적자를 세우고, 어지러울 땐 유능한 왕자를 세자로 삼는 것이 세상 이치이옵니다."

이때 대전 기둥 뒤에서 이를 엿듣고 있던 강비는 배극렴의

입에서 이런 대답이 나오자 실망해 소리내어 울었다. 이 울음소리를 태조와 두 대신들이 함께 들었다. 그러자 태조는 내전을 물러나려던 두 대신을 다시 불러 세워 이렇게 말했다.

"배정승의 의견을 잘 기억하고 있소. 며칠 후 또다시 청해 물어보겠소."

두 대신이 대전에서 물러나자 왕비 강씨가 내전으로 들어왔다. 태조는 강씨의 표정을 살피면서 물었다.

"중전은 내가 배정승과 조정승에게 얘기할 때 어디에 계셨소?"
"옆 전각에 있었나이다."
"중전이 눈물을 흘린 것도 내가 알고 있소. 울게 된 이유를 솔직하게 말씀해 보시구려."

"상감께서 세자책봉에 방석왕자를 말씀하신 것으로 들었사옵니다. 그런데 배정승이 상감께 아뢰는 것을 듣고 실망하여 울음이 나왔습니다."

이 말을 듣고 곰곰이 생각한 태조는 입을 열었다.

"과인이 방석을 세자로 책봉하겠다는 말을 한 적이 없지 않소?"
"그렇습니다. 신첩에게 직접 언명하신 적은 없사옵니다. 그러나 일전에 상감마마께서 내전으로 들어와 '내 뒤를 이을 자는 방석밖엔 없을 것이다.' 라고 말씀하셨나이다."

태조는 이틀 뒤에 배극렴과 조준을 대궐로 오라고 명하였다. 두 대신은 태조가 세자책봉 문제로 부른 것으로 생각했다. 조준이 먼저 배극렴의 집으로 찾아갔다.

"대감, 태조의 소명이 세자책봉 때문이 아닐까요?"
"나도 그렇다고 생각하오. 문제는 명답이 없다는 것이오."

"지난번 우리가 아뢰고 돌아오는 순간 여인의 울음소리를 듣지 않았소? 그 소리가 왕비 강씨라는 것을 아시었소?"

"그럼요, 그런데 왜 소리를 내며 울었을까요?"

"그것은 아마, 자기 소생의 왕자가 세자책봉이 되지 않을까봐 그런 것 같소이다.

"그렇다면 어떻게 아뢰어야 좋을지 모르겠군요."

두 대신은 한참을 궁리한 끝에 태조를 알현해 이렇게 아뢰었다.

"상감마마, 왕비마마의 소생 왕자 중 세자로는 방석 왕자가 적격이라고 사료됩니다."

이 말에 태조는 기분이 좋았고 강씨 역시 기쁨에 넘쳐 태조 앞으로 나아가 큰 절을 했다.

그러나 이 말은 곧 한씨 부인 소생의 네 왕자에게 알려졌다. 이것으로 인해 네 왕자의 마음엔 불평불만이 쌓이게 되었다. 이 중에서 다섯 번째 왕자 방원은 마음은 더더욱 뒤틀렸다.

태조 2년 8월, 여덟 번째 왕자 방석의 세자책봉식이 있었는데, 한씨 소생의 네 왕자도 참가하였다. 이날 방과는 영안대군으로, 방의는 익안대군으로, 방간은 회안대군으로, 방원은 정안대군이 되었다.

의식이 끝난 후 모두 정안대군 방원의 집에 모였다. 이들은 불만이 있었지만 태조 이성계를 생각해서 모두 인내하자며 술잔을 돌렸다. 그러나 겉과는 달리 언제 기회가 있으면 그 기회를 잡겠다는 야심을 숨긴 그들이었다.

과연 이것은 적통을 이어줘야 할 이성계의 큰 실수였을까?

【오백년 조선야사(朝鮮野史)】

칼바람 속의 왕자들

 방석이 세자로 등장하기 전까지는 한씨부인 소생의 네 왕자와 왕비 강씨와의 관계는 원활했다. 그러나 방석이 세자로 책봉된 후부터 이들과의 관계는 일변했다.
 즉 방석이 세자로 책봉되기 전에는 강씨를 친어머니처럼 공경하였고 그녀의 소생 두 왕자를 동복의 친동생처럼 사랑하였다. 지금은 왕비 강씨와 세자 방석을 원수처럼 대하고 지냈다.
 이때부터 강씨는 불안과 공포를 느끼면서 소화불량증, 불면증, 공포증 등으로 시달렸다. 이런 증세는 날이 지날수록 더욱 심해질 뿐이었다. 왕비의 신변을 심상치 않게 여긴 태조는 대낮에 왕비를 찾아왔다.
 "그 곱던 얼굴이 뼈만 남았구려. 못 먹어서 그렇소? 짐에게 말하시오. 무슨 걱정이 있으면 말이오."
 이 말에 강씨는 흐느껴 울었다.
 "중전! 세자 방석을 혼자 두고 가시려오. 방석이 내 뒤를 이을 때까지 살아야 하지 않겠소. 기운을 내시오."

정도전과 왕자의 난

 1396년(태조 5년) 음력 8월 13일, 강씨는 내실을 두루 살펴보다가 숨을 거두었다. 강씨의 시신 앞에는 오직 부군 태조만이 목 놓아 울었다.
 태조는 10일간 모든 정무를 중지시키고 전국 8도의 백성과 함께 애도했다. 그리고 또 묘지를 찾기 위해 15일을 소비했는데, 능지는 안암동, 행주, 서부 황화방(정동) 등이 물망에 올랐다.
 물망에 오른 땅 중 안암동은 습해서 버림을 받았고, 행주는 마음에 들지 않아서 버려졌다. 그래서 황화방이 능지로 결정되었다. 이곳으로 결정된 것은 대궐 근처이기 때문이었다.
 태조는 그해 9월 9일부터 친히 정릉 축조에 나섰고 10월 10일에는 좌정승 조준과 판중추원사 이근에게 강씨 생전의 덕행을 기록한 시책을 받들어 신덕왕후란 묘호를 올리게 하였다. 이듬해인 정월 초사흗날 황화방 북원에다 강씨를 안장한 후 정릉이라고 했다. 정릉동은 여기에서 생겼고, 지금은 정동으로 불리고 있다.
 1398년(태조 7년) 가을 어느 날, 정도전과 남은은 네 왕자와 세자 방석에 대해 이야기를 주고받았다.
 "대감! 이제부터 세자 방석이 괴롭겠군요."
 "그러게 말이오. 부왕이 있지만 중전이 안 계시니 더 그럴 것이요."

"그렇지만 우리는 강비의 유지를 받들어 세자를 위해 최선을 다해야 하지 않겠소?"

"그래야지요."

"그러려면 좋은 수가 있어야 하는데, 다른 생각이라도 있소이까?"

"내가 삼봉을 따라가겠소? 좋은 의견이 있으시면 말해 보오."

"별 뾰족한 수가 있겠소이까? 그저 현실을 따라가야지요. 허나 요즘 태조께서 몸이 불편해 자주 누워계신데 이 기회를 살려보고 싶소이다."

"무슨 기회요?"

"그 방법은 대감의 힘이 필요하오. 그런데 그 조건이 태조의 병세가 더 악화되어야만 된다오. 그러니 좀 더 기다려봅시다."

"도대체, 그 방법이란 어떤 것이오?"

"태조의 병세가 더 나빠지면 나는 대감과 병문안하여 비접(자리를 옮겨 병을 다스림)의 필요성을 강조하면서 모든 왕자를 한 자리에 불러들이는 것이오. 그 기회를 틈타 네 왕자를 모두 도륙할 참이오. 내 생각이 어떻소, 대감."

"성공할 수도 있을 것 같구려. 하지만 이 말이 새나간다면 우린 꼼짝없이 죽은 목숨이오. 그래 우리 쪽 사람도 이 일을 알고 있나요?"

"몇 사람은 알고 있소이다."

이들의 음모가 있은 지 채 열흘도 되지 않아 태조의 병세가 매우 위중해져 정말 비접할 정도가 되었다. 정도전과 남은은 기회가 왔다고 생각해 몇 번이나 문병하고 비접의 필요성을 강조했다. 태조도 이 말에 귀가 솔깃해 정도전의 진언을 받아들이기로 했다.

이에 정도전과 남은은 힘을 얻어 태조 측근의 내시에게 명을 내렸다.

"태조의 병환은 비접해야만 병을 다스릴 수가 있다. 따라서 여러 왕자가 참석하여 태조가 자리를 옮기는 것을 보는 것이 도리일 것이다. 중관들은 곧바로 모든 왕자들에게 연락하여 참석케 하라."

그러나 전 참찬 이무는 정도전과 한패였지만, 그는 정도전의 음모를 정안대군 부인 민씨에게 모두 고자질했다. 이날 방원은 형님 왕자들과 근정문 밖에서 밤을 지세우고 있었다.

이때 그의 부인 민씨(원경황후)가 자신의 오라버니 민무질과 의논했다. 그런 후 하인 김소근을 시켜 그녀 자신이 복통으로 쓰러졌다고 알렸다.

방원은 깜짝 놀라면서 집으로 돌아왔다가 부인 민씨와 민무질에게 모든 이야기를 듣고 벌떡 일어섰다. 그러자 부인 민씨는 눈물을 흘리면서 말했다.

"지금 대궐로 가면 죽임을 당합니다."

그러나 방원은 정색하면서 부인의 만류를 뿌리치고 나왔다.

"나는 죽음을 두려워하지 않소. 더구나 형님들은 이미 대궐 안에 계십니다. 내가 대궐로 가는 목적은 정도전의 흉계를 형님들에게 알리는 일이오."

집을 나온 방원은 미친 듯이 대궐을 향해 말을 몰았다. 대궐에

도착하자 소관이 궁중에서 마중 나와 말했다.

"상감마마께서 병환이 위중해 지금 비접하시려 하옵니다. 왕자님들께서는 모두 입시하시라는 분부이옵니다."

그런데 주변이 어제와 달리 등불이 모두 꺼져 있어 칠흑같이 어두웠다. 왕자들은 의심을 품었으며, 방원은 화장실로 가려는 시늉을 했다. 그러자 방의, 방간, 이백경은 방원을 쫓아오면서 외쳤다. 그러자 방원은 입을 가리며 조용히 하라고 했다.

방원은 방의, 방간, 백경과 함께 영추문으로 나오면서 말했다.

"우리의 목숨은 하늘에 달려 있습니다. 말을 광화문 밖에 세워놓고 기다려 보는 수밖에 없습니다."

방원은 이 말이 끝나기가 무섭게 사람을 시켜 정승 조준과 김사형을 불러오게 하였다. 점쟁이에게 길흉을 점치고 있던 조준은 갑자기 연락을 받고 갑옷차림의 병졸들을 이끌고 방원에게 왔다. 그러자 방원은 군사들로 하여금 예빈사 앞 돌다리를 막아 한두 사람만 왕래하도록 명령한 후 조준에게 호령했다.

"공들은 조선의 사직을 이대로 버리려고 합니까?"

방원의 목소리에 모든 신하들이 몰려들었고, 그들 중 조준과 김사형도 정당으로 들어가 자리를 잡으려고 했다. 그러자 방원은 그들을 꾸짖으면서 앞을 가로막았다.

그리하여 그들은 어쩔 수 없이 운종가에 주저앉았고 방원은 백관을 불러들였다. 이때 찬성 유만수가 자신의 아들을 데리고 오자 방원은 그에게 갑옷을 입게 하여 자기 뒤에 서 있게 하였다. 그러자 이무가 방원에게 만수는 방석의 패거리라고 귀띔했다.

이를 눈치챈 만수는 말에서 내려 방원의 말굴레를 잡고 애원했다. 그러나 방원이 못 들은 척하자 김소근이 나서서 부자를 단칼에 베어버렸다. 이후 방원은 친히 무사를 데리고 정도전 일당의 동정을 염탐했는데, 그는 이직과 함께 남은의 작은집에서 모의를 하고 있었다. 그때 방원은 이숙번을 시켜 지붕에다 불화살 쏘게 하여 불을 질렀다. 이에 놀란 정도전은 급히 이웃에 있는 판봉상 민부의 집으로 들어갔다.

그러나 민부는 정도전을 보고 큰소리로 발고했다. 방원의 부하들은 민부의 집에서 정도전을 끌고나왔다. 정도전은 고개를 들어 방원을 바라보면서 애원했지만 용서받지 못하고 그 자리에서 죽었고 또 그의 아들 유영도 참형을 당했다.

이날 사건 장소에서 도망친 남은은 미륵원의 포막으로 숨으려고 했지만 발각되어 죽었고, 이직은 아무것도 모르고 정도전에게 끌려왔다가 봉변을 당했다고 주장해 살아남았다.

이때 세자 방석파는 군사를 움직이기 위해 세자를 받든 후 성밖을 살폈는데, 광화문에서부터 남산에 이르기까지 철기군사들이 자리잡고 있어 대항하지 않고 항복했다. 이로써 방원은 세자 방석을 배경으로 일어났던 정도전의 난을 평정했다.

그렇지만 태조의 병세가 점점 위중해서 하는 수 없이 청량전으로 비접하고 말았다. 며칠 뒤 좌정승 조준은 중신들과 백관을 거느리고 병세가 호전된 태조에게 알현했다. 그는 정도전과 남은 등이 지은 죄를 보고하면서 세자를 딴 왕자로 재 책봉할 것을 간청하였다.

이때 세자 방석이 태조의 곁에 있었고 태조는 조준이 간청하는 말을 듣고는 이렇게 물었다.

"경들은 방석을 세자로 책봉한 것에 불만이 있소? 만약 그렇다면 경들의 대답을 듣고 싶소이다."

태조는 대신들의 대답이 없자 곁에 서 있던 세자 방석을 불러 물었다.

"방석아, 너는 어떻게 생각하느냐? 세자의 자리를 내놓고 싶으냐?"

"전 아바마마의 분부대로 따르겠습니다."

"그렇다면 네 생각대로 해라."

"저는 아바마마를 편안하게 해드리고 제 마음도 편안하기 위해서 세자 자리를 내놓겠습니다."

"그래, 네 마음이 편안하다면 그렇게 해라."

이 말을 끝내고 방석은 형 방번과 함께 대궐을 나와 어디론가 사라지려고 했을 때 방원이 찾아와 말했다.

"내 말을 들었으면 이렇게 되지 않았을 것이다. 가고 싶은 데가 있으면 빨리 가라."

이들이 대궐을 나와 어디론가 향할 때 하급 벼슬아치들이 쫓아가 살해하고 말았다. 태조는 방번과 방석이 이렇게 죽었다는 소식을 듣자 자신을 원망하며 통곡했다.

방원이 정도전의 난을 평정하자 대신들은 태조에게 그를 세자로 책봉해 달라고 청했다. 그러나 방원은 세자는 둘째형인 영안대군 방과가 되어야 한다고 우겼다. 하지만 방과는 개국을 건의한 것도 방원이고 또 오늘의 난리를 평정한 것도 방원이라는 논리를 내세우면서 한사코 고사했다.

하지만 방원이 끝까지 듣지 않자 방과는 다음과 같은 조건을 내세운 후 세자 자리에 올랐다. 조건이란 다음과 같다.

'내가 어느 시기까지 자리를 맡고, 그 시기가 끝나면 너에게 주겠다.'

정도전의 난이 평정된 그해 9월, 태조는 영안대군 방과에게 임금의 자리를 물려주었는데, 이 분이 바로 정종이다.

돌아오지 않는 사람

정종이 임금에 오르자 방원은 동궁으로 책봉되었다. 피비린내 나는 왕자의 난을 겪은 정종의 비 김씨는 정종에게 이렇게 간청했다.

"상감마마, 동궁을 잘 살피세요. 배고픈 짐승이 먹이를 노리듯 눈이 타오르고 있답니다. 하루 속히 임금의 자리를 동궁에게 주시고 마음 편히 지내시는 게 좋을 것 같습니다."

정종은 자신과 식솔들의 목숨을 건지고 바늘방석에서 벗어나기 위해 왕위를 방원에게 내주었다. 이것은 당시의 분위기가 얼마나 험악했는지 짐작이 가는 대목이다.

방원이 경복궁에서 왕위에 오르게 되었는데. 이분이 바로 조선 3대 임금 태종이다. 태종은 자신에게 왕위를 물려준 정종을 상왕, 태조를 태상왕으로 모셨다. 그러나 태조는 태종 방원의 소행으로 두 왕자를 잃은 아픔으로 태상왕 자리를 뿌리치고 함흥으로 돌아갔다. 더구나 옥새도 주지 않고 가지고 갔던 것이다.

그렇지만 태종은 자식된 도리를 다하기 위해 함흥으로 사람을 보내어 문안을 드리곤 했다. 하지만 문안사를 보는 것만으로도 태종이 자꾸 미워져 태조는 화살로 그들을 쏘아 죽였다. 따라서 태종의 문안사가 함흥으로 가기만 하면 죽어서 돌아오기 때문에 일반인들 사이에 퍼진 말이 바로 함흥차사(咸興差使)였다.

태종의 고민은 이만저만 아니었다. 그래서 태종은 함흥에 보낼 사람을 뽑는 방을 붙였지만 어느 한 사람도 이에 응하지 않았다. 이때 태조의 옛 친구인 성석린이 자진해서 나섰다.

그는 태종에게 나아가 이렇게 말했다.

"신이 함흥으로 가서 부왕의 마음을 돌려보도록 하겠나이다."

태종은 흔쾌히 차사로 임명했고 그는 나그네 차림으로 백마를 타고 길을 떠났다. 목적지에 도착한 그는 말에서 내려 불을 피워 밥 짓는 것처럼 보이게 했다. 이것을 바라보고 있던 태조는 그곳으로 신하를 보냈다. 그곳에 도착한 신하는 그에게 말을 붙였다.

"이보시오, 선비님. 지금 무얼 하고 있소이까?"

"네, 볼일이 있어 여행을 하고 있소이다. 그런데 그만 날이 저물어 말에게 먹이를 주고 이곳에서 하룻밤을 지내려고 하오."

신하는 그의 대답을 듣고 곧바로 돌아가 그대로 태조께 고하였다. 이 말을 들은 태조는 무릎을 딱 치면서 그를 불러오게 했다. 태조를 만난 석린은 여러 가지 도를 들어가며 말했다. 그러나 태조는 이 말을 듣고 있다가 갑자기 고함을 질렀다.

"그대의 말은 누구를 위함인가? 태종을 위해서라면 한마디도 듣기 싫다. 썩 물러가거라."

그러나 이에 물러나지 않고 석린은 말을 이었다.

"신이 진심으로 말씀드리겠습니다. 지금의 주상을 위해서라면 신의 자손들이 대대로 장님이 되겠습니다."

이런 맹세에도 불구하고 태조는 끝내 고집을 꺾지 않고 그를 죽였다. 태조는 태종이 미워서 함흥에서 몇 해를 보내자, 태종과 신하들은 황송할 뿐이었다. 이때 한 신하가 태종에게 묘안을 아뢰었다.

"상감마마! 일찍이 무학대사는 부왕과 친분이 있는 분입니다. 이 분을 문안사로 보내시면 해결될 것 같습니다."

그래서 태종은 무학대사를 불러 태조에 대한 모든 이야기를 들려주었다. 그러자 그는 태종에게 이런 말을 아뢰었다.

"상감마마! 부자 사이의 인연이 기구하군요. 저같이 능력 없는 중이 감히 어떻게 태조를 움직이겠습니까? 차마 받들지 못하겠습니다."

하지만 과거와는 달리 태종의 진심어린 간곡한 부탁에 감응한 무학대사는 명을 받들어 함흥으로 갔다. 무학대사가 도착하자 태조는 반갑게 맞이하면서 이렇게 물었다.

"무학이 여기까지 웬일로 오셨소? 대사도 그놈을 위해서 온 것이오?"

태조의 말에 무학대사는 큰 소리로 웃으면서 대답했다.

"상감마마, 무슨 섭섭한 말씀이십니까? 소승과 상감마마와의 친교는 하루 이틀이 아니잖습니까. 소승은 옛날이 생각나서 하루가 될지언정 상감마마와 얘기 벗이 되고 싶어서 왔답니다."

이 말에 태조는 환한 표정을 지으면서 자기와 한방을 쓰자고 제의했다. 무학대사는 태조와 함께 지내면서 단 한번도 태조의 잘못에 대해 이야기 하지 않았다. 수십여 일이 지나면서 태조에게 확실한 신뢰를 얻은 무학대사가 어느 날 밤 태조에게 간언을 했다.

"상감마마, 감히 진언드리겠사옵니다. 상감마마께서도 알고 있듯이 태종은 용서할 수 없는 죄를 범했사옵니다. 그렇지만 태종 역시 상감마마의 아드님이십니다. 생각해 보시옵소서. 지금 보위를 맡기실 아드님은 태종밖에 없지 않습니까? 지금 태종을 인정하지 않으신다면 상감마마께서 일구신 대업을 누구에게 맡기시렵니까? 타인보다 혈육이 더 미덥지 않겠습니까? 지금 천하가 안정된 것 같지만, 개국의 중신이 없어지면서 실망한 자들이 칼을 갈고 있사옵니다. 상감마마! 부디 선처하심이 옳을 것으로 사료되옵니다."

이 말을 이해한 태조가 함흥에서 환궁하기로 하자 태종은 성 밖까지 나아가 맞이하기로 결정하였다. 이때 하륜 등 여러 사람이 태종께 권고했다.

"태상왕의 노여움이 풀렸다고 생각되지 않습니다. 그래서 천막의 기둥은 꼭 아름드리 대목을 쓰셔야 합니다."

태종도 하륜의 말에 따라 천막기둥을 열 아름이나 되는 나무를 기둥으로 세웠다. 태조는 천막 쪽을 바라보면서 분노가 얼굴에 나타났다. 그 순간 활을 꺼내어 태종을 향해 쏘았다. 이때 태종은 얼떨결에 천막기둥 뒤로 숨었고 화살은 기둥에 박혔다. 이에 태조는 어이가 없어 웃음을 지으며 이렇게 말했다.

"할 수 없군. 저놈은 하늘이 돕는구나."

태조는 옥새를 태종에게 던져주자 눈물을 머금고 옥새를 받은 후 잔치를 벌였다. 잔치 도중 태종이 태조의 만수무강을 비는 뜻에서 잔을 올리려 하자 하륜이 태종에게 다가가 이렇게 귀띔했다.

"상감마마! 술통이 있는 곳으로 가셔서 잔에 술만 따라 중관을 시켜 올리는 것이 좋을 듯싶습니다."

태종은 그가 주문한 대로 했다. 그러자 태조는 술잔을 받아 마신 후 웃으면서 소매 속에서 철여의를 꺼내놓고 이렇게 말했다.

"역시, 저놈은 하늘이 돕는구나."

조선의 만개

세종은 태종의 셋째아들로 보위에 올라 조선 3대 임금이 되었다. 휘가 도, 자가 원정이었다.

1397년(태조 6년) 4월 10일, 한양에서 태어났다. 태종 8년 충녕군으로, 임신년에 대군으로 봉해졌다가 무술년에 왕세자로 책봉되었다. 같은 해 8월 8일 경복궁 근정전에서 임금에 오른 뒤, 경오년 2월 17일 별궁에서 54세에 승하했다. 슬하에 18남 4녀를 두었다.

세종은 32년의 재임기간 동안 문화의 꽃을 피운 창조자임과 동시에 성군이었다. 세종의 업적은 첫째 과학, 둘째 예술, 셋째 어학이었다. 강우량을 측량하는 측우기의 발명은 서양보다 200년이 앞서는 세계 최고의 발명품이었다.

예술은 아악의 소리를 바로잡아 예로부터 전해 오던 고전음악의 축을 세웠다. 그러나 뭐니뭐니해도 최고의 자랑거리는 한글 창제일 것이다. 또 국방에서는 두만강에 육진을 개척했고, 동쪽으로는 바다 건너 대마도와 서쪽으로는 파저강에 출몰하는 만주인을 막아냈다.

세종의 비 소헌왕후 심씨는 영의정부사 청천부원군 안효공 심온의 딸이다.

소헌왕후는 1395년(태조 4년) 9월 18일 양주에서 태어나 그녀는 세종 28년 3월 24일 별궁에서 52세를 일기로 승하했다. 슬하에는 8남 2녀가 있었다.

세종에게도 후궁 다섯이 있었는데, 정일품으로는 영빈 강씨, 신빈 김씨, 혜빈 양씨가 있었고, 정삼품 숙원 이씨, 정육품 대우엔 상침 송씨가 있었다. 따라서 열 명의 왕자와 두 명의 옹주는 다섯 후궁이 낳았는데, 그중에 신빈 김씨가 여섯 아들, 혜빈 양씨가 세 아들을 두었다.

문종의 예언

문종은 조선 4대 임금으로 세종의 맏아들이다. 휘는 향, 자는 휘지다. 태종 1414년 12월 3일 한양에서 출생하였다. 세종 3년에 왕세자로 책봉되었다. 을축년에 임금의 명령으로 대리했으며, 경오년 2월 20일 별궁에서 즉위하여 2년 후인 임신년 5월 14일 경복궁 천추전에서 39세의 일기로 승하했다. 슬하에는 1남 1녀를 두었다.

문종은 태어나면서부터 병약한 인물이다. 임금의 자리에 오른 후에도 몸이 좋지 않았는데 어린 아들 걱정으로 건강이 더 나빠졌다. 그러던 중 어둠이 깔린 어느 날 저녁 문종은 내시를 시켜 집현전에 근무하고 있던 학사들을 불렀다.

그런 후 초를 환하게 밝힌 다음 술상을 준비시켜 학사들과 술자리를 했다. 그 자리엔 세자 단종이 있었는데, 문종은 세자의 등을 쓰다듬으면서 학사들에게 간곡히 부탁했다.

"과인은 세자 단종을 경들에게 맡기겠소. 세자는 세상에 태어난 지 아흐레 만에 엄마를 잃었다오. 지금 세자가 되었지만 과인이 죽고 나면 어린 나이라 어떻게 될지 모르겠소. 내 몸이 건강하다면 문제가 없지만…."

이날 술자리의 분위기는 임금과 신하가 아닌 친구와 친구 이상으로 좋았다. 이 자리엔 성삼문, 박팽년, 신숙주 등이 있었는데, 이들은 문종의 이런 소탈함에 감동받아 이구동성으로 아뢰었다.

"신 등은 일개 학자에 불과하지만 저희를 알아주시는 주상의 큰 은혜에 보답하고자 왕세자 저하를 위하여 몸과 마음을 바칠 것을 맹세하나이다."

문종은 이 말을 듣고서 환한 표정을 지었다.

문종시대의 의정부 3정승은 영의정 황보인, 좌의정 남지, 우의정 김종서 등이었다. 이중에서 단연 돋보이는 인물이 김종서로 세종 때 6진을 개척했는데, 용맹하고 담력이 뛰어났다.

어느 날 3정승은 문종의 소명을 받고 입궐했는데, 문종은 이날도 침전에 누워있다가 겨우 몸을 가누며 일어났다.

"몸이 좋지 않아 이렇게 누워있어서 미안하오. 40평생을 병고에 시달리는 이런 못난 사람이 세상 어디에 있겠소. 과인이 공들을 부른 것은 짐의 병 때문이 아니라 어린 세자가 걱정이 되어 부른 것이오."

그런 후 문종은 세자를 불렀다. 이때 세자는 12세였지만 같은 또래보다 성숙해 보였다. 영의정 황보인은 세자에게로 가까이 가서 물었다.

"저하의 나이가 몇이십니까?"

"열두 살입니다."

"제가 누구인 줄도 아시겠습니까?"

"영의정 황보인입니다."

이 말을 들은 황보인은 그 자리에 참내한 사람들을 가리키며 물었다. 세자는 틀리지 않고 또박또박 대답했다. 그러자 좌의정

남지가 물었다.

"저하, 육조란 무엇을 말하는 것입니까?"

"육조란 이조, 예조, 형조, 병조, 공조, 호조를 말함이지요."

정승들이 던진 여러 가지 질문을 정확하게 대답하는 것을 본 김종서가 세자를 칭찬하였다. 문종은 이 말을 들은 후 무언가를 생각하다 이렇게 말했다.

"공들은 세자에게 삼촌이 너무 많다는 것을 어떻게 생각하시오. 지금은 과인이 살아있어 궁내가 평온하지만 내가 죽는다면 회오리바람에 휩싸일 것이 분명하오. 물론 세자가 내 뒤를 잇겠지만…. 어린 세자가 아무리 총명해도 궁중의 비바람을 어찌 막아내겠소."

문종의 이런 말에 3정승은 아무 말도 못하고 가만히 앉아만 있었다. 그러자 문종은 말을 이어나갔다.

"어린 세자가 성장할 때까지 내가 살아있어야 하는데, 인명은 재천이라 하지 않소. 과인의 병세로 봐서 죽을 날이 멀지 않았다고 생각하오. 이보시오, 삼공. 내가 죽은 후 어린 세자가 보위에 오르면 집현전의 여러 학사와 함께 잘 보필하고 수호해 주시오."

문종의 말이 끝나자 3정승은 이렇게 아뢰었다.

"상감마마, 걱정하지 마십시오. 신 등은 마마의 말씀을 잘 받들어 목숨을 걸고 세자 저하를 지키겠나이다."

문종은 3정승의 말에 마음이 놓인 듯 모처럼 웃음기가 돌았다. 문종의 비 현덕왕후 권씨는 판한성부사 증 영의정 화산부원군 경혜공 권전의 딸이다. 1418년(태종 18년) 3월 20일, 홍주 합덕현에서 태어났다.

세종 13년 동궁빈으로 뽑혀 들어와 순빈 봉씨가 폐립되면서 세자빈으로 책봉되었다. 이후 문종이 왕위에 나아가면서 왕후로 책봉되었다가 24세에 세상을 떠났다. 슬하에는 1남 1녀가 있었으며 후궁 소생인 경숙옹주가 있다.

바람 앞의 촛불

　단종은 조선 5대 임금 문종의 외동아들로 휘가 홍위다. 1441년(세종 23년) 7월 23일 동궁 자선당에서 출생했다. 임신년 5월 6일 경복궁 근정전에서 즉위했지만, 을해년 6월 11일에 왕위를 세조에게 물려주었다.

　이후 상왕으로 있다가 정축년 6월 노산군으로 강등되었다가 10월 24일 영월에서 17세를 일기로 별세했다. 재위기간은 3년, 상왕으로 2년이며 슬하엔 아무도 없었다.

　조선 4대 임금 세종에겐 18명의 왕자가 있었는데, 그중에 수양대군은 왕비 소생의 둘째아들이다. 다른 형제들은 문객을 맞아 세력을 확장했지만, 수양대군만은 유달리 무사들을 많이 모았다.

　또 수양대군의 책사로 권람이 맡으면서 한명회가 합세했고, 여기에 홍달손, 양정 등의 무인 30여 명이 수양대군의 집을 드나들었다. 수양대군은 문종의 친아우였고, 단종의 첫째 숙부였다. 처음엔 진평대군으로 후에 수양대군으로 불렀다.

　문종의 뒤를 이어 12세의 단종이 즉위했지만 수양대군은 왕이 어리다는 구실로 멸시하고 비밀리에 왕위찬탈의 음모를 꾸미기 시작했다. 이 음모에 권람과 한명회가 있었다. 이 두 사람은 수양대군의 최측근으로 하루도 빠짐없이 다양한 계획을 생각해 진언했다.

특히 한명회는 종부시정이란 이름으로 출입하다가 밤에 출입할 땐 장원 밖으로 이어져 있는 밧줄을 이용하였다. 한마디로 왕위찬탈 계획은 거의 한명회가 한 것인데, 수양대군은 사람들에게 한명회를 이렇게 자랑했다.

"한명회는 나의 장자방이다."

1483년(단종 원년) 10월 10일, 수양대군은 단종을 지켜온 3정승을 척살하기로 했는데, 그 음모가 사전에 누설되었다. 이것을 알게 된 수양대군은 부하들에게 이렇게 명령했다.

"허~어, 계획이 누설되었다고? 그렇다면 할 수 없지. 먼저 호랑이(우의정 김종서의 별명)를 잡아야겠다. 그 자만 없애면 다른 사람은 문제가 되지 않아."

이렇게 결심한 수양대군은 홍달순, 양정 등 유능한 무사 7~8명을 집으로 불러들였다. 그러나 아무리 대책을 강구했지만 뽀족한 수가 없었다.

이때 불쑥 한명회가 입을 열었다.

"집을 짓는데 삼 년이 지나도 준공되지 않았다는 말이 있소이다. 대군께서 결정을 내리셔야 모든 것이 순조롭게 돌아갑니다."

이 말에 수양대군이 벌떡 일어났다. 이때 누군가 수양대군의 옷자락을 잡자 그는 화를 내며 이렇게 내뱉었다.

"그 손을 당장 놓지 못하겠느냐! 너희들은 곧장 사람들에게 달려가 수양이 음모를 꾸미고 있다고 고해 바쳐라. 난 내가 생각한 대로 할 테다."

수양대군은 거사를 혼자라도 치르겠다며 대문을 나서자 한명회가 사람들을 부추겼다.

"대군께서 혼자 가시게 해서는 안 된다. 빨리 모셔라."

그러자 무사들은 두 패로 갈려 한 패는 돈의문에 매복하고, 다른 패인 양정, 홍순손, 유수 등은 평상복 차림으로 수양을 따랐다.

수양대군이 김종서의 집에 도착했을 때 김종서의 아들 김승규는 문전에서 다른 사람과 얘기를 나누고 있었다. 수양대군은 김승규에게 호령했다.

"어~험. 대감 계신가? 내가 뵈러왔다고 전해라."

김종서는 수양이 기다리고 있는 곳으로 뛰어나가 절을 하면서 안내했다.

"들어오십시오, 대군."

"고맙소이다만, 날도 이미 저물어 사대문이 닫히겠는데 들어가면 뭘 하겠소"

이렇게 사양한 수양대군은 김승규가 자신의 아버지 곁을 지키고 있는 것을 보자 꾀를 냈다. 그는 미리 준비한 각이 떨어진 사모를 벗어 내보이며 말했다.

"대감! 긴히 청할 것이 하나 있소이다."

"대군께서 저에게 청하실 것이라도…."

"이 사모의 각이 떨어져 없어졌소이다. 대감의 각을 좀 빌려야겠소."

"알겠사옵니다. 애야, 안에 들어가 각을 가져오너라."

김종서의 아들 김승규가 안으로 들어가는 순간 수양대군의 부하 임운이 김종서의 머리를 향해 철퇴를 가하자 쓰러졌다. 이 소리를 들은 아들 김승규가 달려와 김종서의 시신을 안는 순간 양정은 칼을 빼어 그를 베어버렸다. 시해를 끝낸 수양대군은 말을 몰아 집으로 향했다. 그가 돌아온다는 말에 한명회는 마중을 나와 반겼다. 수양대군은 만족한 표정으로 한명회에게 말했다.

"자! 이제부터 막히는 일이 없을 것이오."

곧바로 수양대군은 무사들을 행재소 문전에 배치시켰고, 한명회는 살생부를 가지고 문안에 앉아 있었다. 수양대군은 거짓 왕명으로 여러 대신과 중신들을 입궐시켰다. 살생부에 등록된 사람들은 홍윤성, 유수, 구치관 등이 철퇴로 내리쳐 격살하였다.

이때 죽임을 당한 중신은 영의정 황보인, 이조판서 조극관, 찬성 이양 등이었다. 이밖에 반대파 중신들은 궐문에서 살해되었고, 좌의정 정분과 조극관의 아우 조수량은 귀양을 보냈다가 죽였다. 더구나 안평대군은 김종서와 내통하였다는 죄를 씌워 강화로 귀양을 보냈다가 후에 사약을 내려 죽였다.

하지만 천운인지 임운의 철퇴를 맞고 쓰러졌던 김종서가 죽지 않고 살았다. 그는 대궐로 들어가기 위해 여장을 하고 가마에 몸을 실은 후 숭례문(남대문) 앞에 도착했다. 하지만 문이 굳게 닫혀 있어 들어가지 못했다. 하는 수 없이 김종서는 아들의 처가에 은신했다.

하지만 하늘이 그를 따라주지 않았다. 수양대군은 그가 죽지 않고 아들의 처가에 숨어있다는 소문을 들었다. 그러자 수양대군은 부하들을 시켜 그 집을 습격하여 김종서를 끌어냈다. 끌려 나온 김종서는 호령했다.

"나는 어디든 걸어서는 가지 않겠다. 가마를 대령하여라."

이 말이 떨어지지가 무섭게 칼이 번쩍이면서 세상을 하직하고 말았다. 얼마나 원통한 일인가! 충신이며 인간 호랑이라는 김종서도 어쩔 수가 없었다.

김종서를 척살한 수양대군은 단종에게 이렇게 아뢰었다.

"김종서가 모반을 꾀해 할 수 없이 죽였사옵니다. 시간이 너무 급해서 사전에 아뢰지 못하였나이다."

이렇게 실권을 얻은 수양대군은 영의정부사에 오르고 그 일당은 이조판서, 형조판서, 내외병마도통사 등의 벼슬을 차지하였다. 따라서 모든 권력은 수양대군 손아귀에 있었다.

단종은 수양대군의 위세에 눌려 있었으며, 특히 권남, 정인지의 주청에 못 이겨 1455년(단종 3년) 6월 11일에 왕위를 수양대군에게 내주고 말았다. 이 사람이 바로 조선 7대 임금 세조다.

단종이 임금의 자리를 세조에게 내주었을 때 다른 중신들과는 달리 예방승지 성삼문은 옥새를 안고서 통곡하였고, 박팽년은 경회루에서 자살을 시도하자 성삼문은 이를 발견하고 만류했다.

한편 수강궁에 칩거하고 있는 단종의 복위를 위해 집현전 학사 성삼문은 박팽년, 하위지, 이개, 유성원, 전절제사 유응부, 성삼문의 아버지, 단종의 장인 등과 비밀리에 계획을 세웠다.

때마침 명나라 사절이 도착해 태평관에서 여장을 풀었다. 그러자 세조는 상왕 단종과 함께 명나라 사절을 위해 연회를 베풀기로 하였다. 성삼문과 박팽년은 이 연회를 거사날로 정하자고 했다.

그러나 한명회가 세조에게 연회장으로는 창덕궁이 좁고 또한 세자의 참석도 운검의 입장도 필요치 않다고 건의했다. 그러자 세조는 한명회의 말을 받아들였다. 이윽고 연회장에 성승 유응부가 운검을 허리에 차고 들어가려 하자 한명회가 이를 말렸다.

이에 화가 난 유응부가 물러나 한명회를 죽이려고 하자 성삼문이 말렸다. 그래도 유응부가 계속 우기자 박팽년과 성삼문은 기회가 아니라고 말했다. 그때 공모자 중의 한 사람인 김질은 일이 뜻대로 되지 않자 장인 정창손을 찾아갔다.

"장인어른, 상왕 복위가 우리 뜻대로 이뤄질 것 같지 않습니다. 차라리 밀고를 하면 그 공이 우리에게 돌아올 터인데요."

이 말을 들은 창손은 김질과 함께 대궐로 들어가 상왕복위 계획에 관여했음을 밀고했다. 이 말을 들은 세조는 창손과 질에게 죄를 묻기보다 공신으로 대우하였다.

김질의 밀고로 인해 성삼문, 박팽년 등은 체포되어 국문을 받게 되었다. 세조는 평소 박팽년의 재주를 높이 평가하고 있었기 때문에 다른 사람을 시켜 이렇게 전했다.

"네 스스로 잘못을 깨닫고 모든 것을 고백하면 살려 주겠다."

박팽년은 이 말에 어이가 없어서 아무 말도 하지 않았다. 그는 지금까지 세조를 상감이나 혹은 전하라고 부르지도 않았다. 항상 세조의 존칭을 격하하여 나리라고 불렀던 것이다.

화가 난 세조는 국문장에서 부하들을 시켜 박팽년의 입을 박살낸 후 이렇게 말했다.

"네 이놈! 너는 신하라고 네 입으로 말하면서 내 밑에서 벼슬을 하지 않느냐?"

그렇지만 박팽년은 여전히 웃으면서 큰소리로 대답했다.

"상왕의 신하가 되어 충청감사로 근무하면서 장계를 올릴 때신이란 글자를 썼지만, 나리에게는 그런 일이 전혀 없었소이다. 조사해 보시면 알 것이오."

분을 참지 못한 세조는 박팽년의 장계를 모두 조사해 보았지만 신(臣)이란 글자를 단 한 자도 찾아볼 수가 없었다.

다음은 수양대군이 성삼문에게 김질이 발고한 내용대로 국문하자 웃으면서 그렇다고 대답했다. 그런 후 성삼문은 김질을 바라보면서 꾸짖었다.

"김질, 이놈! 밀고하려면 있는 그대로 할 것이지 왜 가감을 했느냐?

성삼문의 말을 가로막은 세조는 또다시 물었다.

"무엇 때문에 나를 몰아내려고 했느냐?"

"나리께서는 그 이유를 모른단 말이오? 난 일편단심 전왕을 위함이었소. 이것은 모든 백성이 다 알고 있는 것이오. 나리는 임금의 자리를 강탈한 사람이오. 어찌 신하된 도리로 임금이 망하는 것을 보겠소. 나리는 평소 주공을 들어 이런 말 저런 말을 하시더군요. 묻겠소이다. 주공도 이런 일을 감행하였소이까?"

"네 이놈! 나리라니? 너도 저 박팽년처럼 나를 나리라고 부르는구나. 그렇다면 지금까지 먹고 사는 것은 모두 내가 준 것이 아니더냐. 그런데 나를 배신해?"

"도대체 무슨 말씀을 하시는지 모르겠소이다. 상왕이 시퍼렇게 살아계신데 나리는 무엇으로 나를 신하로 부리고자 하시오? 그리고 난 나리의 녹을 먹어본 적이 없소이다. 조사해 보시면 알 것이오."

세조는 화가 머리끝까지 치밀어 올라 무사를 불러 불에 달군

인두로 성삼문의 다리와 팔꿈치를 마구 지져댔다. 하지만 성삼문은 태연한 모습으로 말했다.

"나리, 잘못한 일도 없는데 너무 심하지 않소이까?"

이때 신숙주가 세조의 곁에 서 있는 것을 본 성삼문은 큰 소리로 꾸짖었다.

"숙주, 네 이놈. 정말 부끄럽기 한이 없구나. 지난날 문종께서 우리들에게 '과인이 세상을 떠나도 학사들은 힘을 모아 세자를 수호해 달라'고 친탁하시지 않았느냐? 너는 벌써 그 말씀을 잊었단 말이냐? 네놈의 마음이 마치 손바닥을 뒤집는 것과 같구나."

그러자 세조는 성삼문의 말을 막기 위해 신숙주를 전각 뒤로 피신시켰다. 뒤이어 제학 강희안이 국문을 받았지만 굴복하지 않자 세조는 성삼문에게 다시 물었다.

"바른대로 말해라. 강희안도 너희 패거리가 아니더냐? 그도 음모에 가담한 사실이 있느냐 없느냐?"

"강희안은 처음부터 우리와 가까이 하지 않았소. 나리는 상왕의 신하라면 무조건 모두 참할 작정이요? 모두 나리가 죽였기 때문에 이제 남은 사람은 강희안 뿐인 것 같소이다. 한 사람이라도 남겨두어 등용시키는 것도 좋을 듯하오. 그는 현자 중의 현자랍니다."

성삼문의 한마디에 강희안은 세조의 손에 죽지 않았다. 그 다음으로 유응부에게 국문이 옮겨졌다. 유응부에게 이렇게 물었다.

"너는 왜 연회석에 참가하려 했느냐?"

"그것은 일척 검으로 역적을 몰아내고 전왕을 모시려 함이었소. 하지만 불행하게 동지 중에 간사한 놈의 밀고로 일이 망쳤소이다. 더이상 묻지 말고 어서 죽여주시오."

이 말을 들은 세조는 약이 바짝 올라 부하들을 시켜 유응부 몸의 살가죽을 벗기는 고문을 가했다. 이런 고문을 당하면서 유응부는 성삼문에게 얼굴을 돌려 말했다.

"보시오. 사람들의 말에 '먹물을 먹은 자와는 동업을 하지 말라'는 말이 있소이다. 그 말이 옳은 것 같소이다. 그때 내가 세조의 도당을 도륙하려고 할 때 당신들이 만류해 멈추고 말았소. 당신들 때문에 내가 이런 치욕을 당하게 됐구려. 당신들은 책략이 무엇인지도 알지 못하니, 짐승보다 낫다고 할 수 있겠소? 이 판국에 말할게 뭐가 있겠소."

다음으로 이개가 작형(단근질)을 받자 이렇게 말했다.

"우리에게 이런 형벌이 무슨 소용이 있소이까?"

이개의 말에 세조는 대꾸도 하지 않고 하위지를 작형하려고 하자 그 역시 세조에게 물었다.

"우리의 행위가 반역이라면 참하면 되는데, 무엇을 묻고 무엇을 대답한단 말이오?"

그러자 세조는 그의 점잖음에 감읍했던지 그에게는 작형을 가하지 않았다.

국문이 끝난 후 성삼문은 형장으로 끌려가면서 세조 옆에 서 있는 좌우 신료들에게 이렇게 고했다.

"너희들은 내 말을 명심해서 들어라. 부디, 어진 임금을 도와 태평을 누려라. 나는 저 세상에서 고주(세종)를 뵈옵겠다."

유성원은 사예라는 벼슬로 성균관에 있었다. 성삼문 등이 국문을 받던 날 성균관 유생이 그에게 찾아와 상황을 알렸다. 이 말을 들은 그는 곧장 집으로 돌아와 술상을 차리게 한 후 부인과 술을 마셨다.

그런 후 자신의 가족묘로 들어가 관대도 벗지 않고 칼로 목을 찔러 자살했다. 부인과 식솔들은 자살 이유를 몰랐다. 그러다가 한참 후 포교들이 찾아와 죽은 시체를 가져갔다. 잔인한 세조는 유성원의 시체가 국문장에 도착하자 형리를 시켜 육시를 하게 했다.

잔혹한 영월의 하늘

　세조는 정인지와 대신들을 불러놓고 상왕에 대해 논의했다. 결론은 폐립으로 결정되었다. 세조는 상왕(단종)을 노산군으로 강등시켜 강원도 영월로 추방시켰다.

　그 다음 금성대군 유를 순흥부로 귀양살이를 보냈다. 귀양지에서 금성대군은 순흥부사 이보흠을 만나 눈물을 흘리며 비밀리에 상왕복위를 위해 뜻이 맞는 사람을 모았다. 어느 날 금성대군은 이보흠을 자기 처소로 불렀다. 이보흠이 오자 좌우에 있던 사람들을 물리고 단둘이 이야기했다.

　금성대군의 지시로 이보흠은 상왕복위에 관한 격문을 만들어 순흥병영과 남중의 동조자에게 나누어 주게 하였다. 이때 순흥부의 어떤 관노가 금성대군이 지시하여 작성한 단종 복위 격문을 입수해 서울로 가져가기 위해 길을 나섰다.

　이때 기천(풍기) 현감이 이것을 알고 관노를 쫓아가 격문을 빼앗은 후 상경하여 고발했다. 세조는 고발한 현감에게 특상을 주면서 후에 반드시 중용하겠다고 약조했다.

　세조는 금성대군과 함께 복위음모에 가담한 벼슬아치들을 모조리 체포해 참살한 후 죽계라는 시냇물에 쳐 넣게 하였다. 이 사건으로 금성대군은 순흥부에서 안동으로 끌려가 안동옥에서 나날을 보내고 있었다.

그러던 중 금부도사가 사약을 가지고 간 날 금성대군이 갑자기 사라져버렸다. 금부도사는 그를 찾기 위해 사방으로 사람을 풀었지만 도저히 행방을 알 수가 없었다. 그러다가 며칠 후 그가 돌아와 큰 소리로 웃으면서 말했다.

"나를 못 찾다니, 머리수만 많지 제대로 일하는 사람이 없구나. 내가 도망가지 않고 돌아온 것은 너희들의 목숨이 아까워서다."

그는 자신이 죽는다는 것을 알고 의관을 고쳐 입고 평상시의 평온함으로 자리에 앉았다. 그러자 금부도사는 서쪽에 놓여 있는 세조의 위패를 향해 절을 하라고 했다. 그러자 그는 이렇게 호통을 쳤다.

"내가 절을? 내가 모시는 임금은 영월에 계신다."

이 말을 끝내기가 무섭게 북쪽을 향해 통곡하면서 절을 네 번 한 후 사약을 마셨다. 그런데 사약으로 죽지 않자 입회한 군졸들이 그의 목을 졸라 죽였던 것이다.

친동생 금성대군을 죽인 세조는 친조카 단종을 죽이기 위해 금부도사 왕방연을 시켜 영월로 사약을 가져가게 했다. 그러나 영월에 도착한 왕방연은 단종이 있는 곳으로 들어갈 용기가 없었다. 그러자 입회하는 부하가 주의를 시켰다. 그렇지만 그는 주춤거리다가 뜰 안으로 들어가 무조건 엎드렸다.

이때 단종은 그에게 찾아온 까닭을 물었다. 그러자 그는 그 물음에 대답하지 못하고 어물거리고 있었다. 이때 단종이 입산할 때 함께 따라온 젊은 시종이 교살하겠다고 했다.

그는 곧바로 한 가닥의 활줄로 단종의 목을 졸랐다. 그렇지만 단종이 곧바로 죽지 않자 허리띠로 몇 번을 졸라 절명시켰다. 이 때 단종의 나이는 불과 17세였다.

교살당한 단종의 시신을 거둘 관이나 염구 등이 전혀 준비되지 않고 그대로 방치되어 있었다. 이런 와중에 젊은 중이 나타나 며칠간 애절하게 통곡하다가 어느 날 저녁 단종의 시신을 짊어지고 어디론가 사라졌다. 이런 일이 있은 후 두 가지 소문이 떠돌았다.

먼저 시체를 산속으로 가져가 화장했다는 설과, 두 번째 시체를 강에 던졌다는 설이다. 사람들은 이와 같은 두 가지 소문 중 점필재 김종직이 쓴 '투강설'이 진짜라고 한다.

6대 임금 단종의 비 정순왕후 송씨는 영돈녕부사 여양부원군 현수의 딸이다. 1440년(세종 12년)에 탄생하여 갑술년 1월 22일에 왕비로 간택되었다. 을해년 7월에 세조는 의덕왕대비로 존칭하였다가 정축 6월에는 부인으로 봉했다. 부인은 1512년(중종 16년) 6월 4일 82세로 세상을 떠났다. 단종이 죽고 18세의 나이로 과부가 되어 64년을 독수공방했다.

이후 옥새에 얽힌 이야기가 있다. 혜빈 양씨는 세종의 후궁으로 들어와 정일품 혜빈까지 올라갔다. 양빈은 세종의 총애를 한 몸에 받았는데, 세종의 큰아들 문종의 비 현덕왕후가 단종을 낳은 지 9일만 죽었다. 그러자 세종은 단종의 양육을 양씨에게 맡긴 것이다.

단종은 양빈의 보살핌으로 병 없이 건강하게 성장해 문종의 뒤를 이었다. 세종시절 단종을 안고 있을 때 세종은 양씨에게 옥새를 맡기면서 이렇게 말했다.

"왕자가 많아 도리어 걱정이 되는구려. 그래서 그대에게 옥새를 맡기오. 옥새가 필요할 때마다 상감께 주었다가 다시 그대가 돌려받아 관리하시오."

세월이 흘러 왕위를 찬탈한 세조가 직접 양빈을 찾아와 옥새를 내놓으라고 했다. 그러자 양빈은 한사코 옥새를 내어주지 않고 이렇게 말했다.

"옥새만은 눈을 감지 않은 이상 못 내놓겠습니다. 대군의 부왕마마께서 소녀에게 맡기시면서 '세자, 세손이 아닌 자가 아니면 거절하라.'고 당부하셨습니다. 저는 부왕마마의 부탁을 거절할 수가 없습니다."

그러자 세조는 단칼에 양빈과 그의 소생인 세 왕자까지 함께 몰살시켰다. 양빈의 슬하에는 한남군 어, 수춘군 현, 영풍군 전 등의 세 왕자가 있었다. 양빈은 단종의 생모는 아니었지만 명분상 어머니였으며 세 왕자의 친어머니이기도 했다.

세조의 비 정희왕후 윤씨는 판중추부사 파평부원군 정정공 윤번의 딸이다. 1418년(태종 18년) 11월 11일에 홍천 공아에서 출생했다. 세종 10년에 가례를 거행하여 낙랑부대부인으로 봉해졌다가 세조가 왕위를 물려받자 왕비로 책봉되었다. 성종 14년 3월 30일 온양행궁에서 66세에 세상을 떠났다. 슬하에는 2남 1녀가 있었다.

한양의 바람둥이

　연산군은 19세 때인 12월에 성종이 병사하자, 그 이듬해 1월 29일 창덕궁에서 즉위식을 가졌다. 이때 인수대비와 인혜대비(예종 왕비)를 대왕대비로, 대행왕비 윤씨를 왕대비, 세자빈 신씨를 왕비로 승격시켰다. 왕위에 등극한 연산군은 조선 10대 임금이다.

　연산군은 왕세자 시절 생모가 있었지만 자신만은 그것을 모른 채 성장했다. 그 후 자신의 어머니가 사약으로 죽었다는 사실도 모르고 있었다. 즉 인수대비가 생존해 있을 때 대궐 안의 그 누구도 왕세자(연산군)에게 그 사실을 알리지 못했다. 만약 그 말을 발설하면 남녀를 막론하고 목을 베겠다며 철저히 감시했기 때문이다.

　왕세자는 고집불통으로 자기 의견과 맞지 않으면 듣지 않았다. 하지만 부왕 성종에게는 그러지 않았는데, 그것은 복종이 아니라 겉으로만 순종하는 척했기 때문이다.

　성종이 사슴을 잡아와 대궐에서 기르고 있었다. 이 사슴은 영리해 사람을 잘 따랐다. 어느 날 왕세자가 부왕 성종에게 문안오자 항상 그랬던 것처럼 사슴은 뛰쳐나가 왕세자의 손과 얼굴을 핥았다.

　그러나 그것이 마음에 들지 않았던 왕세자는 사슴의 배를 발로 걷어찼다. 일격에 사슴은 나뒹굴었다. 왕세자의 이런 행동에 성종뿐만 아니라 옆에 있던 중신들까지 놀랐다. 그것은 사슴의 부상이 염려스러워서가 아니라 왕세자의 포악한 행동 때문이었다. 성종은 진노한 표정으로 왕세자를 꾸짖었다.

"동궁! 짐승이 무슨 죄가 있다고 그렇게 하느냐? 사람이나 짐승이나 모두 덕을 주고받는 게 인지상정이니라. 그런 것을 아는 네가 짐승을 발로 차다니! 이런 포악성은 네가 성장해 보위에 오른다면 틀림없이 백성들을 천대하게 될 것이야! 그렇게 되면 어떻게 나라를 다스릴 수 있겠느뇨?"

성종의 책망을 가슴 아프게 여겨왔던 연산군은 보위에 오른 이튿날 가장 먼저 사슴을 죽였다. 연산의 포악성을 이것으로도 짐작할 수 있을 것이다.

또 왕세자의 스승으로 조지서와 허침이 있었는데 두 사람은 성격이 정반대였다. 조지서는 강직한 성격으로 포용력이 없었는데, 공부를 하지 않는 왕세자를 매번 닦달하고 꾸짖기만 했다. 허침은 부드럽고 포용력이 있었는데 왕세자가 공부에는 마음이 없음을 책망하지 않고 그대로 내버려두었다.

어느 날 조지서는 수업시간이 되어 왕세자 방으로 갔다. 왕세자는 없고 벽에 '대성인은 허침이요, 대소인은 조지서다' 라고 적힌 글씨를 보았다. 불같은 성격의 조지서는 사표를 내려고 했지만, 왕세자의 허물이 세상에 알려질까봐 참았다.

왕세자가 보위에 오르자 조지서는 자진하여 창원군수로 갔지만 얼마 후 사직하고 지리산으로 들어가 지족정이란 정자를 짓고 여생을 즐겼다. 그러나 연산군 10년 갑자사화에 걸려 극형을 당해 강물에 버려졌다. 허침은 우의정과 좌의정까지 벼슬하면서 일생을 마쳤다.

왕세자는 어려서부터 글보다 여색을 밝혔는데, 열세 살에 세자빈을 맞았지만 젊은 궁녀들을 유혹했다. 더구나 열여섯 살이 되었을 때엔 곽린의 딸을 세자궁으로 맞이했다.

황음(荒淫)의 싹은 이미 이때부터 트고 있었던 것이다.

파리 목숨의 유생들

성종이 승하한 3개월 뒤, 연산군은 선릉에 올릴 지문(죽은 사람의 이름과 생몰연대와 행적과 무덤이 있는 곳과 좌향 등을 적은 글)을 읽고 있었다. 그 지문엔 판봉상시사 윤기무란 이름과 폐비에 대한 내용이 들어 있었다. 이상하게 생각한 연산군은 승지를 불러 궁금한 것을 물었다.

"대행왕의 지문에 윤기무가 나오는데 이 사람이 누구냐?"

그러자 승지는 얼굴이 벌게지면서 어쩔 줄을 몰라했다. 그의 이런 행동은 윤기무가 폐비 윤씨의 친정아버지이며 연산군의 외조부였기 때문이다. 그렇지만 신하된 도리로 임금에게 거짓말을 할 수도 없는 노릇이었다. 승지는 꿀 먹은 벙어리처럼 아무 말도 못하고 그저 엎드려만 있었다. 그러자 답답한 연산군이 소리를 질렀다.

"빨리 대답하지 못하겠느냐! 도대체 윤기무가 누구냔 말이다!"

연산의 호령에 승지는 하는 수 없이 말문을 열었다.

"윤기무는 폐비 윤씨의 아버지입니다. 윤씨가 왕비로 책봉되기 전에 이미 세상을 떠났고, 전하의 외조부가 되는 분이옵니다."

"뭐라고? 윤기무가 과인의 외조부라고? 과인에겐 외조부가 따로 있지 않는가. 그런데 어째서 그가 과인의 외조부란 말이냐?"

승지는 더 이상 비밀을 지킬 수가 없게 되자, 폐비 윤씨의 모든 비밀을 연산군에게 낱낱이 고하고 말았다.

"지금 과인의 생모가 생존해 계시느냐?"

"여러 해 전에 세상을 떠나셨습니다."

이때 승지는 폐비 윤씨가 사약을 받고 죽었다는 사실을 알리지 않았다. 연산군은 생모 윤씨가 여러 해 전에 세상을 떠났다는 소리에 슬픔이 앞섰다. 그날 이후부터 술로 심신을 달래다가 인수대비를 찾아가 생모가 폐위된 까닭을 물었다.

"폐위된 것은 본인에게 그만큼 잘못이 있었기 때문이라오."

그는 인수대비의 말을 의심했다. 또한 사헌부나 사간원이나 홍문관의 유생들이 윤씨의 행실에 대한 잘못을 집요하게 상소했기 때문이라고 생각했다. 이런 생각이 깊어질수록 유생들을 단칼에 죽이고 싶었다. 그래서 큰 세력을 유지하고 있던 유생들이 미웠고 이에 조지서가 표적이 된 것이다.

이 당시에 서자출신의 유자광이 있었다. 그는 세조 때 강순, 남이 장군과 함께 이시애를 정벌하여 공적을 남겼다. 그렇지만 적자 출신 강순과 남이는 일등 공훈을 받고, 서자 출신 유자광은 이등 공훈을 받았다. 이때부터 유자광은 사회제도 때문에 서자 출신으로선 출세하기가 어렵다는 것을 알고 불만을 품었다.

이를 계기로 유자광은 남이를 시기하기 시작했다. 원로격인 강순은 풍부한 전쟁 경험 등을 생각해 일등 공훈으로 인정해도 되지만, 남이 장군은 자기보다 나이도 어리고 재주까지 부족했지만 문벌로 일등 공훈을 받았다는 생각에 화가 치밀었던 것이다. 더구나 남이 장군이 병조판서로 진급되어 뻐기는 모습에 유자광은 눈이 뒤집힌 것이다.

어느 날 남이 장군이 대궐에서 숙직을 하고 있을 때 혜성이 나타났다. 그러자 남이는 '묵은 것이 없어지고 새 것이 나타날 징조다' 라고 말하자, 유자광이 엿듣고 역모를 획책한다고 모함했던 것이다. 〔이 과정에서 남이가 여진토벌 때 읊은 시 白頭山石磨刀盡, 豆滿江水飮馬無, 男兒二十未平國, 後世誰稱大丈夫 속의 '미평국(未平國 : 나라를 평정하지 못함)'이란 글귀를 '미득국(未得國 : 나라를 얻지 못함)'으로 조작한 이야기가 잘못 전해졌다.〕

이로써 남이는 유자광의 모함으로 예종이 즉위한 1468년에 체포되어 정승 강순 등과 거열형(죄인의 다리를 두 대의 수레에 한쪽씩 묶어서 몸을 두 갈래로 찢어 죽이던 형벌)에 처해졌다.

그의 모함을 알고 있는 점필제 김종직과 백성들은 유자광을 소인배라고 했다. 김종직이 함양 군수로 재직할 때 동헌에 유자광의 시를 새긴 현판이 걸려 있는 것을 보자 소인배의 시라며 떼어내 태워버렸다. 이런 사실을 소문으로 들은 유자광은 화를 냈지만 어찌할 수가 없어 속으로 앙심을 품었다.

김종직은 왕세자 연산군의 사나운 눈을 보고 나라를 망치겠다는 인물로 판단, 벼슬을 그만두고 낙향했다가 성종 23년 8월에 세상을 떠났다. 그가 죽자 유자광은 자신을 폄하한 김종직에게 화풀이를 하기 위해 그의 제자들에게 화살을 돌렸다.

이때 김종직의 제자 김일손이 사관(역사를 기록하는 벼슬)을 맡고 있었다. 더구나 사관들이 기록하는 사초는 임금도 자기 시대의 것을 볼 수 없었다.

성종이 승하하고 연산군이 보위에 오르자 김일손이 사관을 그만두고 이극돈이 성종실록을 편찬할 책임자가 되었다. 이극돈은 선왕의 사초를 읽다가 자신의 불미스런 사실이 기록되어 있는 것을 발견했다. 그 내용은 다음과 같다.

　'이극돈이 전라감사로 있을 때 정희왕후(세조대왕 비) 윤씨가 세상을 떠나 모든 백성이 경조의 뜻을 표하여야 함에도 불구하고, 지방장관으로서 관기를 불러 연회를 행한 것은 잘못된 일이다.'

　이극돈은 깜짝 놀랐다. 그 기록을 그대로 둔다면 오명은 자손 대대로 전해질 것이 뻔했다. 그는 곧바로 김일손을 찾아가 사초를 고쳐 줄 것을 당부했다. 그러나 강직한 김일손은 그의 부탁을 들어주지 않았다.

　화가 난 그는 복수하겠다고 결심했다. 이극돈은 유자광이 김일손 등에게 깊은 원한을 품고 있음을 알고 그를 찾아갔다. 이에 유자광은 기회를 잡았다고 생각해 그들에게 복수할 방도를 강구하면서 사초를 보여달라고 했다. 그런데 아무에게도 보여줘서는 안 될 사초를 복수심에 불탄 이극돈은 불쑥 유자광에게 보여주었다.

　사초엔 세종대왕에 대한 기록에서 세조를 비방하는 대목이 많았다. 세조가 자기 아들 덕종의 후궁 권씨를 불렀지만 명령을 따르지 않았다는 것이라든가, 후전곡이란 슬픈 노래를 듣고 세상일을 근심한 것이라든가, 황보인, 김종서가 죽은 것을 절개를 위하여 죽었다든가, 성종 때 세종대왕의 여덟 번째 아들 영응대군 부인 송씨가 군장사에서 설법을 듣다가 몸종들이 잠든 틈을 타서 학조라는 중과 정을 통했다는 등등의 기록이 적혀 있었다.

분노한 유자광은 이것을 그대로 두면 안 된다며 중신 노사신, 윤필상, 한치형 등을 찾아가 협박했다.

"대감들은 세조대왕에게 사랑받은 중신들인데 이런 일이 있다는 것을 알고도 그냥 넘어갈 참이오?"

이 말을 들은 중신들은 연산군이 알면 당장 큰 사건이 벌어질 것은 뻔했다. 하지만 알고도 모른 척하면 불고죄를 받게 되어 고할 수밖에 없었다.

연산군 4년 7월 1일 노사신, 윤필상, 한치형, 유자광 등은 임금께 비밀을 고하겠다고 청했다. 이 소리에 도승지 신수근이 마중 나왔다.

도승지 신수근은 연산군의 비 신씨의 먼 친척이었다. 그가 도승지로 임명될 때 대신들은 외척이 권세를 휘두를 수 있다고 하면서 반대했다. 따라서 신수근도 그들에게 좋지 않은 감정을 품고 있었다.

중신들이 배석한 가운데 유자광의 말을 들은 연산군은 화가 머리 끝까지 났다. 지금까지도 유생들이 너무나 미웠는데, 사초에 세조대왕에게 대한 추문까지 기록했다는 사실에 더 이상 참을 수가 없었다.

연산군은 의금부경력 홍사호, 도사 신극성 등을 경상도 청도로 급파해 김일손을 잡아오도록 했다. 연산군은 김일손을 친히 국문하겠다며 그를 수문당 앞으로 끌어내게 하였다. 연산군 옆에는 노사신, 윤필상, 한치형, 유자광, 신수근, 주서 이희순이 배석하고 있었다.

연산군은 엎드려 있는 김일손을 보고 호령하였다.

"네놈이, 성종대왕의 실록을 기록할 때 어째서 세조 때의 일까지 기록하였느냐!"

비로소 이극돈이 사초를 임금께 고자질한 것을 알게 된 김일손은 고개를 들고 말했다.

"역사를 기록할 때에 전왕의 사실까지 기입하는 것은 옛날부터 전해져 내려오는 관례이옵니다."

"허면, 세조대왕과 권씨에 관한 사건은 네가 꾸며서 기록한 것이냐!"

"아니옵니다. 그것은 권부인의 조카뻘되는 허경이란 자에게서 들은 것입니다."

"여봐라! 허경을 불러들여라!"

국문장에 붙잡혀온 허경은 연산군의 험악한 표정에 놀라 자신이 했음에도 불구하고 부인하면서 김일손에게 덮어씌웠다. 며칠 동안 연산군은 꼬리에 꼬리를 물고 나오는 사람들을 붙잡아 국문하던 중 유자광이 소매에서 책 한 권을 꺼내어 바쳤다.

"상감마마! 이 책은 김종직의 글이옵니다. 이것으로도 그들이 세조대왕에게 불충한 뜻을 품었다는 것을 증명할 수가 있사옵니다."

연산군이 받아본 책은 조의제였는데, 유자광에게 그것이 무엇이냐고 묻자 이렇게 대답했다.

"조의제라 함은 옛날 한나라의 의제가 항우의 손에 시살된 것을 조상한다는 뜻입니다. 이 글을 쓴 김종직은 세조대왕을 항우에 비유하고, 의제는 단종에 비유한 것이옵니다. 즉 세조대왕께서 단종을 죽였다는 것을 직접 쓸 수가 없어 비유해서 쓴 글이라고 사료되옵니다."

"김종직, 김일손 등의 죄상이 분명히 드러났다. 이놈들을 어떻게 했으면 좋겠느냐?"

복수심에 불탄 유자광은 유학자들을 모두 제거하기 위해 이렇게 고했다.

"김종직과 김일손 등은 신하된 자로서 왕실에 불경을 저질렀습니다. 따라서 잔당들을 모두 찾아내 뿌리를 뽑아야 합니다. 그렇게 하지 않으시면 잔당들이 다시 들고 일어날 것입니다."

그리하여 7월 26일 연산군은 역도들을 박멸하고 종사를 안정시킨다는 명목 아래 김종직은 부관참시당했고, 김일손, 권오복, 권경유 등은 능지처참에, 이목, 허경 등은 참형에, 그 밖에 나머지 김종직의 친구나 제자들은 형장(죄인을 심문할 때 사용되는 몽둥이)을 때려 먼 지방으로 귀양을 보냈다.

이때가 연산군 4년(23세)으로 조선시대의 유명한 사건 중 하나인 무오사화다.

치마폭에 쌓인 왕권

연산군은 무오사화가 있은 직후 무엇이든지 마음대로 할 수 있는 왕권을 휘두르면서 천성적으로 타고난 음탕한 색기를 노골적으로 나타냈다. 연산군은 왕비 신씨와 궁인 곽씨 외에 윤원의 딸을 숙의로 삼았다. 이에 따라 연산군이 색을 밝힌다는 것을 알아차린 김효손은 자신의 처매며 예종의 둘째아들 제안대군의 여종인 장록수를 천거했다.

장록수는 머리가 총명하고 노래와 춤을 잘 췄다. 30세의 나이지만 동안에 자태가 아름다웠다. 첫눈에 반한 연산군은 그녀를 숙원으로 봉하였다. 이후 연산군은 장록수에 빠져 정사는 뒷전으로 밀려났다. 그러자 그녀는 임금을 조종하기에 이른다. 따라서 벼슬자리를 얻거나 임금에게 청을 넣을 땐 비변사보다 장록수가 지름길이었다. 이로 인해 장록수 집에는 수많은 사람이 문전성시를 이뤘고 청탁을 하기 위해 금은보화가 줄을 이었다.

어느 해 봄, 연산군은 매일 벌어지는 장록수와의 연회에 염증을 느껴서인지 정업원으로 암행을 나왔다. 정업원은 늙은 후궁

들이 살 곳이 없으면 이곳에 와서 여생을 보내는 처소였다.

연산군이 이곳에 온 동기는 젊은 궁녀들이 몰래 빠져나와 살고 있기 때문에 이들 중에 섞여 있는 미인을 찾기 위해서였다. 연산군이 갑자기 나타나자 법당의 비구니들은 동시에 일어나 합장했다. 미소로 대답한 연산군은 여러 비구니들 중 젊고 아름다운 다섯 명을 가리킨 후 나머지는 물러나게 했다. 그런 후 연산군은 비구니들을 범했다.

간신들의 축제 한마당

　시간이 지나면서 연산군은 어머니 윤씨가 폐위된 후 사약을 받고 죽었다는 것은 알고 있었지만 자세한 것은 알지 못했다. 이때 가장 신임 받고 있는 신하가 처남 신수근이고, 2인자가 임사홍이었다.

　임사홍은 성종 때에 당상관을 지냈는데, 맏아들 임광재는 예종의 사위였고 둘째아들 임숭재도 성종의 사위였다. 임사홍은 수단과 방법을 가리지 않고 자신의 부귀영화를 위해 아첨하였다. 더구나 둘째아들은 남의 아내를 빼앗아 임금에게 바쳐 특별한 총애를 받고 있었다.

　그러나 셋째아들 임희재는 김종직의 제자가 되어 성종 때 생진시험에 급제하고 연산군 4년엔 대과에 급제했다. 그렇지만 무오사화가 일어나 김종직의 제자였기 때문에 귀양살이를 했다. 임희재는 아버지와 형들과는 달리 청렴한 선비였다. 그는 자신의 집 병풍에 이런 글을 써 붙여놓았다.

　祖舜宗堯自太平
　　순과 요임금을 받들면 저절로 태평세상을 이룰 텐데
　秦皇何事苦蒼生
　　진나라 진시황제는 어찌하여 국민을 괴롭혔던가

不知禍起蕭墻內
화가 자기 집 담장 안에서 일어날 줄은 모르고
虛築防胡萬里城
공연히 쓸데없이 오랑캐를 막는다고 만리장성을 쌓았구나.

이 내용은 김종직이 조의제문을 지어 세조를 비방한 것처럼 진나라 시황제의 이름을 빌어 연산군을 조롱한 내용이었다.

어느 날 연산군이 임사홍 집에 암행을 나왔다가 병풍의 글을 보고 노했다.

"이 글은 누가 썼느냐?"

그러자 임사홍은 사실대로 자신의 셋째아들이 썼다고 대답하자 연산군이 화를 내며 물었다.

"허~어. 그대의 아들이 이처럼 불초하니 과인이 죽일 수밖에 없지 않느냐. 그대는 어떻게 생각하느냐?"

"전하께서 말씀하신 것처럼 자식 놈이 불초하나이다. 그래서 미리 전하께 발고해 형벌을 가하려고 했습니다. 하지만 애비가 된 죄로 차마 용단을 못 내렸나이다. 부디 살피시어 용서해 주십시오."

그러나 연산군은 그의 말을 듣지 않고 임희재를 의금부에 하옥시켰다가 곧바로 참형에 처했다. 이해할 수 없는 것은 아들이 참형을 당하는 날 아버지는 조금도 슬퍼하는 기색 없이 집에서 연회를 베풀어 친구들과 즐겁게 놀고 있었다. 한마디로 임사홍이 얼마나 간악하고 냉혹한 인물인지를 잘 알 수 있는 내용이다. 이 소문을 들은 연산군은 더더욱 임사홍을 신임하게 되었다.

연산군 10년 3월 20일 연산군 옆에 시종이 없자 임사홍은 폐비 윤씨가 성종대왕의 미움을 받아 폐출된 것이 아니라, 엄숙의와 정숙의가 투기심으로 인해 폐출되었으며 사약을 받고 죽었다고 고자질했다. 연산군은 임사홍의 말에 하늘이 노랗게 변하는 것 같았다.

"뭣이? 그것이 정말이렷다!"

지금 엄숙의와 정숙의는 후궁에서 편안하게 여생을 보내고 있다. 더구나 선왕의 총애를 받아오던 그들이 생모의 원수일 줄이야. 괘씸하게 생각한 연산군은 분통이 터져 곧바로 대궐로 돌아와 엄숙의와 정숙의를 대궐 뜰에 불러내어 호통을 친 후 주먹으로 때려서 죽였다. 그래도 분이 풀리지 않아 시체를 갈기갈기 찢어 소금에 절인 후 까치밥이 되도록 산에다 버려두게 명했다.

이 사건으로 대궐은 발칵 뒤집어졌으며, 이 소리를 들은 인수대비가 칠십의 노구를 부축받으며 나타났다. 인수대비가 연산군을 보며 꾸짖었지만 그는 듣지 않고 막말을 내뱉었다.

"뭐가 어째? 늙은 것이 뭐라고?"

이 말과 함께 연산군은 몸을 날려 자신의 머리로 인수대비의 가슴을 들이받았다. 쓰러진 인수대비는 숨을 몰아쉬며 이렇게 되풀이하다가 기절하고 말았다.

"이런 법이 어디 있나. 이런 법이 어디 있어."

그런 후 연산군은 정숙의 자식인 안양군과 봉안군 형제를 큰 칼을 씌운 후 옥에 가뒀다. 인수대비는 이것이 원인이 되어 얼마 후 세상을 떠나고 말았다. 이후 폐비 윤씨의 생모 신씨는 자유롭게 대궐을 출입하면서 연산군을 만났다.

이때 사약을 마시고 흘린 피를 닦은 수건을 보이며 윤씨의 유언을 자세하게 전해 주었다. 피 묻은 수건을 본 연산군은 미쳐 날뛰었다. 이제야 생모의 최후를 확실하게 알게 된 것이다.

이제 연산군이 할 수 있는 것은 자신의 어머니를 죽인 자들을 찾아 복수하는 일이었다. 그는 춘추관에 폐비와 관련된 인물들을 모조리 발본색원하라고 명했다. 춘추관에서 조사하여 작성한 '폐비사약시말단자'엔 수백 명의 이름이 올라 있었다. 이것은 조금이라도 폐비의 사약과 관련된 사람들까지 기록했기 때문이었다.

이 조사로 가장 먼저 희생당한 사람은 성종 때에 승지를 지낸 이세좌였다. 그는 당시 왕명을 받아 약사발을 가지고 갔기 때문이다. 연산군에 의해 귀양을 가던 중 곤양군은 양포역에서 스스로 목을 매고 자살했다. 이것을 시발로 폐비사건에 연관된 사람은 무조건 대역죄로 다스려 삼족을 멸했다.

이중에서 가장 혹독한 형벌을 받은 사람은 윤필상, 한치형, 한명회, 정창손, 이세겸, 심회, 이파, 김승경, 이세좌, 권주, 이극균, 성준 등이다.

이들 중 생존해 있던 윤필상, 이극균, 이세좌, 권주, 성준 등은 참형을 당했다. 또한 이미 죽은 사람들은 점필제 김종직처럼 부관참시를 한 후 쇄골표풍(무덤에서 시신을 끄집어 내어 허리를 자른 후 그 뼈를 가루를 만들어 바람에 날리는 것)까지 자행했다.

이 사건을 갑자사화라고 한다.

부귀영화에 눈 먼
간신들의 향연

임사홍의 며느리며 임숭재의 부인 휘숙 옹주는 성종의 서녀로 연산군에겐 이복형제가 된다. 이런 관계임에도 불구하고 연산군은 그녀를 능욕했다. 임숭재는 연산군에게 남의 첩을 빼앗아 바친 아첨꾼이었다.

그러나 자신의 부인이 욕을 당하자 기분이 좋을 리 없었지만 겉으론 불쾌한 표정을 짓지 않았다. 하지만 연산군은 임숭재가 딴 생각을 한다고 의심해 입을 열지 말라는 의미로 쇳조각을 물렸다. 이에 스트레스를 받은 임숭재는 시름시름 앓다가 죽고 말았다.

또한 연산군은 왕족의 부인이라고 사정을 봐주지 않았다. 성종의 형님인 연산왕의 백부 월산대군이 세상을 떠나자 미모가 뛰어난 부인 박씨는 과부로 세월을 보내고 있었다. 박씨는 이러지도 저러지도 못해 그저 수줍어만 했는데 그 태도가 연산군을 더 미치게 했던 것이다. 그래서 박씨를 승평부대부인이라는 존호를 내리고 그녀의 아우 박원종에겐 관직을 한 계급을 진급시켰다.

박씨의 삶은 하루하루가 지옥이었다. 그러던 중 임신을 하게 되자 세상이 부끄럽다며 독약을 마시고 자살했다.

박씨는 죽기 전 동생 박원종에게 이렇게 유언했다.

"인륜을 거슬린 임금에게 능욕당해 사람으로서 부끄럽기 짝이 없구나. 난 죽음으로써 모든 죄를 청산하려고 한다. 너는 나의 이런 억울함을 꼭 갚아주기 바란다."

연산군 12년 6월 20일에 박씨가 세상을 떠나자 동생 박원종은 분노에 휩싸였다. 그는 이때부터 누님의 원수를 갚기 위해 임금을 몰아낼 생각을 했다.

연산군이 양화도 월산대군 별장에서 연회를 열고 시를 짓게 하였다. 이때 이조참판 성희안은 연산군이 너무 못마땅해 '우리 임금께선 원래부터 청류를 좋아하지 않았다'는 성심원불애청류(聖心元不愛淸流)라는 글을 지어 올렸다.

연산군은 자신을 조롱한 글이라고 해 성희안을 파직시켜 버렸다. 이후 성희안은 초야에 묻혀 벗들과 술을 마시고 시를 지으며 세월을 보내고 있었다. 그는 연산군이 스스로 뉘우쳐 옳은 사람으로 돌아오기만을 기다렸다.

하지만 연산군의 황음과 폭정은 날로 심해졌고, 급기야 그는 임금을 퇴위시킬 방법을 찾고 있었다. 그러던 중 뜻을 같이하는 동지를 찾다가 박원종의 사연을 듣고 그를 만나고 싶어했다.

뜻이 있으면 길이 있는 법. 같은 동리에 사는 군자부정 신윤무와 박원종이 절친한 사이란 것을 알아냈다. 신윤무는 이미 성희안과는 뜻이 통한 동지였다. 이렇게 연결되어 박원종이 합류했다. 이들은 이때부터 극비밀리에 동지들을 널리 구했는데 이조판서 유순정과 우의정 김수동을 포섭했다.

연산군 12년 9월 1일은 연산군이 미녀들을 거느리고 장단석벽에 새로 건축한 정자로 놀러가는 날이었다. 이날 박원종과 성희안이 세운 계획은 임금이 돌아오는 길에 군사를 숨겨두었다가 체포해 가둔 후 임금의 아우 진성대군을 임금으로 추대한다는 계획이었다.

이들은 거사를 실행에 옮기기 위해 군자부정 신윤무, 전 수원부사 장정, 군기시첨정 박영문, 사복시첨정 홍경주 등에게 명령하여 무사들을 그날 저녁에 훈련원으로 모이게 했다.

그러나 연산군은 무슨 예감이 들었는지 갑자기 장단으로 가는 것을 중지하고 말았다. 따라서 거사가 빗나가자 성희안과 박원종은 난감했다. 더구나 무사들을 그냥 돌려보냈다간 비밀이 탄로가 날 것은 자명한 일이었다. 지금 와서 물러설 수도 없는 일이었다. 그래서 운명을 하늘에 맡기고 예정된 대로 거사를 실행하기로 했다.

거사를 성공시키기 위해 박원종은 이런 일에 경험이 많은 유자광을 합류시켰다.

제일 먼저 신윤무는 임사홍, 신수근, 신수영의 집으로 쳐들어가 때려서 죽이고, 개성유수로 재직하고 있던 신수근의 동생 신수겸은 별도로 사람을 시켜서 죽였다.

또 윤형로를 진성대군에게 급파해 뜻있는 사람들이 힘을 모아 일어났다는 사실을 알리고, 무사 수십 명으로 하여금 시위를 주도케 했다. 이날 밤 성희안 등은 돈화문 앞에서 날이 밝기만을 기다리고 있었다.

더구나 대궐에서 연산군을 지키고 있던 장사와 시종, 내시들에게 대궐 밖에서 일어난 일이 알려졌다. 이들이 자신들의 목숨을 보존하기 위해 도망치는 바람에 대궐 안은 텅 비어버렸다.

입직승지 윤장, 조계형, 이우 등은 사변이 일어났다고 연산군에게 알렸다. 그러자 연산군은 활과 칼을 가져오라고 명했지만 그의 명을 따르는 사람이 없었다. 현실을 직시한 연산군은 승지들의 손을 잡고 부들부들 떨면서 갈팡질팡했다. 이때 승지들은 대궐 밖의 동태를 살핀다는 핑계를 댄 후 모두 도망쳤다.

박원종은 장사 수십 명과 함께 대궐로 들어가 연산군에게 옥새를 내놓으라고 했다. 그런 후 아첨만 떨었던 전동, 심금손, 강응, 김효손 등을 척살했다. 그리고 새벽에 궁문이 열리자 경복궁으로 들어가 성종대왕의 계비 윤씨를 뵙고 이렇게 고했다.

"주상전하께서 임금의 도리를 망각해 천명과 인심이 진성대군에게로 돌아갔나이다. 여러 중신들이 대비전하의 뜻을 받들어 진성대군을 모시려 하오니 부디 명을 내려주옵소서."

이 말이 떨어지기가 무섭게 대비가 이렇게 분부했다.

"모든 준비를 예도에 어긋남 없이 거행토록 하라."

곧바로 유순정이 진성대군을 경복궁으로 모셔왔으며, 근정전에서 즉위식을 거행하여 백관의 치하를 받으며 새 임금이 탄생되었다. 이분이 바로 중종이다.

즉위식으로 대궐 안이 떠들썩한 가운데 연산군은 대답 없는 승지만 불렀고, 장록수, 전비, 김귀비 등은 부들부들 떨고만 있었다. 즉위식이 끝난 후 박원종은 연산군을 찾아와 그가 보는 앞에서 장록수, 전비, 김귀비 등을 체포해 장소를 옮겨 처형했다.

조강지처의 한

　중종이 보위에 오른 것은 19세 때로 그의 부인 신씨는 박원종에게 피살된 신수근의 딸이다. 그래서 즉위식 때 중종과 부인은 각각 희비가 엇갈렸다. 즉위식을 마치고 부인 신씨가 울음 섞인 목소리로 입을 열었다.
　"역적의 딸이라고 내쫓자고 하면 상감도 별 도리가 없을 것입니다."
　"그렇게 된다면 난 임금의 자리를 버리겠소."
　어느 날 영의정 유순, 박원종, 김수동, 유자광, 성희안, 유순정 등이 임금에게 나왔다.
　"상감마마, 신 등이 고민해 온 바 역적 신수근의 딸을 중전으로 둔다는 것은 옳지 않다고 생각됩니다. 사직을 보존하기 위해서는 신씨를 폐하는 것이 옳은 줄 아옵니다."
　"과인이 경들의 덕분에 이 자리에 앉았소. 도저히 그것만은 할 수가 없소. 조강지처를 내쫓는다는 것은 못할 짓이오."
　그러자 박원종이 나서서 아뢰었다.
　"신 등도 상감마마의 용심을 충분히 이해하옵니다. 그러나 상감께서는 종사를 위해서 사적인 생각을 버리셔야 하옵니다."
　그러자 중종은 더 이상 듣기 싫다며 침전으로 들어가버렸다.

하지만 박원종은 포기하지 않고 승지를 시켜 결단을 내려달라고 졸랐다. 그 이유는 훗날 신씨가 원자를 생산해 복수하면 몰살당할 것이 뻔했기 때문이다.

밤이 깊어갔지만 박원종 등은 물러가지 않고 중전을 폐위하라고 외쳤다.

임금이 그들의 말을 듣지 않으면 또 변란이 일어날 것만 같았다. 더구나 신씨가 타고 나갈 가마까지 대령하고 있었다. 중종은 힘없는 자신을 원망했다. 그러자 신씨가 울음을 그치고 이렇게 말했다.

"상감, 이제는 어쩔 수가 없사옵니다. 이 몸 때문에 용상을 버리시면 안 됩니다."

얼마 후 박원종은 자신의 처형 윤여필의 딸을 왕비로 책봉케 했는데, 이 분이 장경왕후다. 그러나 중전 윤씨는 중종 10년 3월 2일에 아들을 낳고 채 일주일을 넘기지 못하고 세상을 떠났다. 즉 폐비 신씨가 궁중에서 쫓겨난 것도 십 년이 되었던 것이다. 비록 박원종이 죽었지만 임금은 다른 중신들이 무서워 단 한 번도 신씨를 찾아가지 못했다.

때마침 담양부사 박상과 순창군수 김정 등이 영남학자들과 교제하면서, 박원종 등이 신씨를 폐비시킨 것에 불만을 품어왔다. 장경왕후가 죽자 또다시 계비 문제가 나오고 있을 때, 김정과 박상이 나섰던 것이다. 이들은 후궁이 세력을 잡으면 나라가 어지럽다고 입을 모았다. 이것을 해결하기 위해선 후궁의 승격보다 폐비 신씨를 복위시키는 것이 좋다는 것이었다.

이에 박상과 김정 등은 상소문을 썼다.

'신씨가 폐위된 것은 당시 박원종, 성희안, 유순정 등이 신수근을 죽이고, 그 딸을 왕비로 두면 후일이 두려워서 그랬던 것입니다. 이제 장경왕후가 돌아가시고 중전의 자리가 비어 있습니다. 전하께서는 이 기회에 신씨를 다시 복위시켜 부부의 연을 잇는 것이 옳다고 생각하나이다. 만약 숙의 박씨나 다른 분을 왕비로 승격시키면 적통을 고수하는 종사로 볼 때 원자의 위치가 위태로울 것으로 사료되옵니다.'

이 상소문으로 인해 조정은 벌집 쑤셔놓은 듯 시끄러웠다. 대사간 이행, 대사헌 권민수 등은 반박했다.

"상감마마, 이것은 평지풍파를 일으키는 일이옵니다. 태평천국에 이들이 사직을 어지럽혔습니다. 마땅히 이들을 처형해야 하옵니다."

그러자 중종은 중대성을 인정해 영의정 유순, 좌의정 정광필, 우의정 김응기, 좌참찬 장순손, 우참찬 남곤 등에게 이 문제를 의논케 했다. 이들은 충분히 의논한 후 중종에게 아뢰었다.

"상감마마, 신씨를 다시 세웠다가 만약 왕자가 태어나면, 사직이 복잡해지옵니다. 즉 가례한 순서로는 당연 신씨가 원실이고 장경왕후의 소생은 계실의 소생이 되옵니다. 박상과 김정 등은 사직을 가볍게 여긴 것으로 죄로 엄중히 다뤄야 하옵니다."

따라서 박상은 남원, 김정은 보은으로 귀양을 보내 평지풍파가 가라앉았다. 그 후 중종은 윤지임의 딸을 책봉하여 계비를 삼았는데, 이 분이 바로 문정왕후다.

젊은 선비들의 수난

중종(中宗)은 재위5년 후 이상 정치를 실현하기 위해 이조판서에 안당은 임명했다. 안당은 성종 때부터 벼슬길에 올라 연산군 밑에서도 무사히 살아온 인물이다. 그가 이조판서에 앉은 후 제일 먼저 착수한 일이 실력 있는 선비를 천거하는 것이었다.

이때부터 지방에 숨어 있던 많은 인재들이 줄을 이었고 조광조 역시 이 중의 한 사람이었다. 천거된 젊은 선비들은 사헌부나 사간원에 재직했다. 과거 박상과 김정이 신씨 복위문제를 논의하다가 대간들의 반대로 귀양 간 것을 문제 삼은 조광조가 이렇게 말했다.

"옳은 일을 상소하는 충신들에게 대간들이 옳지 않다며 벌을 주는 것은 임금에게 상소하는 길을 막는 일이다."

그런 후 권민수와 이행 등을 파직시켜 귀양을 보냈으며, 이장곤을 대사헌으로, 김안국을 대사간으로 천거했다.

이 당시 젊은 선비들은 조광조를 중심으로 뭉쳐 있었다. 조광조는 학문이 높고 덕망이 있어 벼슬길에 나선 지 불과 3년이 되지 않아 부제학에 올랐고, 그해 겨울에 대사헌이 되어 임금의 신임을 받았다.

조광조는 부제학에 재직 당시 만조백관들이 결정한 여진토벌을 한마디로 중지시켰다. 판서 고형산이 거만하다며 그의 부하를 잡아서 옥에 가두었고, 대비가 소중히 여기는 소격서를 혁신하였다. 이후부터 조정의 세력이 점점 젊은 조광조 쪽으로 집중되면서 원로대신들도 꼼짝하지 못했다.

조광조의 득세는 기묘년이 시작되면서 더더욱 심해지면서 사림과 정객들 간에 반목이 생겼다. 따라서 반대파들은 기회만 있으면 조광조 일파를 조정에서 몰아내기 위해 더더욱 굳게 뭉친 것이다.

조광조 일당은 병인년 반정 때 공신록이 엉터리라고 주장했다. 즉 이름이 적힌 공신들 대부분이 아무런 공도 없이 박원종에게 아부해서 등제된 사람들이라고 했다.

그래서 공신록에서 삭제당한 사람은 무려 70여 명이나 되었다. 이 사람들 역시 조광조 일파를 제거하려고 기회를 보고 있었다. 이중에서 희빈 홍씨의 아버지 홍경주도 공신록에서 삭제되었다. 이후부터 홍경주와 남곤은 그들을 몰아낼 공작을 펼쳤다.

기묘년 어느 날 중종이 희빈 홍씨의 처소를 들렀다. 그때 홍씨는 벌레 먹은 뽕나무 잎을 꺼내 중종에게 보이자 눈이 휘둥그레졌다. 벌레가 먹은 자국은 주초위왕(走肖爲王)이라는 글씨 형체였다.

중중이 홍씨에게 물었다.

"이 뽕나무 잎은 어디서 난 것이오?"

"후원에 있는 뽕나무 밭에서 주웠사옵니다."

중종은 당장 입적 승지를 불러 그것의 뜻을 물었다. 이 글을 본 승지는 깜짝 놀라 멍하니 서 있다가 말문을 열었다.

"조씨가 왕위에 오른다는 뜻으로 해석되옵니다."

다음 날 중종은 신하들을 불러 그것을 보이자 한결같이 조광조를 가리키며, 역모를 꾸미고 있다고 고했다. 그러자 중종은 곧바로 이자, 김정, 조광조, 김구, 김식, 유인숙, 박세희, 홍언필, 박훈 등을 잡아들이라고 명했다. 이것이 바로 기묘사화이다. 당시 백성들은 이 사화를 자신들의 권력을 유지하기 위해 홍경주와 심정 등이 꾸며낸 것이라고 했다.

이들은 모두 삼십대의 청년들로 이상정치를 너무 급하게 실현하려다가 실패한 것이다. 이후 조광조는 능성, 김정은 금산, 김식은 석산, 김구는 개녕, 윤자임은 온양, 박세희는 상주, 박훈은 성주로 귀양 보내졌다.

이렇게 되자 수많은 유생들은 떼거리로 광화문 앞에 모여 앉아 통곡했다. 통곡소리를 들은 중종은 금군을 동원하여 유생들을 몰아내도록 했다. 그러나 유생들은 물러가지 않았다.

이것을 계기로 전국의 민심이 동요되고 중종은 조광조 등을 풀어주려고 했다. 이때 박배근, 정귀아 등 무사들이 떼를 지어서 그들을 죽여야 한다고 선동했다. 그러자 대사헌 이항, 대사간 이빈 등이 나서서 조광조 등을 사형에 처하게 하고 유생들의 등용문인 현량과를 없애야 한다고 주장했다.

중종은 혼돈 속에 빠지는 정국을 수습하기 위해 능성으로 귀양 보낸 조광조에게 사약을 내리고 다른 사람들은 섬으로 귀양처를 옮기도록 명했다.

지나친 사랑은 독약

　기묘사화 이후 남곤과 심정 일파가 득세했다. 이들은 정권을 독차지하기 위해서 자기들을 반대하는 사람들을 무고하여 숙청하기 시작했다. 그래서 그들은 평소 조광조와 가깝던 우의정 안당, 문근, 유운, 유인숙, 정순붕, 신광한, 박영 등을 몰아냈다.

　안당은 고향 음성으로 내려가 세월을 보냈다. 하지만 안당의 아들 처겸, 처함, 처근 삼형제는 남곤과 심정에게 불만을 가지고 있었다. 그래서 외숙 시산정, 권진, 안정 등과 함께 그들을 몰아낼 계획을 세웠다.

　하지만 안씨 집안의 서자인 송사련이 밀고하여 안씨 일족은 역적으로 몰려 멸문지화를 당했다. 송사련이 안처겸 형제를 역적으로 고발한 이유가 있다. 당시 사대부사상이 판을 치고 있을 때라 양반과 상놈의 관계를 몹시 따졌다. 따라서 송사련 역시 외사촌들에게 상놈의 자식이라며 천대를 받았기 때문이다.

　이후 조정은 남곤, 심정, 이항, 김극복 등이 판을 쳤다. 그러자 오래전부터 세력을 가지고 있던 김안로가 자꾸만 밀려나게 되었다. 그는 자신의 세력을 지키기 위해 부제학 민수천, 장순손 등과 뭉쳤다. 이때부터 조정은 두 당파로 갈라졌으며 기회만 있으면 서로를 헐뜯었다.

　더구나 김안로는 자신의 세력을 더욱 다지기 위해 아들 김희를 효혜공주와 결혼시켰다. 김안로가 대사헌을 거쳐 이조판서에 오르자 수많은 조정신하들이 그에게 줄을 섰다. 이렇게 김안로의 세력이 커지자 남곤 일파는 더 이상 내버려둘 수가 없다며 들고 일어섰다. 곧이어 남곤은 대사헌 이항을 시켜 상소를 올리게 했다.

'김안로는 붕당을 만들어 조정을 어지럽히고 있습니다. 즉시 그를 파직시키는 것이 옳은 줄 아옵니다.'

그 다음으로 홍문관 응교 심사손, 수찬 조인규, 정자 송인수 등도 연이어 상소했다.

이런 상소를 중종도 부마의 아버지라며 듣지 않았다가 그들의 성화에 못 이겨 김안로를 풍덕으로 귀양 보냈다. 이에 따라 김안로는 조종 대신들에게 원한을 품게 되었다. 김안로를 제거했지만 조정엔 새로운 인물들이 들어와 말썽을 부렸다. 이항이 우의정이 될 때 이들이 반대하여 취임하지 못했다. 이항이 우의정에 임명된 것이 정해년 1월 남곤이 죽기 바로 한 달 전이었다.

구파와 신파가 대립하고 있던 중 세자 생일날에 사건이 터졌다. 대궐 후원 나뭇가지에 쥐 다리와 꼬리를 자르고 입과 귀와 눈을 불에 지져서 걸어둔 것이다. 이것을 사람들은 '작서(雀鼠)의 변'이라고 불렀다.

그 후에도 중종의 침실 난간에 불에 지져진 쥐가 버려져 있었던 것이다. 처음엔 궁에서 벌어진 일이기 때문에 대신들은 모르고 있었다. 하지만 세자의 외조부인 윤여필이 이것은 필시 세자를 저주한 것이라며 들고 일어났다. 그러자 심정과 좌의정 이유청도 범인을 색출해야 된다고 상주했다.

그 다음 날부터 수많은 궁인들을 심문했는데 아무런 증거가 나오지 않았다. 결국 대비 윤씨가 경빈 박씨를 지목했다. 대비는 이유청에게 전지를 이렇게 써서 내렸다.

'작서 사건을 내가 문초하여 알아내려고 했다. 하지만 조정이 나서서 문초한다고 하여 믿었건만 범인을 잡지 못하였다. 동궁의 작서는 나도 잘 알지 못한다. 하지만 임금 침실의 작서는 경빈 박씨가 한 것 같구나. 당시 현장엔 경빈만 있었다.

만약 다른 사람이 쥐를 갖다 놓았다면 경빈이 틀림없이 범인을 보았을 것이다. 쥐가 움직일 때 상감께서 "쥐를 갖다버리라."고 해 시녀가 쥐를 가지고 나갔다. 그러자 경빈이 급하게 "쥐는 상서롭지 않습니다."라고 말했다고 한다.

이 사건이 가볍지 않기 때문에 내가 나서서 말하지 않았다. 하지만 경빈은 "궁의 모든 사람들이 자신을 의심한다."고 푸념했다고 하니 이상스럽지 않은가. 더구나 며칠 전 경빈의 딸 혜순옹주가 비자들과 함께 사람의 형체를 만들어 목을 베어 죽이는 시늉을 하면서 "작서를 발설한 사람은 이렇게 죽인다."고 하며 몹시 꾸짖고 떠들며 저주했다고 한다.'

그리하여 박빈을 폐하여 서인으로, 복성군은 작호를 삭탈시켜 궁에서 쫓아냈다. 그러나 이것으로 끝나지 않고 경빈 박씨와 연관된 이조판서 홍숙, 예조참판 김극개, 문학 홍서주, 병조좌랑 김헌윤, 박빈의 친정아버지 박수림, 그의 오빠 박인형, 박인정 등도 모두 벼슬자리에서 쫓겨났다.

박빈은 경상도 농촌에서 자라난 가난한 선비의 딸이었다. 연산군 때 채홍사에 의하여 징발되었다. 연산군이 쫓겨난 후 그녀와 징발된 여자들 모두가 반정공신 박원종에게 하사되었다. 박원종은 이중에서 미모가 가장 뛰어난 박빈을 중종의 후궁으로 바쳤던 것이다.

 중종은 재위가 39년이고 57세의 나이로 승하했다. 그의 뒤를 이어 30세에 보위에 오른 이가 바로 장경왕후의 소생 인종임금이다.

붕당 속의 힘겨루기

　인종은 동궁 때 맞이한 동궁빈(금성부원군 박용의 딸)을 왕비로 책봉했지만 후손이 없었다. 그는 효성이 지극하고 신하의 올바른 말과 백성들의 고난을 자신의 것으로 생각하는 성군이다. 중신들은 도승지 윤원형을 내치라고 했지만 오히려 인종은 그를 공조참판으로 승진시켜 계모인 문정왕후의 마음을 편안케 했다. 하지만 문정왕후는 더 많은 것을 요구했다.
　이런저런 스트레스로 인해 인종은 보위에 오른 지 얼마 안 되어 시름시름 앓기 시작했다. 병이 점점 중해지자 회복할 수 없다는 것을 알고 중신들을 불러 유언했다.
　"내 병이 이렇게 심각한데 후사가 없어 걱정이오. 경들은 나의 아우 경원대군을 중심으로 국사를 부탁하오. 또 조광조는 어진 선비였는데 억울하게 죽어 내 마음이 편치 않았소이다. 내 뜻을 받들어 조광조의 관직이나마 회복시켜 주시오."
　인종의 재위는 단 8개월이며 그때 나이 31세였다. 당시 요서의 소문이 무성했는데, 대비 문정왕후가 자기 소생의 경원대군을 임금으로 내세우기 위해 인종을 저주했느니, 밤마다 부처님께 기도를 올렸다는 것들이다. 인종이 세상을 떠나자 제일 먼저 기뻐한 것은 대비와 윤원형 형제들이었다.
　인종이 승하한 그날로 경원대군은 나이 12세로 등극을 했는데,

이 분이 바로 명종임금이다. 문정대비는 신왕이 어리다는 핑계로 발을 드리우고 섭정했다. 이때 문정대비는 제일 먼저 선왕 인종의 외숙 윤임 일파를 몰아내려고 했다.

얼마 뒤 윤원형의 형 원로를 해남으로 귀양 보낸 것도 윤임 일파의 압력 때문이었다. 문정대비도 친형제를 귀양 보내자 마음이 좋을 리가 없었다. 이때 윤원형에게 난정이라는 첩이 있었다. 그녀는 매우 영리해 대비와 윤원형 사이를 오가는 연락책이었다.

윤원형은 형님 원로가 쫓겨남을 보고 즉시 계략을 꾸민 다음 난정을 시켜 문정대비에게 이렇게 전했다.

"윤임이 조카 계림군 유를 선왕의 양자로 세워 장차 큰일을 꾀하고자 합니다."

이 말에 문정대비는 분함을 이기지 못해 곧바로 충순당으로 나와 대신들을 불러들여 이렇게 말했다.

"윤임은 중종대왕 때부터 우리 모자를 해코지 해왔소. 더구나 인종이 승하한 뒤 자신들의 세력이 불안함을 느껴 모의를 한다는 말이 있소. 경들은 어떻게 생각하시오?"

이렇게 해서 조정 안은 상대를 서로 헐뜯는 상소로 인하여 시끄러웠다. 이때 경기관찰사 김명윤의 한마디 말이 윤임 일파에게 결정적인 타격을 주었다.

이후 문정대비는 계림군과 관련자를 잡아들이도록 명했다. 안변 황룡사로 도망갔던 계림군이 잡혀와 국청 앞으로 나왔다. 이때 심문을 담당한 사람은 임백령과 허자였다.

그러나 아무리 추궁해도 별것이 없었다. 한마디로 윤임을 옭아 넣는 계략에 애꿎은 계림군만 희생을 당할 판국이었다. 이때 주리를 틀 때마다 계림군의 비명소리가 국청을 울렸다. 어린 임금은 처참한 광경에 질려 눈을 가리고 귀를 막았다. 대비도 임금을 데리고 안으로 들어가버렸다.

고문에 못 이긴 계림군은 서리가 가르쳐준 대로 거짓 자백을 한 후 기절하고 말았다.

"아저씨가 임금을 없애고 나를 임금으로 세운다고 했습니다."

며칠 후 계림군은 역적의 누명을 쓰고 처형을 당했고, 뒤이어 윤임, 유관, 유인숙 등도 반역 음모죄로 죽임을 당했다. 나머지 이언적, 노수신, 유희춘 등을 비롯해 수많은 선비들이 귀양을 갔다.

이로써 조정은 소윤 일파에게 넘어갔고 대비는 이 사건의 공로자라며 정순붕, 이기, 임백령, 허자 등에게 보익공신이란 칭호를 내렸다.

이 사건을 을사사화라고 사가들은 말한다.

나라를 망친 붕당들의 싸움

선조 8년, 당시 무오사화로 희생당한 점필제 김종직의 제자 김근공 문하생으로 김효원이 있었다.

김효원과 친한 심의겸이 의정부사인으로 있을 때였다. 어느 날 공사로 당시 영의정이던 윤원형을 만나러 그 집으로 찾아갔다. 그렇지만 윤원형이 아직 자고 있어 청지기의 안내로 사랑방으로 인도했다. 그곳엔 어떤 선비가 자고 있었다.

그가 바로 윤원형의 첩 정난정의 친정 당질녀의 아들 김효원을 말함이었다.

이때 심의겸은 김효원이 사림에게 이름난 선비가 재상의 집을 드나들면서 아첨한다고 찜찜하게 생각하고 있었다.

얼마 후 김효원은 벼슬길에 올랐는데, 때마침 이조전랑 오건이 사직하면서 자신의 후임자로 그를 천거했다. 그때 이조참의 심의겸은 김효원이 세도가의 집이나 기웃거리는 아첨꾼이라며 반대했다. 오해를 받은 김효원은 당연히 낙방되었다. 그렇지만 김효원을 찬성하는 신진사류들은 심의겸을 비난했다.

그로부터 수년 후 김효원은 이조전랑이 되었다. 그는 많은 공적을 쌓은 후 승진하여 자리를 옮기던 중 후임자로 심충겸이 거론 되었다. 심충겸은 심의겸의 아우다. 신진사류들은 외척이 정치에 참여한다며 반대했다. 이때 김효원은 옛날 생각이 나 정면으로 나서서 반대한 후 다른 사람을 추천했다. 심의겸은 김효원에게 화가 치밀어 이렇게 비꼬았다.

"시시비비는 나와의 문제인데, 이로 인해 내 아우에게 문제 삼는 것은 소인배의 짓이다. 외척이라도 원흉의 문객보다는 낫지 않은가."

이때부터 당론이 갈라져 김효원을 동인, 심의겸을 서인이라고 하였다. 더구나 우의정 박순은 심의겸의 편을, 대사간 허엽은 김효원의 편을 들었다. 서인 쪽엔 김계휘, 정철, 윤두수, 홍성민, 이해수, 구사맹, 신응시, 이산보 등이 있었고, 동인 쪽엔 김우옹, 허엽, 류성룡, 이산해, 이발, 우성전, 이성중, 허봉 등이 있었다. 이들의 분당을 을해분당이라고 한다.

당시 부제학 율곡 이이는 조정의 분당을 근심하여 이를 타파하기 위해 심의겸을 개성유수로, 김효원을 삼척부사로 보냈다. 하지만 해결되기는커녕 당파싸움이 깊어가자 벼슬을 버리고 고향으로 내려갔다. 그를 신임한 선조는 이이를 다시 불러 대사헌, 병조판서 등의 중직을 맡겼다. 먼저 이이는 동인 이발과 서인 정철에게 편지를 보내 힘을 모아줄 것을 당부했다.

그러나 동인 편에서는 율곡이 중립 인물이 아니고 서인편이라며 일축했다. 그 이유는 조정에 있는 서인들 대부분이 율곡의 문인이거나 친구였기 때문이다. 서인 역시 자신들을 두둔하지 않는다고 불평했다.

선조 18년에 이이가 세상을 떠나자 상주에 있던 동인의 거두 노수신이 올라와 영의정이 되고, 이산해는 이조판서, 류성룡은 예조판서가 되었다. 이로써 조정은 온통 동인의 세력이 팽창해 서인이 밀려났다. 동인들은 서인의 원흉인 심의겸을 탄핵했다. 이때 인순대비가 세상을 떠난 뒤라 심의겸은 원군이 없었다. 그는 파직당하고 얼마 후 죽고 말았다.

더더욱 동인들은 서인들을 압박하고 규탄하다가 기축옥사가 벌어지고 말았다. 기축옥사는 일개 선비인 정여립의 반항으로 일어났다. 그는 전주 사람으로 총명하고 말을 잘해 이이가 천거하여 서책을 편집하는 수찬직을 맡게 했다. 정여립은 이이를 항상 공자에게 비교하며 받들었다.

그러나 이이가 죽은 뒤 출세를 위해 잽싸게 동인의 거두 이발과 관계를 맺으려 했다. 이를 본 동인들은 서인 이이의 제자라며 배척하려고 했었다. 그러자 스승으로, 은인으로 섬겼던 이이를 비방하기 시작했다. 이에 임금도 놀라서 그를 불러 꾸짖었다.

동인들 역시 이이를 서인이라며 미워했지만 스승을 욕하는 그를 간흉한 소인배라며 배척했다. 그렇지만 이발만은 감싸며 벼슬에 천거했지만 임금에게 찍혀 등용되지 못했다.

이에 불만은 품은 정여립은 고향으로 내려가 불평분자를 끌어들여 그들과 함께 시국에 대해 불평불만을 일삼다가 반역의 음모를 품게 된 것이다. 정여립은 이런 말을 퍼뜨렸다.

'木子亡 鄭邑興' (정씨는 진인이다. 무자년이나 기축년에 난리가 난다.)

이 소문들은 당시 호서지방을 비롯해 다른 지방까지 떠돌았다. 따라서 기축년 9월이 되면서 황해도 일대에서는 난리가 난다며 민심이 동요했다.

이때 송익필이 정여립의 모반하려는 기색을 자세히 조사해서 사람을 시켜 밀고하게 했다. 고변하는 글을 황해도에서 먼저 올라왔다. 이에 대해 임금이 대신들에게 물었다. 그러자 그와 사이가 좋은 우의정 정언신이 그렇지 않다고 했다. 이후 계속 같은 소문이 돌자 금부도사와 선전관을 보내 정여립을 잡아오도록 했다.

정여립은 지명수배된 것을 알고 진안의 죽도로 도망쳤다. 그러나 더 숨을 곳이 없자 죽도에서 자살했다. 정여립의 시체는 곧 서울로 압송되어 반역죄로 목을 베게 한 후 아들 옥남을 국문했다. 이때 옥남은 17세로 날 때부터 손에 임금 왕자가 새겨져 있었다고 한다.

이 사건을 너무 오래 끌자 서인 쪽에선 이번 기회에 동인을 없애기 위해 단합했다. 그래서 새 위관에 서인 정철을 앉혔다. 정철이 위관이 되자 사방에서 상소문이 빗발쳤다. 이때 정철은 여립의 조카 정집과 호남 사람 선홍복이 밀고한 것을 가지고 임금께 아뢰었다.

그 결과 임금은 이들을 반역죄로 처단하고 김우옹과 정인홍도 정여립과 친했다는 이유로 귀양을 보냈다. 그러나 이것으로써 이 사건은 완전히 끝난 것은 아니었다.

경인년 5월, 전라도 유생 정개청이 '역적 정여립의 집터를 봐주었다.'는 죄목으로 잡혀왔다. 정개청을 문초하였지만 그가 집터를 봐주었다는 것은 전혀 알 길이 없었다. 그 대신 다른 죄 두 가지가 나타났다.

첫 번째가 배절의론(절의란 여사여사한 것인데 후세에 이르러서는 절의의 이름만 취하고 그 알맹이는 잃어버렸다는 뜻으로 후세에 알맹이 없는 허명의 절의를 욕한 글이었다.)이다.

원래 글 제목의 배자가 없었지만 죄를 만들자는 측에서 허명의 절의를 배척한 것이라며 '배절의론'으로 주장했던 것이다.

두 번째는 정개청이 정여립에게 "도의 고명을 본 사람은 당대에 오로지 존경하는 형뿐이다."라고 칭송하여 편지한 것이 발각이 된 것이었다. 그러나 정개청은 귀양 간 지 한 달 뒤에 죽었다. 당시 죽은 정개청의 서원은 삼백 년 간을 당쟁의 승부에 의해 지었다가 허물기를 여러 번 했다.

허기진 목구멍

 선조 25년 4월 30일, 왜구가 부산을 침략하자 첨사 정발이 방어했지만 반나절이 못 되어 패하고 전사했다. 이후 왜구들은 동래성을 포위했다. 부사 송상현이 싸웠지만 왜군의 조총 앞에 힘을 쓸 수가 없었다.

 조정은 당황하여 이일을 순변사로 임명해 급파하고 뒤이어 대장 신립을 도순변사로 삼아 뒤를 후원하게 하였다. 이들은 승리를 장담하고 내려갔지만 모집한 군사는 시정의 서리와 유생 그리고 무뢰한들 뿐이었다. 그러나 신립이 경상도 땅을 밟기도 전에 이일의 참패 소식을 들었다. 이에 신립은 겁을 먹고 문경새재에서 진을 친 후 진군하지 않았다.

 얼마 후 그는 천연의 요새인 문경새재를 버리고 충주로 이동해 달래 강을 등지고 배수의 진을 쳤다. 종사관 김여물은 어이가 없어 문경새재로 회군할 것을 권했다.

 "이일이 충주에서 패한 것은 천연요새인 문경새재를 지키지 않고 충주로 나아가 왜군을 막은 까닭입니다. 군사를 돌려 문경새재를 지켜야 합니다. 높은 곳에서 적을 막는다면 비록 팔천여 명의 군사지만 일당백으로 적을 막아낼 수 있습니다."

 그러나 신립은 그렇지 않다며 설명했다.

 "자네가 잘못 생각한 것이야. 왜군은 보병이고 우리는 기병이기 때문에 넓은 곳에서 좌우로 공격해야만 승리할 수가 있다네."

"장군, 병법에 보면 험준한 곳을 지켜야 된다고 하지 않았습니까? 문경새재로 돌아가지 않으려면 높은 언덕에서 적병을 향해 화살로 막읍시다."

신립은 끝내 김여물의 말을 듣지 않았다.

왜병은 어느새 문경새재를 넘어 충주로 몰려왔다. 신립의 군대는 정돈할 사이도 없이 왜병과 싸우게 되었다. 군사들은 뒤에 큰 강이 있어 달아날 수도 없어 힘을 다해 싸웠다. 신립 또한 말을 적진으로 몰아 왜군 수십 명을 죽였다. 그러나 전세는 이미 기울고 있었다.

신립은 김여물을 돌아보며 말했다.

"종사관, 내 생각이 짧았어. 자네 말을 들을 것을…. 나는 여기서 죽을 몸이야. 자네나 어서 피하게."

"장군, 저도 갈 곳이 없습니다."

"그러지 말게. 자네는 훗일을 기약하여 꼭 저 왜군들을 무찌르게나."

"아닙니다, 장군. 저도 장군과 함께 죽겠습니다."

두 사람은 달래강 기슭에서 백병전을 펼치다가 말을 탄 채로 강물 속으로 빠져버렸다.

신립의 패전으로 서울의 인심은 극도로 혼란했다. 선조는 류성룡에게 도체찰사라는 중임을 내렸다. 또 내수사별좌 김공량에게 활 잘 쏘는 사람 이백 명을 뽑아서 대궐을 지키게 했다. 그러나 세력가들은 봇짐을 싸 산으로 도망하기 시작했다. 궁중 안에서도 김인빈을 비롯한 후궁과 나인들도 선조에게 피난 갈

것을 졸랐다.

그래서 선조는 내수사별좌 김공량에게 여자들의 짚신과 남자의 미투리를 사들여 대궐 안으로 들이라고 은밀하게 명했다. 그리고 창덕궁 가까운 협문 안에 사복과 말들을 대령해 세워두게 했다.

'밤말은 쥐가 듣고 낮말은 새가 듣는다'는 속담처럼 이 소문은 어느덧 궁안 구석구석 퍼졌다. 이때 장계군 황정욱, 기성부원군 유홍, 영중추부사 김귀영 등은 입을 모았다.

"상감마마, 서울은 꼭 지켜야 합니다. 서울을 버리자고 말한 자는 소인배이옵니다."

이 말을 들은 선조는 신하들의 마음을 달랬다. 그러자 우승지 신집은 다시 어전에 엎드리며 간청했다.

"상감마마, 소란한 민심을 진정시키려면 세자를 세워 국본을 정하는 수밖에 없사옵니다."

선조는 이 말에 더 이상 토를 달지 못하고 영의정 이산해, 좌의정 류성룡, 우의정 이양원 등을 돌아보며 명했다.

"왕자 중 어진 자를 골라 세자로 추대하라."

대신들은 선조의 말에 눈치만 보고 있었다. 그러자 선조는 다시 입을 열었다.

"광해군을 세자로 삼으려고 하는데, 경들의 생각은 어떠시오?"

광해군이 세자에 책봉되었고 세자 책봉식을 조촐하게 치렀다. 책봉식을 치룬 그 다음 날 저녁때였다. 충주에서 패한 신립의 군노 서너 명이 말을 타고 남대문 성안으로 뛰어들었다.

한 곳도 성한 데가 없는 부상병들이었다. 패잔병이 서울에 당도한 것을 볼 때 왜군이 서울에 쳐들어오는 것은 시간 문제였다. 이때 영의정 이산해가 아뢰었다.

"한시가 급하오니 어서 평양으로 행차하십시오."

그러자 선조는 대답이 없었다. 그러자 도승지 이항복이 다시 아뢰었다.

"우선 서편으로 가시어 명나라에 구원병을 청하는 것이 옳다고 생각하옵니다."

이들의 말을 들은 장령 권협은 끝까지 서울을 지켜야 한다고 우겨댔다. 그러자 선조는 영을 내렸다.

"임해군은 함경도로 떠나라. 그리고 영부사 김귀영과 칠계군 윤탁연이 호위를 맡아라. 순화군은 강원도로 떠나라. 장계군 황정욱, 호군 황혁, 동지 이기가 호위를 하라."

그렇지만 우의정 이양원은 유도대장으로서 서울을 지키도록 하였다. 날이 밝지 않은 비 내리는 새벽, 마침내 선조는 종묘와 사직의 신주를 모시고 대궐을 떠났고, 그 뒤에는 세자 광해군과 왕자 신성군, 정원군이 따랐다. 왕비는 인빈 김씨와 나인들의 호위를 받으며 대궐문을 나섰다.

사현 마루턱에 이르렀을 때 동이 트기 시작했는데, 서울 쪽을 바라보니 우중이지만 서울 장안이 불빛으로 환했다. 대궐이 불길에 휩싸였던 것이다. 선조는 오직 동쪽 하늘만 바라보고 하염없이 눈물을 흘렸다.

마침내 의주 피난처에 도착하자 곧바로 명나라에 구원을 요청했다. 그리고 다음 해인 계사년 정월에 평양을 탈환하면서 전세를 뒤집기 시작했다.

경량의 당파싸움

명량해전도

전패 중에서 전라좌수사 이순신이 왜구를 물리치면서 조선은 희망이 보였다. 선조는 의주에 자리를 잡았고, 이때 서인들은 동인 이산해나 류성룡의 부하들이 다시 정권을 잡는 것이 두려워 그들을 몰아내고자 했다.

선조는 잠잠했던 붕당 싸움이 다시 시작되는 것을 보고 친히 이런 글을 지어 신하들에게 보였다.

諸臣今日後 忍復名西東(신하들이여 이제부터는 동이니 서이니 하며 제발 다투지 말라.)

피난길 일 년 후인 다음 해 4월 왜군이 패퇴하면서 선조는 10월에 의주로부터 서울로 환도했다. 환도 후 피난에서 류성룡의 충정을 인정한 선조는 윤두수 후임으로 류성룡을 영상의 자리에 앉혔다. 이것을 계기로 동인들은 또다시 정권을 잡았으며, 정철은 환도 다음 해인 갑오년에 세상을 떠났다. 이후 남인과 북인의 책동이 시작되면서 수년 전에 정여립에 얽혀 죽은 최영경의 복권 문제가 6개월이나 지속되었다.

그러나 사류들은 군신이 당파싸움만 할 때가 아니라 창을 메고 적을 물리칠 일을 생각할 때라며 비난했다.

그러나 대사헌 김우옹, 대사간 이기, 장령 기자헌이 중심이 되어 죽은 정철의 관직을 깎자고 고집하였다. 따라서 11월에 죽은 정철의 관직이 삭탈되고 말았다. 이때부터 서인들이 몰락하고 동인들이 득세했다. 하지만 동인의 독무대가 이어지면서 동인 자체 내에서 남인과 북인의 대립이 벌어졌다.

북인의 거두 이산해가 쫓겨났지만, 선조는 인빈 김씨와의 관계로 인해 그를 잊지 못했다. 그러자 정탁은 기회를 엿보아 선조에게 쫓겨난 이산해를 복귀시키자고 했다. 이때 남인인 대사헌 김우옹을 시켜 정탁을 나무라며 파면시키자 북인들이 위기를 느끼고 류성룡이 사주한 일이라며 들고 일어났다.

그래서 북인들은 류성룡을 미워해 계략을 꾸며 그를 명나라 사신으로 가게끔 했다. 이때 류성룡은 병을 핑계로 사양하자, 선조는 이를 괘씸하게 여겼다. 이것을 꼬투리 삼은 북인인 지평 이이첨과 남인인 대사헌 이헌국이 서로 공박했다. 결과는 이이첨의 승리로 끝나면서 이헌국이 파직되었다. 결국 류성룡이 벼슬에서 물러나게 되었다.

거북선

류성룡이 물러나자 북인은 다시 두 갈래로 갈라져 이산해와 홍여순을 중심으로 한 대북파, 남이공과 김신국을 중심으로 한 소북파가 생겨났다.

　이들은 계속 다투다가 김신국과 남이공이 물러나고 이산해가 세력을 잡으면서 영상이 되었다. 정권을 잡은 후 이산해의 당을 육북, 홍여순의 당을 골북이라며 갈라졌다.

　선조는 당파 싸움에 환멸을 느껴 갑론을박하는 이이첨과 홍여순을 내쫓고 다시 서인을 등용시켰다. 얼마 후 서인인 이귀가 조정에 들어와 대북 정인홍의 행동을 비판하였다. 이에 정인홍은 서인 전체를 싸잡아 공박하였다.

　그러자 대사헌 황신이 선조에게 그렇지 않다고 변명했다. 그러자 선조는 황신의 벼슬을 바꾸어 간혼독철(奸渾毒澈, 간사한 성혼과 악독한 정철)이란 전교까지 내려 조정에서 모든 서인들을 쫓아냈다. 이후 소북 유영경 이조판서로, 대북 정인홍을 대사헌으로 삼았다.

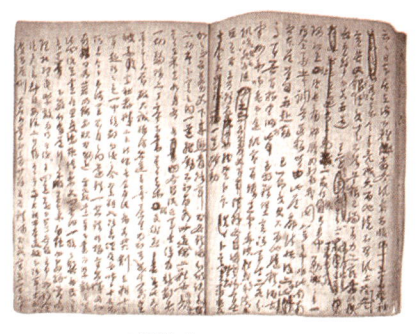

난중일기

이불과 빈들의 정치

소북 유영경이 정권을 잡은 얼마 뒤 의인왕비 박씨가 세상을 떠났다. 이때 선조는 나이가 50이었지만 재혼할 생각을 가졌다. 그렇지만 후궁에는 인빈, 순빈, 정(靜)빈, 정(貞)빈, 온빈 외에 아이를 낳은 빈도 많았다.

박씨의 장사를 치른 뒤 51세의 선조는 임인년(선조 35년)에 이조좌랑 김제남의 딸을 새 왕비로 맞이했다. 새 왕비(인목왕비)의 나이는 19세다. 선조의 노력으로 새 왕비는 임신했다. 정실 소생이 없던 선조로선 여간 기쁜 것이 아니었다. 그러던 어느 날 선조가 오래간만에 인빈의 처소로 가자 인빈은 여느 때나 마찬가지로 반갑게 맞았다. 선조는 인빈의 처소에서 즐거운 밤을 보냈다. 다음 날 아침 인빈은 오래전 부터 마음먹고 있던 말을 선조에게 했다.

"상감, 이번에 중전께서 아들을 낳으시면 세자를 정하십시오."
"허~어. 세자는 벌써 광해군으로 세우지 않았느냐?"
"하오나 이번에 태어날 태자는 정실 소생이 아니옵니까? 세상 사람들이 모두 그렇게 생각하고 있사옵니다."

이 말에 선조는 마음이 흔들렸다. 더구나 사람들이 당연하다고 하는 말에 어느덧 새로 태어나는 원자를 세자로 삼겠다고 결심했다. 이 생각은 선조뿐만이 아니라 유영경도 마찬가지였다.

그는 인빈 김씨의 소생인 정휘옹주의 부마 유정량의 조부다. 더구나 인빈이 자기 소생이 세자가 못된 것에 불만을 품고 있다는 것을 잘 알고 있는 터였다. 못 먹는 밥에 재나 뿌리자는 식으로 차라리 새로 태어나는 원자로 세자를 삼아야겠다는 것이다.

드디어 인목왕후가 첫아기를 낳았지만 아들이 아니라 딸 정명공주였다. 선조의 꿈은 깨어지고 말았다. 어느덧 일년이 지나간 후 왕비에게 또다시 태기가 있었다. 이번엔 기다리던 아들 영창대군이 태어났다. 임금으로 정실에서 처음 낳은 아들이라고 기뻐했다. 유영경은 이때를 놓치지 않고 문무백관으로 하여금 영창대군 만세까지 부르게 했다. 그러자 이것을 바라보는 광해군의 마음은 여간 고통스럽지 않았다.

얼마 후 선조가 병을 얻더니 정미년 10월부터 증세가 매우 위태로워졌다. 광해군은 세자로서 매일 임금에게 문안하러 들어갔다. 광해군이 이렇게 정성으로 부왕의 문병을 하는 까닭은 항간에 유영경 일파가 세자 광해군을 폐하고 영창대군을 새로 세자에 봉하려 한다는 소문을 덮기 위해서였다. 또한 광해군의 형 임해군도 은근히 왕위를 노리고 있다는 말까지 들렸다. 한마디로 광해군으로서는 마음을 놓을 수가 없었던 것이다.

그러던 어느 날 선조는 영의정 유영경, 좌의정 허욱, 우의정 한응인 등을 불러 세자 광해군에게 전위하겠다고 하자 세 정승들은 반대했다. 하지만 선조는 전위할 뜻을 굳혔다. 대신들이 물러간 뒤 선조는 전교를 내려 원로대신들과 의논해서 세자에게 전위하도록 독촉했다. 그렇지만 유영경은 선조의 전교를 받들고도 원로들에게 알리지 않았다. 당시의 원로대신들은 이항복, 이원익, 이덕형, 이산해, 기자헌 등이었다.

후에 이 사실이 대북 일파에게 알려지자 이이첨과 이산해의 아들 이경전 등은 그때 영남으로 내려가 있는 정인홍에게 사람을 보내어 유영경이 세자를 위태하도록 꾀한다는 진상을 알리고 상소하라고 권했다.

이때 이산해, 이이첨 등 대북 일파가 세자 광해군에게 붙어 세자빈의 오라버니 유희분과 유영경을 몰아낼 계획을 하고 있었다. 정인홍은 원래 성격이 곧아 두려움을 가리지 않고, 상대를 공격할 땐 항상 선봉에 섰다. 그는 경상도에서 선조에게 상소를 올렸다.

'유영경은 임금의 명령을 어기고 여러 원로대신들을 부르지도 않았사옵니다. 이건 필시 어떤 무서운 흉계를 꾸미고 있는지 알 수가 없나이다. 나랏일은 한 사람이 하는 게 아니옵니다. 예로부터 임금의 유고 때 세자가 대리를 하는 법임에도 불구하고, 모든 일을 유영경 혼자서만 비밀리에 처리하려고 합니다. 이것은 사직과 세자를 위태롭게 하는 수작이옵니다.'

그렇지만 선조는 유영경을 신임하고 있어 정인홍의 상소문을 보자 몹시 노했다. 이후 대북과 소북은 서로 반박하며 싸우기를 그치지 않았다. 그러나 소북은 당시의 여당이었다.

선조는 결국 유영경과 인빈의 주장대로 정인홍을 영해로, 이이첨은 갑산으로, 이경전은 강계로 귀양 보내라고 명했다. 그런 후 광해군이 문안을 하려고 하면 명나라에서 인준해 주지 않는 세자는 세자가 아니라며 호통을 쳤다.

허수아비와 허수 임금

　광해군이 왕위에 오르고 이이첨과 정인홍 등은 귀양지에서 돌아왔다. 그들이 미처 도착하기 전에 선조의 승하소식을 듣고 공신으로 돌변했다. 광해군은 이산해에게 선왕의 장례식 준비를 맡겼다.

　그러자 유영경이 사직하겠다는 상소를 올렸다. 그러자 광해군은 너그럽게 유영경을 위로하며 만류했다. 그런지 수일도 안 되어 대북 일파들이 상소했다.

　'유영경은 전하께서 세자로 계실 때 전하대신 영창대군을 세자로 세우려던 원흉이옵니다. 그런 죄인을 조정 안에 머물게 함은 옳지 못한 처사이옵니다. 즉시 추방하시기 바랍니다.'

　그러자 광해군은 과거의 모든 혐의를 깨끗이 잊은 듯이 유영경을 두둔했다. 그렇지만 대북일파는 정권욕에 눈이 뒤집혀 하루도 빠짐없이 유영경을 추방하라고 상소했다. 광해군은 하는 수 없이 유영경을 내쫓고 이원익을 영의정으로 임명했다. 또 양사에 이이첨, 이경전, 정인홍 등을 등용했다.

　이때 광해군의 나이가 서른다섯, 세자빈이던 유씨가 왕비로 승격했지만 광해군은 왕비보다 후궁 김상궁을 사랑하고 있었다. 김상궁은 선왕이 병중에 있을 때 곁에서 시중들던 궁녀이다. 선조가 광해군의 문안을 받지 않고 호통쳐서 내쫓을 때 김상궁은 피를 토하며 통곡하는 세자를 극진히 간호하였던 것이다. 그때부터 김상궁을 마음속에 새겨두었다가 보위에 오르면서 후궁으로 맞아들였던 것이다.

그동안 후궁에는 여섯 명의 숙의와 열 명의 소원이 있었지만 김상궁을 꺾지 못했다. 더구나 김상궁은 왕비 유씨의 비위까지 잘 맞춰 그녀에게도 귀염을 받았다.

광해군은 붕당의 해가 크다는 것을 알고 가끔 조신들에게 주의를 시키고 스스로도 초월하려고 애썼다.

어느 날 광해군 형 임해군이 모반을 꾀했다는 주제로 탄핵하자 조정이 또다시 시끄러워졌다. 이원익, 이항복, 이덕형, 이산해, 한응인 등 소위 원로들은 임해군의 사형을 반대하고 귀양만 보내자고 했다. 그러나 이이첨, 유희분, 정인홍 등은 원로들이 남인과 상통했다며 대들었다.

결국 광해군은 임해군을 강화 교동으로 귀양을 보내어 위리안치(담장을 쌓아 담장 안에서만 지내는 것)시켰다. 이때 강화 현감 이현영은 임해군의 신세가 가엾어 가끔 문 밖까지 내주는 자유를 주었다. 이것이 이이첨의 귀에 들어가면서 현감이 교체되었다. 신임 현감은 이이첨의 부하로 얼마 후에 사람을 시켜 임해군을 죽였다.

신해년(광해군 3년)부터 왕비 유씨를 중심으로 유희분의 세력이 늘어나면서 궁중의 중요한 자리를 모두 차지했다. 유희분은 자신의 아들을 과거에 합격시키고자 부정한 짓을 저질렀다. 즉 임숙영이란 사람이 과거에 응시하였는데, 답안을 쓸 때 외척 유씨들의 부정이 눈에 거슬려 시대를 개탄하는 글을 써서 바쳤다.

시관들은 그의 글을 보고 깜짝 놀랐다. 매우 훌륭한 글이었지만 발표할 수가 없었다. 마침내 그는 전시에서 누락되었다.

권필이 이 소문을 듣고 풍자시를 지었다.

宮御靑靑花亂飛
대궐 버들은 청청하고 꽃은 바람에 어지러이 날리는데
滿城冠盖媚春輝
성 안에 가득 찬 사람들은 봄빛에 아첨을 떠네.
朝家共賀昇平樂
모든 백성들이 태평세월이라고 희희낙락 하건만,
誰遣危言出布衣
위태로운 말을 누가 내어 베옷 입은 사람을 내쫓았느냐.

권필은 이 글로 인해 혹독한 곤장을 맞고 귀양을 가다가 맞은 곳의 상처가 덧나 죽고 말았다.

광해 5년, 동래의 어떤 상인이 은을 말에 실고 서울로 올라가다가 문경새재에서 산적을 만나 재물과 목숨을 빼앗긴 사건이 일어났다. 포청의 활동으로 그들은 곧 체포되었다. 하지만 체포된 이들은 서인의 거두 박순의 서자 박응서와 서자 출신이지만 명문자제들이었다.

포도대장 한희길은 서출이지만 명문자제들만이 모여 결당을 했다는 것에 의심이 갔다. 그가 박응서를 문초하자 서자를 천대하는 나라를 뒤집기 위해 군자금을 구한 것이라고 했다. 이것이 이이첨의 귀에까지 들어갔다. 그는 포도대장을 찾아가 밤새도록 음모를 꾸몄다.

그 다음 날 포도대장은 박응서를 조용히 불러 먹을 것을 주면서 살 수 있는 방법을 말해 주었다. 그러자 박응서가 쾌히 응했다. 며칠 후 의금부에서 문초할 때 박응서는 이렇게 말했다.

"역적도모를 하였다. 지금의 임금을 내쫓고 영창대군을 모셔다 임금으로 삼기를 꾀하였다. 영창대군의 모후 인목대비도 물론 아는 바이다. 인목대비의 친정아버지 영흥부원군 김제남도 배후의 인물이다."

광해군은 영의정 이덕형, 좌의정 이항복, 판의금 박승종 등을 거느리고 친국을 벌인 후에 영창대군은 폐서인을 시키고, 김제남은 사사하고 일족을 멸했다. 인목대비의 어머니 부부인 노씨를 제주도로 귀양 보냈다. 그럼에도 불구하고 이이첨 일파는 영창대군을 폐서인시킬 게 아니라 죽여야 한다고 했다. 그러자 임금은 할 수 없이 명을 내렸다.

"서인 의는 여덟 살 먹은 어린아이다. 그러니 죽일 수가 없어 강화로 귀양을 보내도록 하라."

영창대군은 강화도로 쫓겨나 울타리가 튼튼한 집안에 갇혀 군사들이 지키고 있었다. 어린 영창대군은 어머니를 그리워하며 병이 들었다. 강화부사 정항은 대군의 방에 불을 많이 때라고 명령하였다. 그러자 어린 영창대군은 뜨겁다는 소리를 지른 후 세상을 떠나고 말았다.

한편 영창대군이 강화도로 쫓겨난 후 대비의 거처는 정동의 경운궁으로 옮겨졌다. 이것은 광해군이 대비와 함께 창덕궁에 있기 싫어서 취한 조처였다. 며칠 뒤 밖에 나갔던 궁녀가 들어와 슬픈 소식을 들고 왔다.

"마마! 마마! 권필이란 시인이 신문고를 울려 대군께서 강화에서 돌아가신 것을 폭로시키려다가 사형에 처하라는 분부를 받고 의금부에서 끌려갔다고 합니다."

"뭐? 영창대군이 죽었다고?"

"강화부사 정항이란 자가 이이첨의 명을 받아 대군을 방에 가둔 후 산더미 같은 장작불로 구들을 달궈 숨이 막혀 죽게 했답니다."

대비는 기절하고 어린 정명공주는 쓰러진 어머니의 치맛자락을 잡고 울고만 있었다.

붕당 속의 여인들

 이이첨은 대비를 폐위시키는 음모를 진행하고 있었다. 좌의정 정인홍은 원래부터 이이첨과 한패였는데, 이번 거사만큼 뭔가 두려움을 느껴 발뺌을 하고 시골로 내려가 누워버렸다. 영의정 기자헌도 폐위에 반대한 후 벼슬을 버리고 강릉 고향으로 물러나 돌아오지 않았다.
 이이첨은 심복 우참찬 유간을 집으로 불러 대비를 폐하라는 지령을 내렸다. 유간은 곧바로 한효순을 찾아가 이이첨의 말을 전하면서 이 일이 성공하면 영의정은 따 놓은 당상이라고까지 했다. 그러자 한효순은 유간의 손을 잡고 방법을 물었다.
 한효순은 영의정이 된다는 말에 귀가 솔깃해 옳지 못한 일임을 알고도 당장 대궐로 들어가 중대한 공론이 있다며 정원 승지를 불렀다. 승지들 역시 이이첨의 심복들로 한효순이 대궐로 들어오기 전 이이첨에게 연락을 받은 상태였다. 승지들은 삼공과 육조판서 이하 참판, 참의, 정랑, 좌랑까지 불렀다. 반나절이 넘어서 모인 사람들은 전관의 직함을 가진 사람들까지 모두 구백 삼십여 명이나 되었다. 우의정 한효순은 대형 국사나 처리하는 듯 큰 소리로 외쳤다.
 "역적 김제남의 따님인 대비는 그의 아들인 영창대군으로 왕위를 계승시키려 열 가지 죄악을 범하였소. 그래서 전하와 모자의 정이 끊어진 지 오래 되었소. 만조백관들은 그를 폐위시키라 하시오. 여론에 따라 묻는 것이니 여러분은 가부를 표시해 주기 바라오."

이 말이 떨어지기가 무섭게 이이첨과 폐모론을 주장하던 대사간 윤인이 앞으로 나와 외쳤다.

"옳소이다. 벌써 폐모를 했어야 했는데 전하의 인정으로 오늘날까지 유지됐던 것이다. 빨리 백관에게 가부를 물어 처단하시오. 자아, 만조백관들은 두 줄로 갈라서서 가면 좌편에 서서 이름을 쓰고, 부면 우편에 서서 자기 이름을 쓰시오."

대사간 윤인이 가자를 쓰는 쪽 맨 앞줄에 섰다. 바로 뒤로는 대사헌 정조가 섰다. 이 두 사람은 폐모론을 주장한 직후 이이첨의 눈에 들어 미관말직인 당하관에서 급승진했다. 그러자 대북 명사들이 꼬리를 이어 폐모하는 것이 옳다는 줄에 섰다.

이때 원임대신 이항복에게 가부를 묻기 위해 보낸 칙사가 수의문을 가지고 돌아왔다. 한효순이 수의문을 받아 만조백관에게 읽었다.

'신은 벌써 반년 동안이나 중풍에 걸려 병중에 있소. 누가 전하를 위하여 이런 일을 만들도록 하였는지 몰라도 자고로 어미가 악해서 비록 죄를 지었다고 하더라도 자식은 어미를 죄줄 수가 없소. 아버지가 자상하지 못해도 아들은 효도를 극진히 해야 하는 법이요. 도대체가 이러한 것을 논의하는 것부터가 불가하오.'

이항복이 폐모론에 반대하는 것이 분명하자 만당의 공기는 삽시간에 변하였다. 그때까지 힐끔힐끔 대북일파의 눈치만 살피던 사람들 가운데 하나둘 반대론으로 줄을 서기 시작했다.

결국 이 날의 공론은 찬반양론으로 흐지부지되고 말았다. 그러나 그 후 폐모론을 주장하는 대북 일파들은 반대하는 사람들에게 무서운 공격을 가했다. 우선 이항복에 대하여는 처참의 형을 가하라 하였고, 양사에서도 그의 말이 불손하다며 삭탈관직 하라고 했다.

광해군은 결국 이항복을 북청으로 귀양 보내고 말았다. 이후부터는 날마다 대비의 죄를 논하자 마침내 광해군은 더 이상 자신을 괴롭히지 말라고 했다. 그렇지만 인성군과 여러 종실들은 대북파의 사주를 받아 나라를 위해 대비를 폐하라고 떠들었다. 하는 수없이 그 다음 해인 광해군 6년 2월 11일 마침내 임금의 말을 무시한 채 좌의정 정인홍과 예조판서 이이첨 등이 폐모의 절복을 결정했다.

절복은 명나라에서 내린 존호와 본국에서 내린 옥책과 옥보를 빼앗고 대비라는 명칭을 서궁으로 부르고, 국혼 때 내린 납폐 등속을 비롯하여 왕비의 어보나 표신을 회수하고, 출입할 때 연과 의장까지 폐지해 버리고 일체 문안과 숙배를 폐하여 후궁과 같이 대우를 한다는 것이다.

이밖에도 다음과 같은 대목도 들어 있다.

'대비는 아비가 역적의 괴수가 되었고, 그의 몸이 역적모의에 참여했을 뿐만 아니라 역적들이 자식을 추대한 바 되었으니 이미 인연은 종묘와 사직에 끊어진 바 되었다.

그가 죽은 후에 나라에서는 거애를 하지 아니하고 복을 입지 아니하며 신주는 종묘에 들어갈 수 없다. 또 서궁의 담을 더 높이 쌓고 무장을 두어 지키게 하되 그 수직군사의 행동은 병조에서 감독하고 내시는 두 명, 별감은 네 사람만 둔다.'

승지는 곧 이 결정을 받들고 대비에게로 갔다. 대비는 영창대군이 죽었다는 소식을 들은 후로는 식음을 전폐하고 자리 보전하고 있었다. 승지는 우선 열 가지 죄목을 읽고 폐모의 선언을 내렸다. 대비는 방 안에서 궁녀들에게 부축되어 앉아서 모든 선언을 들은 후에 이를 갈다가 별안간 문을 열어 젖히면서 호령했다.

"만고에 자식이 어미를 폐한다는 말은 처음으로 들었다. 자식이 어미를 어찌 폐하느냐? 나는 상감의 아비가 친히 친영례를 거행하여 들어온 정정당당한 적모다. 제 아비가 정해 놓은 어미를 어떻게 자식이 마음대로 쫓아낼 수 있단 말이냐. 상감한테 내 말을 전해라. 폐모를 할 것이 아니라 죽여버리라고 해라. 그러면 만사가 다 해결될 것이 아니냐고. 나를 어서 죽이라고 해라!"

승지는 고개를 숙이고 부들부들 떨고 있다가 슬며시 나가버렸다.

대비는 늙은 궁녀들에게 영을 내렸다.

"먹을 것을 가져오너라. 이제는 내가 살아 저놈들이 망하는 꼴을 봐야겠다."

"옳으신 생각이십니다. 오래오래 사시어 눈으로 저자들의 망하는 꼴을 보셔야지요."

꿈속에 나타난 선조임금의 충고

　이때 조정에서는 여진족이 세운 후금국의 침입으로 인해 명나라에서 파병을 요청했다. 따라서 참판 강홍립을 오도도원수로 정하고 평안감사 김경서로 부원수를 임명해 군사 2만 명을 거느려 심하로 출병케 했다.

　이것은 임진왜란 때 조선을 구해준 명나라의 은공을 갚자는 것이다. 그러나 후금국의 왕 누르하치가 이 소식을 듣고 위협했다. 과거 여진족은 태조대왕과 세종대왕 때 조선에 굴복해서 조공을 바치고 종노릇까지 했었다. 그러나 이제는 강국으로 부상했기 때문에 누르하치를 업신여길 수가 없었다.

　강홍립은 군사를 거느려 심양까지 갔지만 광해군의 밀지대로 살촉을 빼고 살을 쏘았다. 뿐만 아니라 대세가 명나라에 불리한 것을 알고 도원수 강홍립은 슬며시 누르하치에게 항복해 버렸다. 요동과 심양이 함락되자 명나라 조정은 조선을 의심했다.

　그러나 오랑캐는 오랑캐대로 항복한 강홍립을 앞세워 조선을 치러 들어온다는 소문을 퍼뜨렸다. 서울 장안은 이에 발칵 뒤집어졌다. 이때 조정에서는 갑자기 장수감을 뽑느라고 만인무과를 보였다.

　명나라에서는 문죄사를 내보내기로 작정했다는 소식이 들리고 명나라 장수 모문룡은 요동이 함락되자 군사 수천 명을 거느리고 의주로 넘어와서 철산 앞에 있는 단도에 진을 치고 패잔병들을 모았다. 하지만 오랑캐는 의주까지 쳐들어 와 한족을 닥치는 대로 죽이면서 모문룡을 잡아 바치라고 했다.

광해는 양면정책으로 비밀히 금은보화를 강홍립에게 보내어 오랑캐한테 바쳐서 조선이 딴 뜻이 없음을 밝히게 하고, 한편으로는 이정구를 변무사로 명나라에 보내 오랑캐와 통한 일이 없다는 것을 변명하라고 했다.

온 나라가 소란스러울 때 이이첨과 유희분의 집 기둥에는 화살에 십자로 붙잡아맨 협박장이 꽂혔다. 또 새로 영의정이 된 박승종의 집에도 마찬가지였다.

'빨리 대비를 복위시키지 않으면 너희들은 명나라의 문죄사가 나올 때 나라에 공론이 일어나서 육시처참을 당하리라. 곧 서궁의 대문을 활짝 열어놓고 다시 대비로 받들어 모시게 하라.'

어느 날 유희분과 이이첨이 협박장에 대해 이야기를 주고받았다.

"협박장을 보낸 범인을 잡을 도리가 없습니다. 필시 대비 쪽 사람들의 짓이 분명합니다."

"장차 명나라 문죄사가 들어온다면 어찌하지요? 더구나 누르하치가 온다면?"

"만약 서궁이 복위되는 날에는?"

"유대감이나 나는 죽임을 당하고 말 것이외다. 하지만 대감은 죄상이 더욱 크니까."

"어째서 내 죄가 더 크니까? 죄를 당하면 함께 당해야지요."

"이 대감은 불을 질러 영창을 죽이고, 대비를 서궁으로 쫓아내지 않았습니까. 저나 박승종보다 책임이 더 큽니다."

이이첨은 조용히 필묵을 당겨 왼손 바닥에 글자를 썼다. 손바닥 안에 글자 두 자가 씌어졌다. 그는 유희분에게 내밀었다. 그것은 멸구였다.

"멸구란 죽이라는 뜻입니까? 어떻게 죽이란 말이요? 방도가 있소?"

"한밤중에 자객을 서궁으로 보내면 될 것입니다."

임술년 12월 그믐날, 그 해의 마지막을 알리는 방포소리를 군호삼아 이이첨의 심복 백대형과 이위경 등의 건달패 십여 명이 북과 장구를 치며 서궁 앞에서 놀고 있었다. 대비는 그날 초저녁에 깜박 잠이 들었다가 꿈을 꾸었다. 꿈속에 선조대왕이 생시와 다름 없는 복색으로 나타나서 대비를 보고 말했다.

"대비, 도적의 무리가 곧 들어오니 피하지 않으면 목숨이 위태로울 것이오."

대비가 꿈을 깬 후 흐느껴 울며 말하자 궁녀는 이렇게 대답했다.

"선조대왕께서 꿈에 나타나 하시는 말씀을 보면 반드시 무슨 까닭이 있을 것입니다. 대비께서는 저와 옷을 바꾸어 입으시고 얼른 후원으로 몸을 감추십시오."

그런 후 밤이 깊어졌다. 섣달 그믐날 밤이라 거리는 웅성거렸다. 삼경 때쯤 되어 서궁 대문 앞으로 건달패들이 별안간 소고와 꽹과리를 두드리며 들이닥쳤다. 문지기 군사들이 이를 막자 섣달그믐에 잡귀를 쫓는 탈춤패라고 둘러댔다.

그리고 서궁에도 액막이를 하라는 위의 명령을 받았다고 했다. 그런 후 출입패를 군사한테 보였다. 군사들은 문을 열고 탈춤패를 들여보냈다. 꽹과리와 소고 치는 소리가 요란한 속에 탈춤패들은 춤을 추면서 대비가 거처하고 있는 침실 앞까지 들어갔다. 이때 대비와 옷을 바꾸어 입은 궁녀는 침착하고 대담하게 호령했다.

"누가 이렇게 소란을 떠느냐?"

건달패 두목은 대비의 목소리라고 생각해 한 손을 번쩍 들어서 탈춤패들에게 신호를 보냈다. 탈춤패들은 우르르 대비의 침실로 몰려들어 미닫이를 열어젖혔다.

패거리 두목이 이렇게 대꾸했다.

"오늘은 섣달그믐이라 잡귀를 쫓아내라는 분부를 받고 왔습니다."

말을 마치자 소매 안에서 비수를 뽑아 거침없이 대비를 찔렀다. 순간 비명소리가 일어나며 가짜 대비가 고꾸라졌다. 이때 영의정 박승종은 대비를 시해하려는 이이첨 등의 음모를 눈치채고 대비를 구하기 위해 친히 군사를 이끌고 서궁으로 뛰어왔다.

그의 속셈은 대비가 시해되면 자신이 참여했건 안했건 간에 영의정의 책임으로 누명을 뒤집어쓴다는 것을 알았기 때문이었다.

"저놈들을 잡아라!"

군사들은 허리에 찬 육모방망이를 뽑아들었지만 이미 탈춤패들은 벌써 일을 저지른 후였다. 그들은 재빨리 어둠을 타고 담을 넘어 도망치고 말았다. 탈춤패들이 도망간 후에 박승종은 전전으로 올라갔는데, 피비린내가 코를 스쳤다. 박승종은 가슴이 내려앉았다.

"조금만 일찍 왔다면 대비의 목숨을 구했을 것을! 이놈은 만대의 역적이 되겠구나."

박정승은 우두커니 시체 앞에 서서 쓴 입맛을 다시며 고개를 숙였다. 대비가 죽었다고 믿은 것은 박승종뿐이 아니었다. 이이첨도 탈춤패들의 보고대로 대비가 죽었다고 믿고 있었다. 그러다가 인조반정이 있던 날 대비가 나타나자 기겁을 했던 것이다.

용안 속의 검은 그림자

　세상이 태평해진 어느 날 광해군은 후원에서 김상궁과 여섯 명의 숙의와 열 사람의 소원에 쌓여 있었다. 그의 나이 벌써 40이 넘어섰고 김상궁도 30이 넘었다. 아침에 만조백관들을 모아놓고 국사를 논의해야 할 조회시간에도 광해군은 김상궁 옆에만 있었다.

　김상궁 역시 권력의 맛을 본 터라 본격적으로 권세를 부리기 시작했다. 그녀의 친정을 통해 벼슬자리를 얻으려는 사람이 매일 늘어갔다. 그녀의 친정어머니는 과부가 된 후에 유몽옥에게 개가했다. 백수 유몽옥은 과거와는 거리가 멀었지만 그녀의 덕으로 횡성 현감이 되었다. 더구나 그녀의 조카사위 정몽필은 무슨 일만 있으면 궁중을 마음대로 드나들었다.

　공식적으로 내리는 벼슬의 지위는 그녀에게 바치는 뇌물의 많고 적음에 따라 결정되었다. 하지만 그녀는 이렇게 모아들인 재물을 임진왜란으로 폐허가 된 대궐 중수에 모두 바쳤다. 그러자 광해군은 신임할 수밖에 없었다. 또한 그녀는 왕비의 환심을 사기 위해서 무당을 불러들여 굿을 하거나 지관들과 점쟁이들을 불러들여 대왕전하와 중전과 동궁의 만수무강을 빌거나 점을 치게 했다.

　어느 날 그녀는 성지라는 도승을 청해서 점을 쳤다. 성지는 그녀의 신수를 보고 이렇게 말했다.

"마님의 운명은 국운과 같이 하는 운입니다. 이것을 막는 길은 새로 일어나는 왕기를 눌러야 막을 수가 있습니다."

그녀는 눈을 반짝거리며 물었다.

"새로운 왕기가 어디서 일어납니까?"

"간단한 것이 아닙니다. 함부로 발설했다간 소승의 목이 달아납니다. 어전이 아니고는 아뢸 수가 없습니다. 용서해 주십시오."

"알겠습니다. 그렇다면 어전에서 아뢰도록 하겠습니다."

그녀는 곧바로 성지를 광해군에게 소개하자 광해군은 이렇게 물었다.

"내가 듣기로 대사는 나라에 왕기가 일어난다고 했는데, 사실인가?"

"그렇습니다, 상감마마."

"그러면 나라에 왕기가 일어나는 곳이 어디냐?"

"네, 인왕산 밑에 왕기가 서려 있습니다."

이 말을 들은 광해군은 얼굴이 굳어졌다.

"과인의 자리를 뺏을 사람이 나타났단 말이냐?"

"그렇습니다, 마마. 그 인물이 인왕산 밑에 살고 있을 것입니다."

"그렇다면 어떻게 처리하는 것이 좋겠느냐?"

그러자 성지는 한동안 눈을 감고 있다가 입을 열었다.

"새문안은 왕기가 멈춰 있는 곳이지요. 그곳에 큰 궁궐을 지어 다른 일이 없도록 눌러야 하옵니다."

성지의 말이 끝나자 그녀가 광해군에게 아뢰었다.

"상감마마, 대사가 말씀한 새문안 대궐 터는 바로 정원군의 집이 아니옵니까?"

"그곳이 정원군의 집이냐?"

광해군은 가슴이 덜컥 내려앉았다. 정원군은 돌아가신 인빈 김씨의 소생으로 의주 피난길에서 죽은 신성군의 아우며, 자신의 이복동생 아닌가. 정원군은 나이가 40미만이었고 아들 삼형제를 두었다. 큰아들이 능양군, 둘째아들이 능원군, 셋째아들이 능창군이다. 광해군은 성지를 돌려보내고 이렇게 중얼거렸다.

"정원군의 집에 왕기가 서려 있다? 그것 참 괴이하구나."

그러자 그녀는 이렇게 대답했다.

"그야, 하늘 일이란 모르잖습니까."

"내가 보기엔 말이야. 정원군은 무능하고 못나기 짝이 없는 사람이야. 이런 사람 집에 왕기가 서려 있다니. 나 원 참."

"정원군은 못났지만 아들 삼형제가 있지 않습니까. 그 삼형제 중에 인물이 나올 수도 있지 않겠사옵니까. 하여튼 전하께서는 정원군에게 명하여 집을 비우라고 분부를 내리십시오."

그녀의 말에 일리가 있다고 판단한 광해군은 곧바로 내시를 불러 집을 옮기도록 어명을 내렸다.

광해군이 집권한 지 10년이 넘었지만 형제인 정원군에게 그 어떤 분부도 내린 적이 없었다. 정원군은 임해군과 영창대군의 사건이 일어난 뒤부터 대문을 꼭꼭 걸어 잠그고 두문불출했다. 친구나 일가친척도 맞아들이지 않았다. 한마디로 세상을 등지고 산송장처럼 세월을 보내고 있었다. 그러던 중 대문 밖에서 갑자기 대전별감이 어명을 전하러 왔다고 했다. 온 집안은 물론 부인 구씨도 웬일인가 싶어 깜짝 놀랐다. 구씨는 당대 문장가인 구사맹의 딸이다.

"대감, 웬일로 찾아온 것일까요?"

"나도 모르겠소."

정원군은 조용하게 대답한 후 조복으로 갈아입고 칙사를 만날 채비를 했다.

"대군이 살고 있는 집을 헐고 궁을 세우려고 한다. 대군은 별도로 집을 구해서 나가라. 사흘 안으로 집을 내놓지 않으면 어명을 어긴 것으로 생각해 큰 벌을 내릴 것이다."

정말 어이가 없는 어명이었다. 정원군은 자기의 귀를 의심했지만 어명이라 거역할 수가 없었다. 칙사가 떠난 후 정원군의 집안 식구들은 서로 멍하니 바라보면서 한동안 말을 잊었다. 구씨 부인은 많은 식구에 간단한 살림도 아니기 때문에 한숨이 저절로 나왔다. 정원군은 마음을 진정시킨 후에 말을 꺼냈다.

"부인, 별 수 없지 않소. 나가라는데…. 동대문 밖 처갓집에 방 한 칸을 빌립시다."

이때 지금까지 아무 소리도 않고 서있던 20대의 젊은 능양군이 나직하게 정원군에게 아뢰었다.

"아버님, 사흘 안에 집을 옮기라고 했습니다. 한시라도 지체하시지 말고 옮겨야 합니다. 공연히 지체를 하셨다는 큰 의심을 받을 가능성이 있사옵니다."

아들 능양군의 말에 정원군은 정신이 번쩍 들었다.

"애야, 의심이라니? 무슨 소리를 들었느냐?"

"네, 아버님. 이이첨의 집에 드나드는 문객들의 입에서 나온 소리를 이귀의 아들 이시백이 저에게 살짝 들려준 말이 있습니다."

"그래? 무엇이라고 하더냐?"

"정말 기가 막혀 할 말이 없었습니다. 새문안에 왕기가 서려 있는데, 이 왕기가 일어나는 집이 바로 우리집이라고 했습니다. 큰일날 소리가 아니고 무엇이겠습니까?"

"우리집에 왕기가 서려 있다고? 정말 큰일나겠구나. 이런 위험한 말을 듣지 않기 위해 나는 문을 걸어 잠그고 일체 그 누구와도 만나지 않았는데 이게 웬 소리란 말이냐! 부인, 지금 당장 처갓집으로 찾아가 사정 얘기를 하고 사랑채라도 빌립시다."

정원군은 화가 미칠까 두려워 그 이튿날 부랴부랴 이사를 했다. 곧바로 정원군의 집은 헐리고 대궐을 짓기 위해 터를 닦기 시작했다. 드디어 새문안에는 푸른 하늘을 찌를 듯한 대궐이 세워졌다. 광해군은 이것을 경덕궁이라 했다. 하지만 광해군은 이렇게 대궐을 지어 놓았지만 불안한 마음은 여전했다. 어느 날 광해군은 이이첨을 불러서 물었다.

"인왕산 밑에 왕기가 있다고 해 이것을 미리 막기 위해서 경덕궁을 지었다. 내 생각엔 그 왕기가 땅에서만 있는 것이 아니라 사람에게 있는 것 같다. 혹 정원군의 식구들 중에 영특한 아이가 있을는지도 모르지 않느냐. 그대는 어떻게 생각하느냐? 만약 그런 아들이 있다면 싹부터 잘라버리는 것이 옳지 않겠느냐."

이이첨은 광해군의 뜻을 간파했다. 그는 잠시 눈을 깜박이며 생각했다. 이번 기회에 자기와 세력다툼을 하고 있는 신경희를 제거해야겠다고 머리를 굴렸다. 즉 신경희는 정원군 부인 구씨의 외사촌이었다. 이이첨과 함께 폐모를 주장했지만 속으로는 이이첨의 세력을 시기했다.

"그래, 경은 어떤 것이 의심스럽다고 생각되는가?"

"상감마마, 소문에 의하면 신경희는 정원군의 셋째아들 능창군을 추대하려고 백방으로 음모를 꾸미고 있다고 합니다. 신경희는 소신을 만날 때마다 능창군의 자랑을 늘어놓습니다. 만약 능창군이 임금이 된다면 능창군의 어머니와는 외사촌간이 됩니다. 즉 조카가 임금이 되는 것이지요. 앞으로 큰 세력을 잡기 위해 이 같이 불경한 뜻을 품고 있다고 생각됩니다."

이 소리를 들은 광해군은 화를 벌컥 내며 어명을 내렸다.

"이놈들! 승지는 게 있느냐! 곧바로 능창군과 신경희를 잡아와 역모를 꾀한 사실을 실토케 하라."

어명이 떨어지자 금부도사는 즉각 신경희와 능창군을 체포해 금부로 끌고 왔다. 정원군은 집을 빼앗겨 처갓집에 우거하고 있는데, 이번엔 갑자기 셋째아들 능창을 잡아가니 기가 막혔다. 이런 일련의 일로 정원군은 화병이 나 자리에 눕고 말았다. 잠잠하던 집안에 날벼락을 맞은 것이나 다름없이 없었다. 정원군은 큰 아들 능양군을 앞에 앉힌 후 눈물을 흘리며 이렇게 말했다.

"웬 날벼락인지 모르겠구나. 네 생각에도 네 아우가 역적질을 했다고 믿느냐. 이제 별도리가 없구나. 고관대작의 권세 앞에 무릎 꿇기는 죽기보다 싫지만, 골육을 살리자면 그저 눈을 꽉 감고 무릎을 꿇어 볼 수밖에 없구나. 어서 유희분을 찾아가라. 지금 임금을 움직일 사람은 유희분하고 이이첨밖에 없다."

능양군은 평소 부친이 아우 능창을 사랑하시던 일을 생각할수록 아버지의 애타는 가슴을 이해하면서 눈물을 흘렸다. 능양군은 그 길로 유희분을 찾아갔다.

이때가 광해군 14년 여름 어느 날이었다. 그날도 유희분은 아침부터 친구들을 청해 놓고 술타령을 하고 있었다. 능양군은 유희분의 집 대문을 들어섰다. 큰사랑으로 들어가는 중문을 들어서면 청지기 방이 있는데, 먼저 거래를 하지 않고는 주인을 만나 볼 수가 없게 되어 있다. 능양군이 이 관문에 들어서자 청지기가 나오면서 물었다.

"어디서 오신 손님이십니까?"

"대감이 계시거든 종실 능양이 뵈러왔다고 일러라."

능양군은 대갓집 청지기들이 깍듯하게 존대하는 위치라고 생각하여 반말을 했다. 그러자 청지기는 입을 삐죽거리며 거드름을 피웠다.

"거기 앉아서 기다리시오."

한참 후 기다리고 앉아 있는 능양군의 등 뒤에서 청지기의 무식한 음성이 들려왔다.

"이리 들어오십시오."

청지기는 넓은 사랑방 아랫간에 조그마한 방으로 능양군을 안내한 후 사라져버렸다. 능양군은 자리에 조용히 앉은 후 눈을 감았다. 그렇게 앉아 있기를 한식경이나 되었다. 그러는 동안에 유희분을 찾아온 손님들이 하나둘씩 일어났지만 소식이 없었다. 이때 사랑방에 능양군이 찾아온 것을 알고 있는 유희분의 아우 희량이 유희분에게 말했다.

"형님! 아까부터 종실 능양군이 기다리고 있습니다. 이리로 모셔서 무슨 일로 왔는지 말씀을 들어보는 것이 좋지 않겠소?"

"능양군이 왜 날 찾아왔겠나, 아우 능창군 때문에 왔겠지."

"형님, 하여간 만나보는 게 도리잖습니까?"

"난 지금, 술에 많이 취했다. 취중에 무슨 말이 나갈지 모르잖느냐. 오늘만 날이 아니지 않느냐. 애, 월선아. 너의 노래나 듣자구나."

능양군은 자존심이 상했다. 장지문 하나를 사이에 둔 저편에서 이런 대화가 들려올 때 가슴에 불덩이가 치밀었다. 능양군은 더 이상 앉아 있을 수가 없어 벌떡 일어났다. 아무리 골육의 생명을 구하기 위한 일이지만 이 굴욕은 도저히 받아들일 수가 없었다.

'가증스럽고 야비한 놈.'

능양군은 속으로 이렇게 욕을 해 붙이고 침을 뱉었다. 그 후 능창은 강화로 이송되어 귀양살이를 갔다가 사형을 당했다. 이것이 화병이 되어 아버지 정원군은 곧바로 세상을 떠났다. 이에 능양군은 일생에 한 번은 꼭 이 분풀이를 하고야 말리라고 결심했다.

폭풍전야

계해년(광해군 15년) 정월 초, 무악재 너머 진관사에는 정초놀이로 절밥이나 먹자고 모인 무리들이 있었다. 이들은 이괄, 장유, 최명길 등이었다.

이때 이괄은 북병사의 인수를 받고도 병을 핑계로 부임하지 않고 있었다. 그가 부임을 미룬 까닭은 왕실의 부패가 극도에 달했기 때문이다.

그는 정의에 불타고 있는 선지사들과 이를 비판하는 의사들과 사귀며 큰일을 꾸밀 생각을 했다. 따라서 그와 교분을 맺은 사람들은 전판서 장운익의 아들 형제 장유와 장신 그리고 원두표, 최명길, 이귀의 아들 이시백, 조익 등이었다.

이날 이괄은 비밀히 의논하기 위해 일부러 조용한 곳을 찾았던 것이다. 그곳은 허름한 여염집이었는데, 안주인이 술상을 차려놓고 나가자 세 사람은 술 한 잔씩을 따라 걸쭉하게 마시고는 이야기를 시작했다. 먼저 이괄이 말을 했다.

"무슨 일이건 시기와 계획이 일치해야만 성공할 수가 있네. 지금이 그 시기인 것 같고, 또 동지들도 이제는 어지간히 손이 맞는다고 생각되네. 여기서 우리가 추대하여 모실 사람과 또 성안에서 내응해 주는 사람이 있어야 하는 것이 시급한 문제라네."

최명길이 말을 이어받았다.

"내 생각엔 그 내응자가 병권을 잡은 사람이라면 더욱 좋겠네."

그러자 이괄이 설명했다.

"병권을 가진 사람과 내응이 있어야 한다는 것은 내외호응의 효과를 거두자는 것이지. 하지만 반드시 군병을 합류시켜 주지 않더라도 움직이는 군사만 맡아주면 된다네. 한마디로 중립만 지켜준다면 말이야."

이 말에 장유가 질문을 던졌다.

"병권을 가졌다면 누가 제일 유력하겠소?"

그러자 이괄은 서슴없이 말을 이었다.

"그건 뻔한 일 아닌가. 오늘 장공을 특별히 청한 것은 그것 때문인데, 제일 적합한 인물은 바로 장공의 사돈어른인 이대장이라네."

여기서 이대장이란 포도대장 이흥립을 말하는 것이다. 장유는 한참동안 말없이 무엇인가를 생각하고 있었다.

그때 최명길이 입을 열었다.

"그럼, 우리 쪽 군사는?"

"우리에겐 장단부사 이서의 군사가 있지 않은가?"

"그것만으로 가능할까?"

"지휘만 잘하면 충분하다네. 지금 구굉을 몰래 장단으로 보낸 것도 이서를 도와 군사를 증모하도록 하기 위함이지."

장단부사 이서는 이괄 등과 오래 전부터 의기투합해 천여 명 군사를 훈련시키고 있었다. 하지만 이괄은 그보다 더 시급한 것은 포도대장 이흥립을 설득시키는 것이라고 강조했다. 이에 따라 포도대장을 설득시키는 임무를 장유에게 간청을 했던 것이다.

장유의 아우 장신은 포도대장의 사위다. 장유는 흔쾌히 승낙했다.

"그건 나에게 맡기시오. 아우를 시켜서 사돈어른의 배짱을 떠본 후 우리의 뜻을 알리고, 만약 자진해서 우리 편이 되지 못한다면 중립의 태도로 동병을 맡도록 할 수는 있을 것이오."

장유의 말이 끝나자 최명길이 술잔을 내려놓으면서 말했다.

"그보다 더 긴박한 것은 누구를 추대하느냐가 아니겠소?"

이괄 역시 술잔에 술을 따르면서 말했다.

"종실 가운데 왕위에 오를 만한 위인이 많지 않다네."

그러자 최명길은 이괄의 심중에 이미 생각해둔 인물이 있는 듯하여 물었다.

"그럼, 영감 마음속에 생각하고 있는 인물이 있습니까?"

이괄은 서슴없이 대답했다.

"난 돌아가신 정원군의 아드님 능양군밖에 없다고 생각하네."

이괄은 능양군에 대해서 장황하게 설명했다.

"동지들도 잘 알고 있지 않은가. 반정거사는 잘되면 구국의 공을 세우는 것이지만 실패하면 역적으로 몰려 삼족이 멸망하는 화를 입는 것이 아닌가? 이에 따라 어느 종실로서는 꿈에도 생각하지 못할 일이야. 적어도 왕가에 대하여 심각한 불평불만이 있고, 이래도 못 살고 저래도 살 수 없는 어떤 사정에 빠져 있는 사람이 아니면 자진해서 응할 리가 없지."

상세하게 설명을 들은 장유와 최명길은 승복했다. 더구나 논리적으로 딱 들어맞는 것이었다. 이들의 계획은 막힘없이 진행되었다. 제일 중요한 장단부사 이서의 군사훈련까지 순조로웠다. 이처럼 젊은 피들이 준비를 하고 있는 동안 김유, 이귀, 심기원, 신경진 등은 그들대로 밀회를 거듭하였다. 이날 그들은 진관사에서 돌아와 각기 헤어진 뒤 서로가 맡은 임무를 수행하기에 바빴다.

장유는 이틀 후에 아우 장신을 시켜 사돈어른을 설복시키도록 했다. 장신이 장인을 찾은 것은 그날 저녁이었다. 장신은 큰사랑에 와서 이흥립에게 큰절을 하고 윗목에 앉았다. 이흥립은 아들이 없었기 때문에 장신을 친아들처럼 사랑했다.

"저녁은 먹었는가?"

"예, 장인어른께선 저녁 진지를 잡수셨습니까?"

"별로 생각이 없다네."

이흥립은 한동안 사위 장신을 바라보더니 물었다.

"자네, 왜 과거를 보지 않는가?"

"벼슬할 마음이 없습니다."

그러자 이흥립은 이 소리를 듣고 껄껄대며 말했다.

"자네, 요즘도 절개 있는 지사가 되려고 하는구먼."

이에 장신은 장인의 속마음을 떠봤다.

"그럼 장인어른께서는 이 시국에 대해 불평이 없으십니까?"

사위 장신의 질문에 이흥립은 의외의 질문이라는 듯 놀라며 대꾸했다.

"나라고 왜 불평이 없겠느냐. 그러나 한세상 아무 탈 없이 지내는 것이 좋지 않느냐?"

이렇게 대답한 이흥립은 사위가 무슨 생각을 하고 있다는 것을 눈치챘다. 이때 장신은 장인 이흥립을 설복하는 방향으로 끌고 갔다.

"장인어른처럼 무사안일의 태도를 가지고 있다가 훗날 새로운 세상이 열릴 때 덤으로 몰리게 되면 무슨 말로 변명을 하시렵니까?"

"자네 생각에 그런 조짐이라도 있다는 말인가?"

"그렇습니다. 보인다는 것보다 잘 알고 있습니다."

"나야 상관없지만, 다른 사람 앞에서는 경솔하게 말하지 말게."

"조심하고 있습니다."

이흥립은 한참을 생각하다가 다시 물었다.

"그렇다면, 자네는 그 사람들이 누군지 알고 있느냐?"

"알고 있습니다. 전 참판 김유와 전 평산부사 이귀, 그리고…."

"이귀를 만날 기회도 있다마는 내 입으로 말하긴 싫구나. 자네의 목숨을 걸고 대답하겠다. 나는 결코 동병을 하거나 방해하지는 않겠다."

장신은 기뻐서 연신 허리를 굽실거렸다. 이제 남은 것은 동지들의 굳은 단결과 비밀 유지뿐이었다. 다만 지금 염려되는 것은 이귀, 김유, 김자점 등의 행동이 자꾸 밖으로 누설되면서 무슨 큰일이 일어난다는 소문이 나돌았기 때문이었다. 그래서 이것을 막기 위해서는 노패와 젊은패의 합동을 꾀하면서 일의 주도권을 잡아야 한다고 생각했다.

거사 날짜를 삼월 십사일로 정한 이후 이괄 이하 젊은이들은 각각 동서로 나뉘어서 맡은 소임대로 움직였다.

구굉, 원두표 등은 장단부사 이서에게로 가서 눈에 띄지 않을 정도로 참모 역할을 하고 있고, 장신은 처가에 들어가 이흥립 장군에게 중립적 행동을 취하겠다는 언약을 지키도록 직접간접으로 노력하고 있었다.

노패인 김유는 몸이 불편하다는 핑계로 내객을 사절하고 틀어박혀 있고, 이귀만이 평일과 다름없이 객도 만나보고 출입도 하였다.

그러나 반정 모의는 노패소패를 막론하고 열흘이 넘어서부터는 불안하고 초조했다. 이제 생사의 갈림길이 앞으로 이틀밖에 남지 않았다. 드디어 거사 날짜가 서서히 다가왔다.

거사 전날 밤, 일반 백성의 눈에는 보이지 않는 커다란 움직임이 있었다. 장단부사 이서는 군사를 다섯 대로 나눠 서울을 향해 행군하라고 명령했다.

거사 날 저녁엔 창덕궁 비원에서 큰잔치가 있었다. 개나리꽃을 제외하곤 다른 꽃은 아직 피지 않았다. 하지만 날씨가 따스한 가운데 광해군은 육품 이상의 만조벼슬아치들을 모아놓고 성대한 잔치를 베풀었다. 이 잔치는 이귀의 딸 예순이가 김상궁을 움직이고 김상궁은 임금을 움직여 봄놀이를 겸한 것이었다. 그러나 질펀하게 놀고 있는 대관들과는 달리 포도대장 이흥립만은 마음이 편치 않았다.

오늘이 지나면 판국이 변해서 희희낙락하며 놀고 있는 위인들의 머리가 떨어져 나갈 것이다. 눈앞에 닥쳐오는 화변을 깨닫지 못하고 술을 마시며 즐겁게 놀고 있는 모습이 가엾기도 했다. 해가 기울었을 때 선전관이 포도대장 앞으로 나와 나지막한 음성으로 말했다.

"대감, 돈의문 수문장이 서문 밖 모화관 관지기 송가란 사람이 중대한 고변 사유가 있다고 해서 데리고 왔다고 합니다."

"고변이라고?"

순간, 이흥립의 낯에 불안한 빛이 서렸다. 이흥립은 모화관 관지기란 사람을 놀이 자리에서 조금 떨어진 곳으로 불렀다. 이때 시립한 선전관이 포도대장의 영을 받아서 독촉했다.

"아뢰어라!"

송가는 이렇게 대답했다.

"역모이옵니다. 오늘 김유, 이귀, 이괄 등 서인 일파가 장단부사 이서와 합력하여 연서역에 군병을 모아서 오늘밤으로 성내로 쳐들어올 계획입니다."

"그 사실을 어떻게 알았는고?"

"오늘 연서역으로 군사가 모여드는 것을 소인의 눈으로 똑똑히 보았사옵니다. 더구나 소인의 조카가 장단관가의 장수로 있기 때문에 알았습니다."

"너의 말이 틀림이 없으렷다? 만약 거짓으로 판명되면 너의 목숨이 없어질 것이다. 그래도 좋으냐?"

"물론입니다. 그리고 틀림없습니다요."

이흥립은 그의 대답을 듣고 난 후 송가를 잠시 물러가 있게 했다. 이때 이흥립은 다른 사람에게 만약 발설했다가는 목을 벤다고 위협했다. 그리고 선전관에게 이렇게 둘러댔다.

"그놈은 미친놈이야. 그대로 내보냈다가는 또 무슨 소리를 함부로 떠들어 인심을 소요케 할지 모른다. 자네는 포청에 기별해서 그놈을 내 명령이 있을 때까지 옥에 가둬두라고 전해라. 또한 돈의문 수문장에게도 그따위 낭설을 발설했다가는 당장 군법으로 참하겠다고 일러라."

이흥립 덕분에 위기를 모면했다. 이때 동대문 밖 능양군 외갓집 사랑방에서는 능양군과 이귀 두 사람이 조그만 약봉지 하나를 가운데 놓고 이야기를 주고받고 있었다. 능양군은 마음이 설레어 가슴을 부들부들 떨고 있었다. 그러나 능양군은 마음의 평정을 잃지 않기 위해 노력했다.

이귀는 이렇게 말했다.

"평교의 심의로서 대하는 것도 지금 이 시각뿐입니다. 천지신명의 가호가 있다고 믿으니 아무 불안을 가지지 마십시오. 사람의 앞일이란 알 수가 없는 것입니다. 약을 달여 놓으십시오. 만일 일이 그릇되어 내일 새벽까지 아무 기별이 없을 땐 자처하셔서 깨끗한 최후를 맞아들이셔야 합니다."

지루한 봄날 하루가 어느덧 지나갔다. 연서역의 밤은 시간이 늦어질수록 달빛이 밝아 그곳에 모인 사람들에게 많은 도움이 되었다.

이귀와 이서가 진중에 영을 내려 여하를 막론하고 일체의 불을 밝히지 말라고 했다. 이귀, 구굉, 장신, 심기원, 원두표 등은 장단부사 이서가 가져온 장막을 치고 그 속에 앉아서 거사시간이 다가오기만을 기다렸다.

그때 문제가 하나 있었는데, 그것은 김유가 아직까지 나타나지 않은 것이다. 이날 총지휘는 김유가 맡아 이귀와 동행하여 군사를 지휘해야 한다. 그럼에도 불구하고 김유에게서 아무 소식도 없었다.

이귀는 답답했다. 단순히 김유가 불참한 것도 문제지만, 누군가 밀고하여 체포된 것이 아닐까라는 등등 별별 잡생각이 머리에 가득 찼다.

이때 이괄이 이귀에게 물었다.

"영감, 무슨 다른 걱정거리라도 있으십니까?"

그러자 이귀가 불만을 털어놨다.

"대장된 자가 지각을 하다니. 그래서 무슨 사고가 생긴 것 같아 더욱 불안하구려."

이 말을 들은 이괄은 당당하게 대답했다.

"염려는 마시오. 나도 소문을 들은 바 있고, 또 무슨 곡절이 있다고 생각하지만 어쩔 수 없지 않소. 주사위는 던져졌잖소. 지금 광해군의 군병이 모두 쏟아져 나온다 해도 뭐가 걱정되겠습니까. 당당히 싸워봅시다. 내 생각에 김찬판은 영영 불참인가 싶소이다."

이때 이서는 수백 명의 군졸을 단속하기 위해 넓은 벌판을 왔다 갔다 하고 있었다. 이귀는 무심코 그쪽을 바라보다가 문득 어떤 생각을 난 듯 이괄을 불렀다.

"이병사 영감!"

"왜 그러시오."

"지금 시간이 어찌 되었소?"

"자정이 멀지 않은 것 같소이다."

'큰일났군.'

이렇게 중얼거린 이귀는 초조한 낯으로 옹기종기 모여든 동지들의 얼굴을 한동안 둘러보면서 말했다.

"북병사 이괄 영감에게 대장 소임을 맡깁시다."

그러자 동지들은 이구동성으로 찬성했다. 그러자 이괄은 씩씩하게 앞으로 나오면서 말했다.

"그럼 못난 불초가 여러분의 합의대로 대장 소임을 맡겠소이다."

이 말이 떨어짐과 동시에 각자 맡은 바 부서로 헤어졌다. 그리고 이귀와 이괄을 비롯해 몇 명의 동지들은 미리 만들어 놓은 단 앞으로 걸어갔다. 흐린 구름을 벗기고 밝은 달빛이 넓은 벌판을 비추고 있었다. 이괄은 단에 올라가 군령을 내리려는 순간 저편 군사의 일부분이 별안간 와글거렸다.

그때 한 사람이 말에서 내려 이쪽으로 달려오고 있었다. 그는 오늘 대장의 소임을 맡은 김유였다. 이귀와 여러 동지들은 그를 반가워하기보다 난처했다. 이괄은 김유를 노려보며 장검을 뽑았다.

"대장이 지각을 하면 일이 어찌 되겠소. 지금은 내가 대장이니 당신을 참해야 하겠소."

이괄이 빼어든 장검은 달빛에 서려 서릿발처럼 번득였다. 이때 이귀가 이괄의 손을 잡고 빌었다.

"북병사 영감, 좀 참읍시다. 지금 김유의 목을 베는 것은 군율엔 맞을지 모르겠지만, 결과는 동지 하나를 죽였다는 것밖에 남는 것이 없잖소. 마음이 풀리지 않는다면 이놈의 목부터 베시구려."

사실 이괄은 김유를 죽이려고 했던 것은 아니었기 때문에 손에 빼어든 장검을 칼집에 꽂으며 말했다.

"알겠소. 이제 진짜 대장이 도착했으니 나는 대장에서 물러나겠소."

김유가 늦게 온 것은 그의 집 별배 만길이란 사람이 있었다. 그는 원래 금부의 나졸 출신인데, 각 대갓집 하인과 안면이 많고 그들로 하여금 소문을 염탐하는 인물이다. 이날 낮, 만길은 연줄을 대어 비원 봄놀이에 들어가 궁노와 사령 틈에 끼어 구경도 하고 배부르게 얻어먹었던 것이다. 여기서 눈치 빠른 만길은 심상찮은 기밀을 엿들었던 것이다.

그것은 모화관 관지기가 고변하러 들어왔다는 말을 들었고, 또 그 고변을 선전관 하나가 이흥립 포도대장에게 전했다는 것, 포도대장은 친히 고변자를 조용한 곳으로 데려가 고변 내용을 모두 들은 후에 무슨 까닭인지 선전관에게 명령해 그를 포청에 가두어 놓게 했다는 것 등이었다. 그래서 만길은 곧장 비원에서 뛰어나와 한달음에 상전댁으로 돌아와 김유에게 알렸던 것이다.

만길의 보고를 들은 김유는 불안에 떨었고, 반정모의가 실패한다면 역적으로 몰려 가족들이 다치는 것을 염려해 안전한 곳으로 피신시킬 생각을 했다. 그래서 중요한 가산을 정리하느라고 늦었던 것이다.

자시가 넘어 축시가 된 한밤중에 군사들은 저마다 등에 옳을 의(義) 자를 하나씩 크게 써서 붙이고 조용히 행군하기 시작했다. 창의문에 당도하기까지 한 시간은 더 걸릴 것이고, 창의문을 돌파하고 성내로 쳐들어가는 것은 아무리 빨라도 첫새벽이라고 생각되었다.

창의문에 당도한 원두표, 이기축 등의 힘센 장사들은 미리 준비한 도끼로 대문을 부셔져라 두드리며 외쳤다. 그러자 당번이 된 문지기 한 사람이 급히 문루에 올라서 내려다보았다. 희미한 새벽 달빛에 보이는 광경은 장관이었다.

검은 복색의 군병이 수천만인가 싶었다. 문지기는 부들부들 떨면서 문을 열려고 할 때 수문장은 문을 열지 말라고 호통을 쳤다. 그 순간 화살이 수문장의 가슴에 꽂혔다. 어느새 성벽을 타고 넘어온 군졸이 수문장을 습격한 것이다.

문이 열리면서 거사한 군졸들은 물결치듯 문 안으로 들어왔다. 선두에 선 원두표는 도끼를 들어 수문장의 머리를 쳐서 죽이고 모든 것이 수분 만에 끝났다.

이괄은 무질서하게 쏟아져 들어온 군졸을 다시 호령하여 재정비시켜 행진했다. 먼동이 트기 시작하면서 군졸들의 발자국소리만 들릴 뿐이었다.

이때 정원에다가 급변을 고한 자가 있어 이흥립 포도대장과 중군 이괄은 영의정 박승종의 명령으로 각각 요로를 차단하고 있었다. 이흥립은 창덕궁 앞에 결진하였고, 이괄은 파자교 일대에 진을 쳤다. 이때 이흥립은 말에 올라 전 군사에게 영을 내렸다.

"너희들은 내가 말머리 돌리는 대로 행동하라. 만일 이것을 어긴 자는 군법으로 처벌하겠다."

의거군졸의 선봉에 원두표, 이기축, 김자점, 최명길 등이 앞장서서 행진을 하고, 조금 뒤에는 이괄과 그의 부하군졸이, 맨 뒤에 이귀와 김유가 따라오고 있었다. 관상감재에 다다르자 군졸들은 소리를 치며 금호문을 향해 돌진했다.

이때 고함소리를 들은 이흥립은 채찍을 높이 들어 말머리를 동쪽으로 돌려 군사들을 일제히 파자교로 향하게 했다. 중군 이괄은 이흥립의 군졸이 자신 쪽으로 몰려오는 것을 보고 말을 달려 이흥립 포도대장에게 갔다. 그러자 포도대장 이흥립은 이괄에게 전세가 불리하다며 군사를 아래 도감으로 옮기게 했다.

이흥립의 도움으로 의거군졸은 아무런 저항도 받지 않고 금호문 앞에 다다르자 수문장 박효립이 문을 열었다. 수문장 역시 내통하고 있었던 것이다. 의거군졸들이 궐내로 쏟아져 들어갔다. 이때 광해군은 취기가 남아 있어 자리에 누워 있었고, 궁 밖의 고함소리에 놀란 김상궁이 밖으로 나갔다가 달려들어 와 고했다.

"상감마마, 큰일났습니다. 반란군입니다."

"뭐라고? 반란군이라고?"

"도감군졸들은 뭘 하고 있는 것이냐?"

"포도대장 이흥립이 도망했습니다."

그러는 중 고함소리가 점점 가까이 들려오고 궁중의 대소 관속들은 혼비백산하여 사방으로 흩어져 도망하고 있었다. 이때 김상궁은 이런 위급한 상황에서도 친가로 보낼 보물상자를 궁녀에게 들려서 북문으로 보냈다.

그리고 자신은 상궁이 아닌 나인옷으로 갈아입었다. 그 반군의 중심 인물이 이귀라고 들었다. 그녀는 이귀의 생명을 수차에 걸쳐 자기의 입으로 살려주었고, 수양딸 예순이가 있기 때문에 죽일 것이라곤 생각하지 않았다.

광해군은 생사가 위급한 지금 반정의 중심인물이 왕자나 종실이라면 종묘에 불을 지를 리는 없다고 추측했다. 그때 어전으로 달려온 영의정 박승종은 하얗게 질려 광해군을 불렀다. 광해군은 그 소리가 너무나 반가웠다. 주변의 모든 사람들이 도망간 이때 영의정 박승종이 나타난 것은 너무나 고마웠다.

"상감 모든 것이 천운입니다. 빨리 옥체를 피하십시오."

"경은 어이 하려오?"

"늙은 나이라, 이제 죽은들 한이 없사옵니다."

광해군 신변에 남아 있는 사람은 단지 변숙의와 내시 두어 사람뿐이었다. 그들은 광해군을 모시고 간신히 북문에 이르렀다. 당초 능양군은 궐내에 불을 지르지 말라고 했지만 군사들은 말을 듣지 않았다. 북문에 도착한 광해군은 몸이 부들부들 떨렸다. 북문이 굳게 잠겨 있어 나갈 수가 없었다. 그러자 광해군은 내시의 어깨에 올라 성벽을 넘었다.

한편 능양군은 궐내에 들어와 인정전에 자리를 잡았다. 그런 후 곧바로 중신들에게 예궐하라고 일렀다. 맨 먼저 예궐한 것은 병조판서 권진이었고, 그 뒤를 이어 대소신료들이 모여들었다. 능양군 옆에는 이귀, 김유, 이괄 등이 있었다. 이때 모여든 전조의 신하들은 여유가 없어 인정전 대뜰 아래 무질서하게 늘어서 있었다.

이때 맨 먼저 예궐한 권진이 대뜰 앞에 나선 능양군 앞으로 나아가 큰절을 올렸다. 이것을 본 대소 관원들은 모두 그를 따라 절을 했던 것이다. 능양군은 이귀에게 분부하여 전조 대소 관원을 일단 정원과 집으로 물러가 있게 하고 의거에 참가한 군관 소임 이상을 불러들이게 했다.

반정은 성공했지만 광해군을 잡아들여야 할 것이고, 서궁에 유폐된 인목대비께 문안 인사를 보내어 궁중으로 모셔야 할 것이고, 전조의 관원을 전반적으로 해직하고 새로 정부를 조직해야 했다.

능양군은 먼저 영을 내려 내시와 여관 등을 안정시키고, 이흥립과 상의하여 의거군졸을 각 영에 임시 수용케 하였으며, 광해군의 행방을 현상금을 걸어 수색케 했다. 그 결과 광해군은 내시 두 사람과 변숙의 등과 북문을 넘었다는 것만 알게 되었을 뿐 아무도 행방을 알지 못했다.

어느덧 날이 밝았고 능양군은 광해군을 잡지 못했다며 역정을 냈다. 이때 대전별감 하나가 어떤 중노인을 데리고 들어와 고했다.

"전 상감의 소식을 아뢰고자 전의 정남수가 소명도 없이 들어와 뵙고자 하옵니다."

이 말에 능양군은 얼굴 표정이 환하게 바뀌면서 물었다.

"그대가 전왕의 행방을 아는가?"

"지금 숨어 계신 집을 제 눈으로 똑똑히 보고 왔습니다."

"어떻게 해서 보았느냐?"

"그전 상감이 취중으로 정신이 혼미한 가운데 오늘 대궐에서 몸을 피하시느라고 기절하시다시피 되었던 것입니다. 그래서 평소 변숙의가 소인의 집을 알고 있어서 찾아온 것입니다."

"그대에게 상은 차차 내리겠다. 노인은 지금 곧바로 무감을 데리고 집으로 인도하라."

이렇게 명을 내린 능양군은 곁에 있는 이귀에게 고개를 돌려 눈짓했다. 마침내 광해군은 무관과 병졸들에게 붙잡혀서 창덕궁으로 압송되어 왔다. 그러자 능양군은 비로소 얼굴이 밝아졌다. 능양군은 이귀와 의논한 후 광해군을 우선 궁중에 감금해 놓고 승지 홍봉서를 불러 서궁으로 인목대비를 찾아뵙게 했다.

이때 인목대비는 서궁의 하인들에게 반정의거의 큰 소요가 일어났다는 것을 듣고 몹시 궁금해 하고 있었다. 창덕궁에서 승지 홍봉서가 능양군의 사신으로 문안차 대령했다는 말을 듣고 그를 불러들였다.

"능양군이 이귀, 김유, 이괄 등의 동지와 함께 반정의거를 감행해 오늘 새벽 창덕궁을 점령하옵고 간신들을 숙청 중에 있사옵니다. 능양군은 마땅히 달려와 대비마마께 문안을 드려야하겠지만, 반정 벽두의 혼란을 수습하기 위하여 자리를 떠날 수가 없어 우선 소신으로 하여금 의거의 전말을 사뢰옵고, 겸하여 창덕궁의 뒷수습이 정리되는 대로 대비마마를 몸소 모시러 오겠다는 말씀이시옵니다."

그러자 대비가 물었다.

"상감은 지금 어이 되었느냐?"

"궁중에 감금되어 있사옵니다."

그 말을 들은 대비의 얼굴엔 기쁨이 넘쳤다.

"그럼 옥새는 어떻게 되었느냐?"

"네, 마마. 옥새는 신왕께서 지니고 계십니다."

"신왕이라니? 새 임금이 누구란 말이냐?"

홍봉서가 무심코 능양군이라고 했다가 호통을 당했다.

"능양군이 누구의 허락으로 보위에 올랐단 말이냐?"

그러자 홍승지는 가슴이 철렁 내려앉았다.

"그렇구나. 능양군이 임금의 자리가 탐나서 반정을 일으킨 것이로구나. 벌써부터 이 늙은 것을 무시하는 꼴을 보니 장래가 무섭다. 냉큼 돌아가서 능양군에게 제멋대로 올라앉은 자리에서 오래도록 누리라고 전갈하라."

홍승지는 대비의 이런 말에 어안이 벙벙했다. 말 한마디 잘못했다가 대비의 큰 노염을 사게 된 것이다. 그는 곧 창덕궁으로 돌아와 이 사실을 능양군에게 아뢰었다.

"허허. 큰일났구나. 대비의 말씀이 백번 옳은 말이시지."

이 말을 한 능양군은 이귀를 또다시 서궁으로 보냈다. 시녀가 대비에게 이귀가 왔다고 전했다. 그러자 대비는 금새 표정이 밝아졌다.

"대비마마, 이귀 노인이 문안 겸 급히 아뢸 말씀이 있어 등대하였나이다."

"들어오시라고 하여라."

이귀는 대청 끝에 올라 큰절을 하고 입을 열려는 순간 대비가 먼저 말했다.

"이번 반정 의거의 자세한 경과는 홍승지에게 들었소. 듣건대 능양군이 보위에 올라 임금이 되었다고 하니 이것은 대체 어느 나라의 법통이오?"

"대비마마의 말씀이 옳은 줄 아옵니다. 능양군이 보위에 오른 듯이 생각한 홍승지의 착각이었습니다. 즉 반정 뒷수습에 능양군이 주로 명령을 내리는 것을 임금으로서의 전교로 잘못 생각한 과실이옵니다. 능양군이 아무리 분망 중이온들 그런 법도를 무시할 분이 아니옵니다."

그러자 대비는 이귀의 말을 이해한다며 부드러운 어조로 말했다.

"늙은 그대가 설마 거짓말을 하겠소. 낸들 폭군을 내몰고 사직을 바로잡는 이 마당에 무슨 트집을 잡겠소. 먼저 광해를 대행대왕의 영위 앞에 무릎을 꿇리어 수죄하게 하고 몰아낸 후에 내 손으로 옥새를 능양에게 전하는 것이 법도가 아니겠소?"

"대비마마, 지당하신 말씀이옵니다. 일이 수습되는 대로 능양군께서 문후차로 등대하올 줄 아옵니다."

그로부터 얼마 후 능양군과 대비가 만났다. 능양군은 대비를 뵙고 절하면서 눈물을 흘렸다.

"수년 유폐의 고생을 하신 할마마마를 이제야 마음놓고 뵙게 되오니 눈물이 앞을 가립니다."

첫마디의 말에 대비는 감동했고 따져보려던 감정도 사라지고 말았다. 그러면서 말했다.

"이 나라에 한시라도 임금이 없어서야 되겠느냐. 조당에 즉위식을 준비하고 옥새를 나에게 전하라."

능양군은 곧바로 이귀를 시켜 옥새를 받들어 대비께 올리라고 했다. 그러자 이귀는 옥새를 안고 대비 앞에 나아와 이렇게 아뢰었다.

"이런 판국에 대비마마께서 옥새를 달라는 것에 신은 그 뜻을 이해할 수가 없습니다."

그러자 대비도 얼른 그 뜻을 알아차려 대답했다.

"내가 옥새를 가져서 무엇하겠소. 나에게는 이미 친자식도 없소. 옥새를 나에게 주라고 한 것은 이 나라의 국체를 중하게 하고자 함이오."

"그러시다면 대비마마께서 정전에 납시어 대신들 앞에서 정식으로 거행함이 옳을까 싶습니다. 이렇게 옥새가 지름길을 거쳐 들이어짐은 옳지 않다고 사료되옵니다."

곧바로 대비는 이귀의 말을 듣고 정전으로 자리를 옮겨 대신들을 불러들였다. 능양군은 김자점에게 모든 문을 지켜 다른 왕자가 들어오지 못하게 했다. 또 박홍구에게 공손히 옥새를 받들어 대비께 드리라고 했다. 대비는 옥새를 받은 후 환한 표정으로 말을 했다.

"광해군은 용서하지 못할 죄인이니 속히 처치할 것이오. 내 이미 십년 동안 유폐되었다가 어제 저녁 꿈에 선왕을 다시 뵈었다오."

대비는 내시에게 명하여 무릎을 꿇고 있는 능양군을 당으로 오르라고 하여 친히 옥새를 전했다. 이 분이 바로 조선 15대 임금 인조다. 이때 그의 나이가 29세였다.

영웅들의 논공행사

　인조는 광해군을 강화도로 귀양 보냈다. 그리고 법례를 갖춰 인목대비를 창덕궁으로 모시라고 했다. 또 조정의 관직에 새로운 인물들을 등용시켰는데, 영의정에 이원익, 이조판서에 신흠, 병조판서에 김유, 예조판서에 이정구, 형조판서에 서성, 공조판서에 이흥립, 대사헌에 오윤겸, 호위대장에는 이귀 등이다.
　그리고 영창대군, 임해군, 능창군, 연흥부원군 김제남 등 광해군으로부터 죽임을 당했거나 불이익을 당한 모든 사람들을 복귀시켰다. 그 대신 이들에게 불이익을 사주한 간신배들은 응당의 죄값을 받았다.
　더구나 폐모의를 주장했던 이이첨, 정인홍, 윤인, 정조 등 열여섯 명은 목을 베어 참형했다.
　조정이 안정되면서 반정의사들은 논공행상의 발표에 의견들이 많았다. 여기서 가장 문제되는 사람은 김유와 이괄이었다. 이괄은 김유가 공을 세웠지만 거사 당일 연서역에 늦게 도착한 것을 문제 삼았다.
　다시 말해 김유의 애매모호한 지각은 공적을 상쇄하고도 죄목이 더 많다는 것이었다. 특히 자기 권솔을 숨어있게 한 것만 봐도 의심하기에 충분하다는 것이었다.
　이괄의 이런 주장에 대해 김유는 그 나름대로 할 말이 있었다.

벌써 이괄의 목을 베어야함에도 불구하고 반정거사란 대의 아래 참을 수밖에 없었다는 것이다. 그것은 연서역에 모이는 시각보다 훨씬 빨리 도착해 대장 자리를 가로채보자는 비열한 행동이었다고 주장했다.

이렇게 논공행사에 대해 왈가왈부하지만 결국 승리는 김유에게로 돌아갔다. 그 이유는 임금이 김유를 무조건하고 신뢰하여 대소사 일체를 전부 맡기고 있었기 때문이다.

이 자리에서 이귀는 이괄의 행상에 관해 사전에 김유에게 주의를 주었다.

"이러쿵저러쿵해도 이번 거사에서 이괄의 공이 큰 것만은 사실이오. 앞으로 어떤 일이건 가리지 않고 과감하게 행동할 수 있는 인물이라오. 그러니 관심 있게 생각하시오."

그 말을 들은 김유는 이렇게 이유를 달았다.

"과감한 것은 일의 성격에 따라 다르지요. 즉 성급하고 교양없는 인물을 큰자리에 올렸다간 오히려 일을 그르칠 수가 있소이다. 그래서 이등공신으로 했으면 하옵니다."

"이보시오. 그건 너무 심한 생각인 것 같소이다."

"뭣이 심하다는 말씀이오?"

"논공행상이란 공평하게 치러져야 하는데, 지나치게 불공평하다면 오히려 큰 화가 되는 법이오이다."

"화근은 무슨 화근이오. 생각해 보시오. 공훈이 이등이라고 해서 높은 벼슬에 오르지 못하는 것은 아니잖습니까."

이처럼 김유는 그를 대수롭지 않게 생각해 자기 멋대로 처리할 심산이었다.

그 이튿날 논공행상이 발표되었다. 일등공신은 김유, 이귀, 김자점, 심기원, 이서, 신경진, 최명길, 이흥립, 구굉, 심명길이었다. 이등공신은 이괄, 원두표, 장유, 장신이었다. 삼등공신은 이기축, 승지 홍봉서 등이었다.

논공행사에서 장유, 장신, 이귀의 아들 이시백, 김유의 아들 김경증 등이 이등으로 분류된 것은 후한 처분이었다. 하지만 그들과 동등하게 이괄을 이등으로 취급한 것을 확실히 불공평했다. 이 명단이 발표되자, 이괄과 동지들 사이에 불평이 많았다.

영의정 이원익은 원로이기 때문에 당연했지만, 김유 자신은 병조판서로 앉고, 이귀는 호위대장으로 자리로 돌렸던 것이다. 호위대장은 상감 신변을 호위하는 측근 중신이라고 하겠지만 별 볼일 없는 관직이었다. 이것도 그냥 넘어간다고 해도 각조 장관은 모두 반정 동지들이 아니었다.

반정 때 뒤에서 협조했다고는 하지만 앞장서서 활동한 사람을 제외한 것은 잘못된 것이다. 한마디로 이것은 김유의 심한 농간이었다. 다시 말해 이면 협조자들은 거의가 김유를 지원한 무리들이었다.

더구나 거사 전 북병사였던 이괄은 한성 좌윤이란 벼슬을 얻었다. 북병사와 한성 좌윤의 계급 차이는 컸다. 이때부터 이괄은 두문불출하고 집에 틀어박혀 술로 날을 보내고 있었다. 이귀가 이괄을 안타깝게 생각해 김유에게 우대해 줄 것을 말했지만 듣는 둥 마는 둥 했다.

그러자 이귀는 걱정스러웠다. 김유가 자꾸 저런 식으로 대하면 이괄의 감정이 폭발하여 언젠가는 일을 저지르겠다는 생각을 했다. 그렇게 되면 능양군이 의로운 마음으로 반정을 일으킨 보람까지 사라지면서 나라가 또다시 어지러워질 것이 분명했다. 더구나 지금 북쪽 오랑캐의 세력이 날로 강해져 명나라를 침범코자 기회를 엿보고 있을 때였다.

이렇게 생각한 이귀는 먼저 이괄을 만나 그의 심중을 헤아려 보고 그의 노여움을 풀어 큰일이 생기지 않도록 방지해야겠다고 다짐했다. 이귀는 일부러 밤에 이괄을 찾아갔다. 불평불만에 쌓여 있는 이괄도 노인 이귀에게만은 호의를 가지고 있었다. 처음 두 사람은 시국에 대한 이야기를 주고받았다. 그러다가 갑자기 이귀에게 이괄이 물었다.

"영감, 영감께서 야심한 밤에 날 찾아온 것은 필시 시국 이야기나 하려고 온 게 아닌 것 같소이다. 솔직히 말하면 내 근황을 알고 싶어서 오신 것 아니시오?"

"잘 맞췄소이다."

"허어, 내 근황을 알아서 무엇에 쓰시려고요?"

"반정 초에 형제들의 싸움이 우려돼서 그렇소이다."

"형제는 무슨 형제? 내 존재가 그렇게 걸림돌이라도 된답디까?"

"화만 내지 마시고, 바람이나 쐬는 것도 괜찮을 것 같소만."

"내가 외방으로 나가란 말이오?"

"눈치 한번 빠르시군."

"그것도 좋은 방법이지요. 서울에 앉아 있으면 김유가 눈꼴사나워 화도 나고, 갑갑하기도 한 건 사실입니다."

"뭐가 그렇게 눈꼴사납소?"

"반정이 성공되면 모든 것이 깨끗해질 줄 알았는데 지금 보시오. 달랑 임금 한 분 새로 모신 것밖에 뭐가 달라졌소이까? 또다시 서인일파가 대북대신 다시 머리를 들었다는 것 외엔 청신한 것이 전혀 없지 않소이까."

"너무 급하게 생각하지 마시오. 차차 있을 것입니다."

"첫 단추를 잘못 꿰었소이다."

이괄의 마음을 짚어본 이귀는 더 이상 꺼낼 말이 없어 돌아갔다. 그때 북방 오랑캐의 움직임이 수상해졌다. 그러자 조정에서는 장만을 도원수로 하고 이괄을 부원수로 임명하여 북쪽을 지키게 하였다.

이것은 이미 이괄에게 주어진 것이라 미소를 지으며 받았을 뿐이다. 이괄은 그 이튿날 수병 수십 명을 데리고 서울을 떠났다. 임금은 전례 없이 모화관까지 행차하여 이괄을 전송하면서 보검 한 자루를 건네주었다.

배반의 종착

　인조반정 이후 반정공신의 논공행상이 불공평했다. 따라서 모순이 드러나 또다시 조정은 어지러워지고 연달아 역옥사건이 일어났다. 즉 몇 사람만 모이면 왕자를 추대한다고 떠들어댔다. 이런 역옥사건이 있을 때마다 입방아에 오르는 것은 인성군과 흥안군이었다.

　흥안군을 내세우려던 황현의 역옥사건과 인성군을 추대한 윤인발의 음모가 두드러진 좋은 예이다. 더구나 흉흉한 민심은 좀처럼 진정될 기미가 없었다. 급기야 이런 소문이 들렸다.

　'왕손이 많은데, 인빈 김씨의 소생인 정원군 아들이 보위에 올랐으니 나라가 바로 될 수야 없지 않은가. 그래서 종실이 임금이 되어야 한다.'

　반정공신들은 이 소문의 출처를 알아내기 위해 혈안이 되었다. 더구나 이것을 고발하여 공신이 되고자 하는 패거리도 있었다. 과거 윤인발과 서로 맥이 통해 일해 오던 문회와 이우 등이 이런 글을 올렸다.

　'기자헌, 현즙과 이괄 등이 흥안군을 내세우기 위해 역모를 꾀하고 있다.'

　이 글을 본 인조는 공신들을 불러 의논했는데, 이 자리에서 이귀와 최명길은 이렇게 고했다.

"아무래도 이괄이…. 영변 병영으로 간 뒤 군사를 조련하고 병기를 보수하는 품이 이상하지 않습니까. 필시 반란을 꾀하고 있는 것이 분명한 듯하옵니다. 속히 관련자들을 잡아 문초하시는 것이 옳은 줄 아옵니다."

이에 따라 이괄의 아들 이전과 기자헌 등이 체포되고, 이괄에게는 체포령이 내려졌다. 영변에서 이괄은 아들이 잡혔다는 기별을 듣고 이렇게 말했다.

"내 자식이 아직 어린데 무슨 역모를 꾀했겠나. 이것은 나를 미워하고 시기하는 일파가 모함한 것이다. 대장부로서 죄가 없이 소인의 참소로 부자가 한 자리에서 국청에 무릎을 꿇겠구나."

이렇게 화를 내다가 믿지 못하겠다며 입을 열었다.

"난 양심을 걸고 죄를 짓지 않았으며, 아무리 불공평한 조정이라도 김유 같은 사람만 있는 것이 아니다. 조정은 병력을 가진 나를 두고 내 아들을 먼저 잡아가는 어리석은 행동은 취하지 않을 것이다. 그러니 확실한 통고를 받지 않고 행동하는 것은 이른바 경거망동이다. 그랬다간 김유 같은 자에게 구실을 주는 것이 될지도 모르겠다."

며칠 후 금부도사와 선전관 일행이 경내에 들어섰다는 정보가 입수되었다. 그의 부하 이수백과 기익헌 등은 그들의 목을 잘라 버리자고 했다. 그러자 이괄은 개죽음을 당할 수가 없다며 금부도사와 선전관 일행을 포박했다. 그런 후 서울 소식과 조정의 공론을 상세히 심문한 후에 단칼에 베어버렸다. 이를 본 주위의 군사들은 모두 벌벌 떨었다. 이괄은 피 묻은 칼을 높이 치켜들고 외쳤다.

"여러 장병들이여! 지금부터 싸움이 시작되었다. 지금 조정엔 간사한 무리들이 사람을 음해하여 충직한 신하를 죽이고 있다. 우리는 불의의 칼 아래 죽는 것보다 먼저 그 자들을 베어야 한다."

이 말을 들은 군사들은 환호성을 지르며 옹호했다.

다음 날 서울로 진격할 때 부근에 있는 군사들까지 합세했는데, 가장 먼저 구성부사 한명련이 가담했다. 이때 반란군은 모두 1만2천 명이었다. 이밖에 임진왜란 때 해로가 막혀 돌아가지 못한 왜병도 3백 명 있었다. 왜병들은 모두 조총을 갖고 있어 실제로 일당백의 강병들이었다.

도원수 장만은 이 소식을 서울에 기별한 후 병력을 거느리고 이괄을 막으려고 했다. 그러나 오랫동안 훈련을 받은 이괄의 군대를 당해낼 재간이 없었다. 여러 고을을 함락한 이괄의 군대는 중군대장 남이흥과 부딪치는 것을 꺼려 뒷길로 돌아서 서울로 향했다. 서울은 풍전등화였다. 조정에서는 벌써 패색이 짙자 갈팡질팡했다.

이때 김유는 서울이 위태로워지자 이괄에게 붙을 만한 사람들을 모조리 죽였다. 이괄의 친척들과 기자헌까지 끌어내어 죽였다. 마지막 방어선인 임진강에서 이귀와 박효립이 패한 뒤 서울은 더더욱 혼란했다.

갑자년 삼월 초여드렛날, 임금은 먼저 신주를 보내고 대비를 가마에 태워 내보낸 다음 한강을 건너 공주로 몽진하였다. 임금이 공주로 떠난 지 이틀 만에 이괄의 군대가 서울로 입성했다.

이괄은 선조의 열째아들인 흥안군을 모시고 개선장군처럼 나타났다. 이때 어떤 백성의 입에서 새 임금이 들어온다는 말을 하자 일제히 환성을 질렀다.

그러자 이괄은 흥안군을 임금이라 칭하고, 서인에게 쫓겨난 대북사람들까지 쓸만한 사람이면 모조리 등용시켰다. 그리고 과거를 실시해 선비들을 뽑는다고까지 했다.

얼마 후 이괄의 귀에 정충신이 관군을 거느리고 남하한다는 소문이 들려왔다. 그러자 이괄은 몹시 당황하여 군사를 모으고 군기를 정비하고 있는데, 한 장교가 달려와 정충신의 군대가 이미 서대문 밖 안재에 진을 치고 있다고 알려왔다.

정충신은 이괄의 반란소식을 듣자 숙천부사 정문익에게 고을을 맡기고 단신으로 장만의 진중으로 뛰어갔다. 장만은 정충신에게 여러 가지 전략을 확인한 후 부원수란 직책을 맡겼다. 장만은 군사 2천 명을 정충신에게 내주어 중군대장 남이흥과 함께 반란군을 물리치도록 했다.

이괄은 정충신이 앉아 있는 막사를 바라보았다. 그의 주변에 사람들이 있었지만 수효가 얼마 되지 않은 것 같았다. 이괄은 기회를 잡았다며 공격 명령을 내렸다. 그러자 이괄의 군사는 일제히 안채를 공격했다. 마침 동풍이 불어 이괄의 군이 유리하여 총탄과 화살을 쏘면서 산 위로 향했다.

싸움이 점차 치열해졌을 때 바람의 방향이 동풍에서 서북풍으로 변했다. 산 위에서 화살과 돌과 모래가 내려와 이괄의 진을 뒤덮었다. 이때를 놓치지 않고 정충신은 관군에게 돌격했다. 한동안 관군과 반란군이 뒤섞여 싸우고 있을 때 별안간 징소리가 나면서 "후퇴하라!"는 소리가 들렸다.

그러자 이괄의 군대는 멋도 모르고 후퇴를 개시했다. 이것은 정충신이 계교로 남이흥으로 하여금 반란군 후방에서 징을 치며 퇴각하라고 외치게 했던 것이었다.

이괄의 군은 패하고 말았다. 이괄은 얼마 남지 않은 군사를 이끌고 도망쳐 성중으로 들어가려고 했다.

그때 백성들은 성문을 굳게 닫고 이괄의 군사를 들이지 않았다. 이괄은 하는 수 없이 초라한 군사를 이끌고 한강을 건너 광주 쪽으로 달아났다. 정충신의 관군은 성 안으로 들어와 그 동안 이괄에게 협력한 사람들을 잡아들였다.

이괄의 군사들은 광주로 달아나 광주목사 임회를 죽이고, 이천에 다다랐을 때 군사는 여섯 명밖에 없었다. 그러자 이괄은 한명련, 기익헌, 이수백과 군졸 서넛을 데리고 남으로 내려가 재기하려고 했다.

그러나 이괄을 섬겨오던 기익헌과 이수백은 이괄과 한명련이 잠든 틈을 타서 목을 잘랐다. 그런 후 그 머리를 군복에 싸서 공주 행재소로 가서 임금에게 바쳤다. 기익헌과 이수백은 얼마 후 죄를 용서받았다. 하지만 서흥에서 이괄과 싸우다 전사한 이중로의 아들 이문웅이 아버지의 원수를 갚는다며 서울에서 이수백을 죽였다.

이후 서인들은 조금만 의심스러운 자가 있어도, 이괄의 패라며 잡아다가 죽였다. 흥안군은 옥중에 있었는데 훈련대장 신경진이 역적은 죽어야 한다며 목을 베어버렸다. 흥안군은 평민과 다른 왕족으로 인조의 재가를 얻어 처리를 했어야 했는데 신경진이 제멋대로 목을 잘라버린 것이었다.

　인조는 서울로 돌아와서 신경진을 크게 꾸짖고는 며칠 동안 금부에 가둬두었다. 더구나 반정공신들의 방자한 행동은 날로 심해졌다. 역적이 아니더라도 당파가 다르다는 이유로 많은 사람들이 무고하게 희생되었다.

　그러자 저잣거리에는 이런 격문이 나붙었다.

　'폐주 광해군을 다시 모시고 와야 한다. 이번의 반정은 서인들이 자기네 당만 생각하고 일으킨 것이다. 더구나 나라에는 왕자가 얼마든지 있는데, 한 대를 건너간 손자를 세워 나라가 이 꼴로 되었다. 이것은 반정이 아니라 순전히 서인들의 농간이다.'

　그러자 서인들은 인성군을 내세우려고 역모하는 자들의 소행이라며 당장 인성군을 없애자고 했다. 이때 이원익을 중심으로 한 남인들은 인성군을 두둔하여 서인과 대항했다.

　따라서 조정은 인성군 문제를 가지고 서인과 남인으로 갈라져 또다시 당파싸움에 휘말렸다. 그 후 하루가 멀다고 효성 땅의 선비 이인거의 역모사건과 광해군의 왕비 유씨의 조카 유효립의 역모사건이 연속적으로 일어났다. 이때도 역시 추대된 인물이 인성군이었다. 그래서 삼사 모두가 합세하여 인성군을 참하라고 했다. 그러자 대사간 정온은 임금에게 이렇게 아뢰었다.

　"전에 영창대군은 역적들이 그 이름을 입에 올렸다고 해서 죽였습니다. 인성군의 경우 확실한 증거도 없는데, 극형에 처하면 원통하고 억울하지 않겠사옵니까. 역옥이 거의 해마다 일어나는데, 지금 인성군을 제거한다고 해도 또 다른 인성군이 나오지 않는다고 것을 누가 보장하겠습니까. 따라서 삼사에서 종사를 위해 처벌해야 된다고 처벌을 하면, 전하께서는 광해군과 다를 것이 없사옵니다."

　며칠이 지나 이번에는 대비로부터도 인성군을 죽이라는 전교가 내려왔다. 물론 대비는 서인편을 두둔해서 그런 것은 아니지만 아무튼 서인들에겐 기쁜 소식이었다.

　마침내 임금은 죄가 없는 인성군을 반정공신들의 등살에 못 이겨 결국 참형하고 말았다.

하늘이 외면한 북벌

　효종은 나이 31세에 왕위에 올랐다. 효종은 형 소현세자와 9년이라는 긴 세월을 청나라 볼모로 잡혀 심양과 북경에서 살았다. 그 당시 효종은 입술을 깨물고 군사를 양성할 줄 아는 장수가 있어야만 병자년이나 정축년의 치욕을 갚을 수 있다고 생각했다.

　효종은 즉위 초 송시열, 송준길, 이유태 등에게 정치를 보좌케 하고, 대동법을 다시 시행했으며, 물차를 장려하여 농사관계에 쓰게 했다.

　갑오년에 웬만큼 국고가 차자 삼남 각도에 오영장을 두었다. 어느 날 임금은 갑자기 침전으로 무감을 불러 조용히 분부를 내렸다. 그날 밤 자정이 훨씬 지난 후 대궐별감 십여 명은 말을 달려 장안의 무신들 집으로 향했다.

　"상감마마께서 지금 예궐하라는 분부가 계십니다."

　이에 무신들은 무슨 영문인지를 몰랐다. 무신들은 황급히 말이나 가마를 타고 대궐로 들어왔다. 그들이 대궐에 들어서는 순간 사방에서 촉이 없는 화살이 쏟아졌고, 모두 화살을 맞고 쓰러졌다. 이때 오직 한 사람만이 빗발치는 화살 속에서도 흔들림 없이 꼿꼿하게 읍을 한 상태로 정전을 향해 나아갔다. 그때 용상 아래 서 있던 내관의 소리가 들렸다.

　"누군가라는 하문이 계시오."

그러자 그는 대궐이 흔들릴 정도로 우렁찬 목소리로 대답했다.

"삼도 도통사 이완이라 하옵니다."

"이리 오시오."

이 목소리의 주인공은 용상 위에 앉아 있는 임금이었다. 내관을 물리치고 손수 용상을 내려와 그를 맞았다.

"상감마마, 야밤의 급명은 어떤 것인지요?"

"경은 저 빗발치는 화살을 어떻게 하고 들어왔소?"

그러자 이완은 자신의 옷 앞자락을 약간 들쳐보였다. 겉은 보통 옷이었지만 그 속에는 든든한 갑옷을 입고 있었다.

"옷 속에 갑옷을?"

"그렇사옵니다. 상감마마. 한밤중에 황급히 입궐하라는 어명은 분명 범상치 않은 일이라고 생각해 옷 속에 무장을 했나이다."

이 소리를 들은 임금은 몸소 그를 데리고 대전으로 들어갔다. 그날 임금은 이완과 함께 밀담을 나누면서 밤을 새웠다. 그 다음 날 이완은 특지로 훈련대장의 임무를 부여받았다.

즉위 5년간 임금의 마음속에만 간직하고 그것을 준비하기 위한 행동으로 국력 충실에만 힘쓴 목적인 북벌이 드디어 공포되었다.

"최근 오 년간을 두고 봤는데 이런 중대사를 맡을 장군은 대장 한 사람밖에 없었소. 그날 밤 예궐할 때에 총망중에도 몸단속을 잊지 않은 점은 이런 대임을 넉넉히 소화할 수 있다고 생각하오. 부디 나를 도와 병자년(병자호란)의 치욕을 씻어주시오."

임금은 이완의 손을 잡고 간곡히 당부하자 그는 눈물을 흘리며 성지에 반드시 보답하겠다며 맹세하였다. 그 후 전국에서 힘깨나 쓰는 장사 6백 명을 모았다. 그리고 그들을 훈련시켜 장차 북벌의 웅지를 펼 때 쓰려고 준비했다.

또한 송시열의 협조로 정치에도 몰두하여 장차 북벌할 때 군량이 부족하거나 국력이 고갈되지 않도록 전력을 다했다.

갑오년에 드디어 돈을 사용했다. 임금은 큰 뜻을 관철시킬 때 지장을 줄 수 있는 물물교환을 없앴다. 그런 후 실험으로 당전 십오만 문을 사다가 평양과 안주 등에 사용케 했다.

결과가 양호하여 훈련도감에 명하여 돈을 만들어 사용하게 했다. 또한 돈으로 바꿀 물가표까지 작성했던 것이다.

군사들의 옷도 가볍고 편안하게 개량했다. 이것 역시 장차 북벌할 때 유리하도록 하기 위한 것이다. 또한 전국에 금은 광을 장려하여 거기서 나는 금은을 모두 모아서 바둑돌 모양으로 만들어 두었다.

이것도 장래 군용자금으로 쓰려는 것이었다. 이것은 소위 금바둑쇠라고 했는데 대원군의 집정 초까지 보관되어 있다가 경복궁 중건 때 모두 사용되었다.

어느덧 창고엔 곡식과 재물이 가득 찼는데 을미, 병신, 정유, 무술을 지나 기해년엔 국력과 군력이 모두 마련되었다. 이제 남은 것은 북벌이라는 거사만 남게 되었다. 드디어 효종 10년 기해년 5월 5일 최후의 결정까지 끝났다.

그해 봄 임금은 이황, 이이, 김린, 송인수, 이항복, 김장생 등의 서원에 사액(조정에서 예산, 인력, 재산 등을 하사하여 지원함)을 하였다. 지금 북벌을 하기 위해 대군을 보내는데, 말썽 많은 유생들이 이러쿵저러쿵하면서 또다시 당쟁이 일어나 대사를 그르치는 것을 막기 위해서였다.

사월로 접어들면서 북벌준비 때문에 온 나라가 들끓다가 어느새 오월 초하루가 되자 이젠 출전 일수가 나흘이 남았다.

출전을 기다리던 이완대장은 갑옷으로 몸을 싼 채로 잠깐 눈을 붙이려고 안석에 기대었다. 순간 불길한 꿈을 얼핏 꾸면서 눈을 번쩍 떴다. 동시에 누군가 대문을 요란하게 두드리는 소리를 들었다.

대궐에서 급사가 달려와 급히 입궐하라고 했다. 무슨 일인지 알 수가 없었지만 가슴이 철렁 내려앉았다. 이완대장은 까닭없이 떨리는 다리를 겨우 지탱한 후 말에 올라 대궐로 달려갔다.

"상감마마, 이완 참내하였습니다."

"들어오시오."

얼마 전까지 우렁차던 임금의 음성이 아니었다. 힐끗 임금을 보자 용안이 검붉게 변하고 온몸을 와들와들 떨고 있었다.

"대장, 내 몸이 좋지 않아! 이리 가까이 오시오."

이완이 무릎걸음으로 다가갔다.

"대장, 오월 단오, 오월 단오."

"예, 출사가 이제 나흘 남았습니다."

"내가 죽는 일이 있을지라도 기어코 북벌은 진행해야 되오."

"상감마마! 그게 무슨 말씀이십니까."

이 말을 들은 임금은 기운이 없어 그 자리에 눕고 말았다. 그날 밤을 이완은 내전 뜰에서 선 채로 밝혔다.

'출전하기로 결정된 날이 이제 겨우 나흘 남았는데, 임금께서 갑자기 몸이 좋지 않다니…. 이 일을 장차 어쩌나.'

 그러나 효종은 이완의 기원에도 불구하고 출전하기 하루 전날 승하하고 말았다.

붕당들의 촌극

　현종은 효종의 독자로 부왕이 심양에 볼모로 있을 때 탄생하였고 부왕이 승하한 후 등극할 때의 나이가 19세였다.

　효종이 승하하자 인조의 계비 자의대비 조씨가 입게 되는 복상 문제로 골치가 아팠다. 즉 어머니가 아들을 위해 1년 동안 상복을 입느냐, 삼 년 상복을 입느냐 하는 문제였다.

　이것이 구실거리가 되어 서인과 남인이 또다시 싸우게 되었다. 서인 송시열과 송준길은 효종은 차자이니 일 년이라고 하였고, 남인 허목과 윤휴는 비록 차자라도 장자로 승격했기 때문에 당연히 삼 년이어야 된다고 했다. 또 임금 역시 자기 아버지의 종통을 인정하느냐 하지 않느냐가 문제였다.

　그러던 중 윤선도가 상소를 올려 예론 싸움에 크게 불을 질렀다. 더구나 서인들이 소현세자의 아들을 내세운다는 말에 궁중은 크게 흔들렸다. 그러자 승지 김수항 등은 윤선도의 상소문은 예론을 칭탁해 나라를 위태롭게 한다고 주장했다. 이때 임금도 윤선도의 상소문이 너무 지나치다며 상소문을 돌려보낸 후 근신할 것을 명했다.

　그러나 서인들은 이에 만족하지 않고 윤선도에게 죄를 주라며 우겼다. 그러자 윤선도를 두둔하는 남인 측에서도 대항했다. 이 문제로 남인과 서인이 서로 다투자 임금은 윤선도의 상소문을 태우게 한 후 삼수로 귀양 보냈다.

현종 갑인년 2월에 임금의 어머니 인선대비 장씨가 죽었다. 임금은 전에 아버지 효종 때의 일을 상기하면서 일에 잘못이 없도록 전교까지 내렸다. 그런던 중 예조판서 조형 등이 또다시 자의대비의 복상 문제를 상주하였다.

'시왕제에 의하면 어머니가 자부를 위해 복을 입는 것은 기년과 대공(9개월)의 두 가지가 있습니다. 전에 효종대왕 때는 대비께서 기년의 복을 입었으니 이번엔 대공의 복을 입는 것이 옳은 줄 압니다.'

이것이 또 문제가 되었다. 이번에는 효종 부인이 승하했기 때문에 시어머니인 자의대비가 며느리를 위해 복을 입는 것이 1년이냐 9개월이냐였다. 임금이 신하들과 자의대비의 복제를 의논하고 있을 때 대구의 유생 도신징이 상소를 올렸다.

'대왕대비의 복제에 대하여 대공으로 마련한다는 것은 효종대왕 승하 때처럼 인선대비를 장부로 인정하지 않겠다는 것입니다. 마땅히 기년으로 해야 맞습니다.'

그는 서인들이 대공으로 해야 한다는 주장을 반대했던 것이다. 더욱이 임금도 자칫 잘못하면 자기도 차자의 손으로 대우를 받을 것을 염려했다.

"부왕 때 기년제를 채택한 것은 차자로 취급한 것이 아닌가. 그러니 이번에도 인선왕비를 작은며느리라는 입장에서 대공으로 하자는 것이 아니오? 이제 논할 가치도 없다. 그냥 기년제로 시행하도록 하라."

임금은 이렇게 하여 서인들의 주장을 물리쳤다. 이것으로 인해 대공을 주장한 우의정 김수흥, 조형, 김익경, 홍주국 등은 귀양을 갔다.

현종은 어려서부터 몸이 유약하였는데 재위 14년간도 이와 마찬가지로 건강한 날이 없었다. 더구나 유약한 체질을 이어받은 세자였기에 장차 국사가 고민이었다.

인선대비의 장례가 끝나고 효복을 입은 채 현종은 또다시 병석에 누웠다. 현종은 나날이 병세가 나빠지자 후계자를 튼튼히 세워두어야겠다고 생각했다.

이때 세자 나이는 14세였는데 총명하면서 성품이 순했다. 과히 믿음직스러웠다. 그렇지만 근심되는 것은 신체가 약하다는 것과 현종의 변고로 당장 보위에 오르기엔 나이가 어렸다.

병상에 누워 있는 현종은 동궁을 앉힌 후 자신의 사후에 생길 일을 근심하며 이렇게 말했다.

"동궁, 내가 죽더라도 의지하고 믿을 만한 재상이 한 분 계신다. 그는 시임 영의정 허적과 우의정 김수항이다. 가장 어려운 일을 당했을 때 두 재상에게 부탁하고 믿어라."

한참 뒤에 현종은 두 재상을 불러놓고 동궁에게 사부의 예로써 절하여 보게 한 후, 두 재상에게 간곡한 말로 당부했다. 현종은 갑인년 추석에 임종을 맞는 듯했다. 그러자 모든 궁중의 대신들이나 백성은 추석 차례를 지내지 못했다.

그러나 저녁 때부터 현종의 병세가 점차 좋아졌다. 하룻밤을 지난 그 다음 날 아침에 임금은 할마마마 자의 조대비를 보겠다고 했다.

그러자 자의대비는 임금의 병상에 나와 근심스러운 얼굴로 손자 왕의 이마를 짚었다. 이때 임금은 대비의 손목을 잡으면서 말했다.

"할마마마, 전 회생할 가망이 없습니다. 제가 용상에 앉은 지 15년이지만 아무것도 해놓은 일이 없습니다. 선왕이 갈구한 국치를 씻지 못한 채 세상을 떠나게 되어 너무 원통합니다."

대비는 어린 현종을 지극히 사랑했는데, 친어머니보다도 더 따랐었다. 더구나 효종이 죽을 때도 아들 현종을 대비에게 신신당부했다. 그 후 현종이 20세의 약관으로 왕위에 오른 뒤 임금을 보호하고 내정을 보좌하여 오늘까지 이르렀다. 드디어 현종이 승하하고 새로 등극한 임금이 바로 효종의 독자인 숙종 임금이다.

사직골 도련님의 능욕

숙종은 어린 나이로 보위에 올랐지만 영특함은 대단했다. 다만 걱정되는 것은 나이가 어렸고 자주 병으로 자리에 눕게 되자 평소 보위를 엿보던 무리들이었다. 숙종은 아버지 현종이 빈천하는 시각까지 당부했던 '아버지 대신 의지하고 믿으라'고 했던 허적을 죽이지 않으면 안 되었다.

허적이 사약을 받아서 죽고 전 가족이 몰살당한 것은 권력 욕심 때문이었다. 현종 말년에 영의정에 올라 숙종을 추대하면서 그대로 영의정으로 있었다. 그는 서인들을 몰아내고 남인의 세력을 펼치려다가 변을 당했던 것이다.

서인들은 허적이 세력을 확장하고자 할 때 그를 해치려고 약점을 찾았지만 전혀 없었다. 그래서 그의 아들 허견을 조사했다. 이를 눈치챈 허적은 아들을 불러놓고 조심하라고 타일렀다. 이것도 미덥지 못해 심복으로 하여금 아들을 감시하라고 했다.

그러나 허적의 귀에는 아들 허견에 대해 좋지 못한 소문이 들려왔다.

뒤집 양가집 규수를 간통했다느니 등등 있었지만, 가장 놀라운 것은 허견이 복선군이라는 종친을 내세워 역모를 꾸몄다는 혐의를 받았다는 것이었다. 허적은 아들을 불러서 주의시키자 그런 일이 절대로 없다고 했다. 하지만 허적은 아들로 인해서 한

시라도 편안한 날이 없었다.

그러던 중 허견은 옛날부터 역관 이동구의 딸 차옥에게 반해서 마음속에 간직하고 있었다.(차옥은 역관 서효남의 며느리였다) 그래서 허견은 늘 차옥을 자신의 손안에 넣어보려는 마음을 품고 있었다.

어느 날 허견은 취중에 갑자기 차옥이 생각나자 계략을 꾸몄다. 그런 후 결혼식에 참석한 그녀를 거짓으로 꾀어내어 능욕을 했던 것이다.

능욕을 당한 다음 날 아침 기회를 보아 도망가려고 했지만 철통같은 감시로 벗어날 수가 없었다. 차옥은 이웃과 시집에서 알게 될까봐 사흘을 참고 지냈다.

사흘째 되는 날 밤, 허견은 차옥을 집으로 데려다준다며 가마에 태웠다. 얼마를 달려온 후 가마꾼들이 쉬어가자며 가마를 내려놓았다. 한참을 기다려도 가마가 움직이지 않자 차옥은 밖을 내다봤다. 가마꾼들은 이미 도망가고 없었다. 차옥은 얼른 밖으로 나왔는데, 그곳은 사동 친정집 대문 앞이었다.

차옥이 집으로 들어서자 친정부모는 깜짝 놀라며 이유를 물었다. 차옥은 하인들을 물린 후 울면서 어머니에게 지금까지 자신이 당한 일들을 이야기했다. 그 다음 날 아침부터 백방으로 사람을 놓아 가마의 주인을 찾기 시작했다.

그러던 중 가마주인을 찾았는데 주인은 사직골 허대감이 빌려갔다고 했다. 그러자 이동구는 벌써 그가 누구라는 것을 직감적으로 알았다. 하지만 그들은 세도가인 재상이라 그저 참는 수밖에 없다며 분기를 억지로 참았다. 그날 허견이 이차옥을 데려간

곳은 청풍부원군 김우명의 첩 예정이 살고 있는 집이었다.

청풍부원군이라고 하면 현종의 왕비 명성왕후 김씨의 아버지가 되는 사람이다. 즉 숙종의 외조부다. 예정은 허견의 처 예형과 의형제지간으로 허견의 집안사람이나 마찬가지였다.

당시 서인과 남인은 서로의 불미스런 일들을 염탐해서 무슨 단서라도 얻어내기 위해 혈안이 되어 있었다. 예정 역시 서인 김우명을 내탐하기 위해 보낸 첩자였다. 예정에게 홀딱 반한 김우명은 그녀를 첩으로 삼아 새로 집을 장만해 놓고 살림을 차렸던 것이다. 그러다가 김우명이 죽자 첩실을 면하게 된 예정은 다시 허견의 집을 드나들었다.

허견의 아내 예형은 혹시나 하는 생각에 예정의 집에다 심부름하는 계집아이를 첩자로 들여보냈다. 어느 날 첩자가 와서 고하는 말을 듣고 깜짝 놀랐다.

그 이튿날 예정은 평상시와 똑같이 예형을 찾아왔다. 이때 허견은 시골에 가고 없었다.

냉면으로 밤참이 들어와서 맛있게 먹은 예정은 추워서 떨고 있었다. 그러자 예형은 하인을 시켜서 생강차를 끓여오라고 한 뒤 예정에게 입을 열었다.

"아우님, 옥동자를 낳으려나 보구먼. 이렇게 더운 방에서 춥다고 떨고 있으니?"

"형님도 별말을 다 하십니다. 하늘을 올라가야 별을 따지 않겠소."

"우리 대감을 어째서 자네 집 건너방에 사흘씩이나 묵혀 두었나? 자네, 할 말이 있으면 해 보게나."

이렇게 두 사람의 싸움은 말에서 행동으로 옮겨지기 시작했다. 예형은 한층 더 호통을 치면서 예정의 머리채를 잡아당기자 넘어지고 말았다. 예정은 넘어지면서 장지에 입이 부딪쳐 이빨 두 개가 부러졌다.

이런 싸움이 있었던 이듬해 봄, 청풍부원군의 조카 김석주는 죽은 숙부의 옛정을 생각해 서숙모가 되는 예정을 가끔 찾아가서 위로했다. 그러다가 김석주는 예정이 예형과 싸우다가 이빨까지 부러진 것을 알았다. 예정을 만난 김석주는 허견의 집을 은밀히 염탐해줄 것을 당부했다. 그래서 예정은 다시 예형을 찾아가 사과를 하고 두 사람은 전과 같이 친해졌다.

김석주는 예정을 통해 허견에 대해 어느 정도까지 알게 되었다. 즉 허견은 매일 만나는 사람이 벼슬을 하지 않은 사람들인데, 그중에서 복선군이란 종실과 가장 친하다는 것이었다.

김석주는 의관을 차려입고 상동에 사는 한성좌윤 남구만을 찾아갔다. 김석주는 허견에 대한 것을 남구만에게 들려주면서 이 기회에 허견을 내쫓고 서인들이 다시 일어나야 한다고 말했다. 남구만은 동인을 잡아먹지 못해 안달난 사람이다.

그는 이런 상소문을 올렸다.

'신이 들은 소문에 청풍부원군 김우명은 이미 작고했지만 그의 부실 오씨(예정)가 아직 옛집을 지키고 있습니다. 오씨는 허견의 처 홍씨와 결의형제를 맺은 사이옵니다.

그런데 허견의 처 홍씨는 항상 제 집에 드나들던 오씨가 자신의 남편과 정분이 났다는 오해로 마구 때리고 싸웠습니다. 싸움 중 오씨는 앞니 두 대가 부러졌습니다. 부원군의 첩은 비록 천

인이지만 중전의 서모가 되는 분입니다. 이것을 그대로 둬야 옳겠습니까?'

따라서 이 상소문으로 또다시 조정이 시끄러워지자 이튿날 허적이 사연을 밝혀 상소했다.

'신의 소자 허견의 처는 죽은 홍순민 첩의 딸로서 성품이 괴팍하고 결혼도 속였습니다. 그간 결의형제라는 예정이란 여자와 친하게 지낸다는 말은 들었지만, 서로 싸움을 했다는 말은 처음 듣습니다. 아마 그의 성품이 흉패해서 그런 좋지 못한 소문이 난 모양입니다.'

그러자 그 다음 날에는 우윤와 신정이 다시 상소를 올려 이차옥 사건을 놓고 공박했다. 임금은 그 상소를 포도대장 구일에게 주며 사실을 조사하라고 했다.

어명을 받은 구일은 당장 허견과 차옥을 잡아 가두고 문초를 했지만 차옥이 부인하자 근거가 없는 일이 되었다. 이튿날 남구만이 또다시 상소를 올렸다.

'허견은 집에서 백두 친구들을 끌어모아 시국을 의논하고 남의 집 유부녀를 겁탈한 자입니다. 이차옥의 사건은 허견의 아내 예형과 그녀와 결의형제인 예정이 증인이옵니다.

그런데 그들을 다 젖혀놓고 허견과 이차옥만 불러 물어봤으니 진상이 드러날 수가 있겠습니까. 뿐만 아니라 이윤휴가 싸고돌기 때문에 결국 무소가 된 것입니다.

윤휴는 아시다시피 바른 사람이 될 수 없는 자입니다. 그는 나라에서 금하는 소나무 수천 주를 베어다가 자기 집을 지었다고 합니다. 국법에 소나무 열 주만 베어도 사죄에 이른다고 했는데,

법을 맡은 자가 이러니 어떻게 백성을 조종할 수 있겠습니까.'

젊은 임금은 이 상소를 보고 눈살을 찌푸리며 즉시 형조판서 이관징을 불러 모든 사실을 밝혀 내라고 명했다.

며칠 후 이관징은 임금께 모두가 거짓이라고 아뢰었다.

그러자 임금은 남구만이 무근지설로 남을 헐뜯고 임금을 속인 것이라고 하여 그 자리에서 관직을 삭탈하고 귀양을 보내고 말았다.

바로 이 무렵 의군이 일어나 승군과 합세해서 소현세자의 손자 임창군을 추대해서 거의한다는 무명의 투서가 강화도의 계선 돈대를 쌓는 감독 이우가 병조판서 김석주의 손을 거쳐 조정으로 전달되었다.

이날 참석자는 종친인 복선군 형제, 서인으론 오두인, 이단상, 김만기뿐, 그 외에는 모두 남인의 재상들이었다. 그중에서 훈련대장 유혁연이 주인과 가장 가까운 자리에 앉아 있었다.

무감은 조사한 내용을 대궐로 들어가 보고하는 즉시 내시가 허적의 집으로 찾아와 왕명을 전하고 유혁연과 김만기에게 당장 입시하라고 전했다. 상감이 병조를 통하지 않고 직접 훈련대장을 부르는 것은 나라에 변고가 있기 전에는 없는 일이다.

부제학 유명천이 벌떡 일어나 삼공이 대궐로 들어가 무마하라고 하자 곧장 예궐하였다. 이들은 내전 궐문에 이르러 승지에게 알현할 것을 전하자 승지가 들어갔다가 나오면서 지금 대할 이유가 없으니 그대로 물러가라는 것이었다.

그러자 이들의 얼굴은 흙빛으로 변했다. 집으로 돌아온 허적은 아들 허견을 불러 앉혀 최근에 어떤 일을 했는가를 물었지만 대답이 없었다. 허적은 걱정으로 하루가 지났지만 대궐로부터는 어떤 처분도 내려오지 않았다. 한편 김석주는 자기의 심복 정원로를 시켜서 상소를 올리게 했다.

'허견은 유혁연과 그 밖의 잔당들과 규합해 역모를 꾸미며 장차 복선군을 추대하려는 것이 최근에 알려졌습니다. 며칠 내로 거사할 모양이니 속히 처분하시옵소서.'

더 이상 임금은 참지 않았다. 허적이 가평 고을로 내려가 숨어 버리려고 황급히 가사를 정돈하는데 돌연 의금부 나졸들이 집을 에워싸고 들어왔다. 허적이 의금부로 붙들려 간 뒤 허견과 복선군도 체포되었다.

임금은 일곱 곳에 국문처를 베풀고 그들을 엄중 국문한 결과 이번 역옥사건의 주범이 되는 허적 부자, 유혁연, 복선군, 윤휴, 민희, 오시수, 이태서 등을 처형시키고 그 밖의 사람들은 모두 귀양 보냈다. 이것이 경신년에 일어났다고 하여 '경신대옥'이라고 한다.

이와 반대로 김석주와 정원로는 역모를 고변했다며 그 공로로 보사훈을 받았다. 허적이 죽은 후 김수항이 영의정을 맡자 좌우영상과 육조판서가 모두 서인이 임명되었다. 즉 남인들이 멸망하고 서인의 세력이 판을 쳤다.

이후 서인과 남인의 감정은 극도로 팽창되었다.

그보다 앞서 허적과 사이가 좋지 않은 허목이 올린 상소를 임금이 보고 화를 내며 귀양 보냈다. 이처럼 숙종은 허적을 믿고 의지했던 것이다.

이렇게 되자 그의 아들 허견의 방종은 날로 심해져 주변에 적들이 많았다. 그래서 공공연하게 남의 집 부녀를 겁탈하고 궐내를 출입하고 무기를 대량으로 만든다는 소문이 돌았다. 그렇지만 누구 한 사람도 그를 탄핵하지 못했다. 이때 김석주가 드디어 직접 탑전에 나아가 아뢰었다.

"상감마마, 허적은 늙은 간흉이요, 그의 아들 허견은 젊은 역적이옵니다. 그들을 그냥 내버려두시면 훗날 반드시 후회할 날이 올 것입니다. 여러 사람들의 여론을 살피시고 의심의 귀추를 따라 그들의 생활 이면을 살펴보시기를 바랍니다."

그러자 임금은 비로소 허적 부자를 의심하여 별군직 이입신과 어영장 박빈을 비밀히 불러서 복선군과 허적 부자의 사생활을 살피라고 명했다. 그들은 어느 날 새벽 찬 서리를 맞고 떨면서 복선군의 궁 행랑채 아궁이 앞에서 불을 때는 궁비 앞으로 갔다. 그들은 손을 쬐며 말을 붙였는데 의외로 이곳에서 이상한 말을 들었다.

"손끝은 왜 그렇게 다쳤소."

"바느질이 많아서 바늘에 찔린 것이 덧났답니다."

"혼수 바느질을 했소?"

"무엇에 쓸 것인지 몰라도 군복 백 벌을 한 개의 가위로 본 떴답니다. 그리고 꼭 밤에만 짓는 거예요. 거의 끝났는데 또 몇 백 벌을 만들지 모른다고 하니 바느질이 걱정입니다."

"그러면, 그것은 모두 궁대감께서 하시나요?"

"아니에요, 어느 정승의 아드님이라나. 그분께서 옷감을 가져오는데 꼭 밤에만 왔다가 돌아간답니다."

이입신은 그날 아침, 이것을 도맡은 김석주에게 낱낱이 고했다. 이날 영의정 허적의 집에선 조부 허잠이 충정공의 시호를 받는 날이었다. 아침부터 사당에 차례를 지내고 원근 친척과 친구들을 청해 잔치를 열게 되었다. 그런데 아침 후에 갑자기 비가 내려 잔칫집은 엉망이 되었다. 그렇다고 연기할 수도 없어 그대로 진행했다. 우선 비를 막을 수 있는 차일을 궁에서 빌려서 쳐 놓고 빈객들을 대접했다.

이때 임금은 비가 오는 날 잔치를 치르는 영의정 허적의 집일을 생각하여 차일을 내주라고 했다. 그때 옆에 서 있던 내시가 아무 생각 없이 벌써 빌려갔다고 아뢰었다. 젊은 임금은 자기 승낙도 없이 가져간 것에 기분이 나빴다.

그 순간 허적에 대한 의심이 들었다. 이때 김석주가 급히 입궐하여 이입신이 내탐한 정보를 아뢰었다. 그러자 임금은 곧장 무감을 허적의 집에 보내 빈객들을 조사케 했다.

게장 속의 꿀

숙종은 아들을 얻지 못하다가 소의였던 장씨에게 왕자 균(경종)을 얻었다. 1689년(숙종 15년) 정월 왕자 균을 원자로 봉하고 소의 장씨는 희빈에 오른다.

이때 세자책봉을 반대하는 상소를 올린 송시열은 유배되어 사사(임금이 독약을 내려 자결하게 함)되었고, 나머지 서인들 역시 유배되면서 권대운 등 남인이 정권을 잡았다. 남인의 상소로 인해 같은해 5월 숙종이 인현왕후 민씨를 폐출시키고 희빈 장씨를 왕비로 승격시켰다. 그러자 서인 박태보 등 80여 명이 반대하는 상소를 올렸다가 형벌을 받았다.

이렇듯 인현왕후 민씨 일족과 그 일파가 전멸되고 장희빈은 왕비로 책봉되었다. 덕분에 그녀의 아버지 장현을 옥산부원군에, 어머니 윤씨를 파평부부인으로 봉했다. 시정잡배 출신 그녀의 오빠 장희재는 어영대장이 되었다. 장씨는 자기의 세상을 만났다. 숙종은 장씨의 말이라면 듣지 않는 말이 없었다. 임금은 이름만 가지고 있는 허수아비에 불과했다

1694년(숙종 20년) 서인 김춘택 등이 또다시 인현왕후의 복위운동을 일으켰다.

숙종은 인현왕후의 폐출을 후회한 나머지 남인을 몰아내고 인현왕후를 다시 복위시킨다. 이때 인현왕후의 나이는 28세였고 임

금은 34세였다.

이때 장씨는 자연적으로 희빈으로 강등되었다. 그렇지만 장희빈이란 예전 작호 그대로 사용하게 되었지만 조그마한 초가집에서 처량한 생활을 보내게 되었다.

그러나 장희빈은 자기 분수도 모르고 오히려 민비에 대해 미안함과 자기 죄과에 부끄러움을 깨닫지 못했다. 그는 또 민중전과 최숙빈을 욕하고 저주하면서 복수를 다짐하고 있었다.

민비가 환궁한 지 어느덧 팔 년이란 세월이 흐른 뒤 잔병이 생겨 자리에 눕는 날이 많았다. 어느 날 병세가 회복되어 기동을 하자 최숙빈이 구미를 돋워드린다고 어렵사리 게젓을 구해 갖다가 바쳤다. 그러자 민비는 이렇게 말했다.

"최숙빈, 게장이 유난히 달구나. 이렇게 맛좋은 게장은 난생 처음 먹어보네."

최숙빈은 왕비의 말에 너무나 기뻐 사람을 시켜 싱싱한 게젓이 삭는 대로 들여오라고 했다. 그런데 왕비는 새로 가지고 온 게젓을 먹고 별안간 정신을 잃고 쓰러졌다. 그러다가 두어 시간 후 왕비는 세상을 떠나고 말았다. 그러자 임금을 비롯한 모든 측근들은 의심을 하기 시작했다. 최숙빈 또한 게장이 의심스러워 맛을 봤다. 죽기 전 왕비의 말처럼 게장의 단맛이 이상스러웠다. 어느 누가 틀림없이 게장 속에 꿀을 넣었던 것이다. 최숙빈은 곧 바로 게장이 궁중에까지 들어오게 된 과정을 조사했다.

이 게장을 수라간에서 편전까지 김나인이 올렸는데, 편전에서 최숙빈이 몸소 미음상을 만들어 김나인에게 시켜 올렸던 것이다. 최숙빈은 곧 김나인을 가두어 놓고 임금에게 아뢰었다.

임금은 즉시 친국을 시작했다. 금부나장이 곤장을 때리자 순순히 자백했다. 김나인은 장희빈의 사주를 받았던 것이다. 임금은 곧바로 장희빈에게 사약을 내렸다.

이때 장희빈은 사약을 받아놓고 나인을 궐내로 보내어 죽기 전에 세자를 만나게 해달라고 했다. 이 말을 들은 세자가 애걸복걸하자 늙은 내시와 함께 장희빈에게 세자를 보냈다. 세자가 장희빈을 보자 눈물을 흘리면서 어머니라고 부르자 달려들어 통곡했다.

그러나 정신이 나간 장희빈은 쏜살같이 세자의 급소를 잡은 후에 죽으라며 아래로 당겼다. 세자는 비병을 지르며 기절하자 옆에 있던 사람들이 달려들어 장희빈을 떼어놓았다. 세자 일행이 돌아가자 장희빈은 약사발을 내동댕이친 후 대청마루에 줄을 매어 자살했다.

세자는 차차 기운을 차리고 기동했지만 급소를 다친 상처로 걸음걸이가 내시처럼 되었다.

그 이듬해 9월 30일 인현왕후의 상이 끝나자 대신들은 임금에게 다시 왕비 간택을 고했다. 이때 서인들은 노론과 소론으로 분파되어 세력다툼을 하고 있었다.

그래서 임금은 외척과 당파싸움의 폐해를 뼈저리게 느껴 이들과 상관없는 곳에서 왕비를 찾았다. 임금은 경주 김씨 김주신의 16세의 딸을 왕비를 삼았는데 이 사람이 인원 김씨였다. 김주신은 친척들이 소론이었지만 그는 어떠한 당색을 가지고 있지 않았기 때문에 임금은 그의 집을 택했던 것이다.

세자는 16세 때 병중인데도 불구하고 청송부원군 심호의 18세의 딸을 세자빈으로 맞았다. 따라서 인원왕후보다 두 살 위가 되었다. 숙종 31년 가을부터 동궁의 병이 나아지자 임금은 국정을 대리시키고 스스로 물러났다. 그렇지만 아직 왕위에 오르기도 전이었는데 제일 왕자를 싸고돌던 남인들이 다시 준동하기 시작했다. 그러자 서인들 역시 가만 있지 않고 밤과 낮을 가리지 않고 계략을 꾸몄다.

그러나 사이가 좋은 제일왕자 연영군과 제이왕자 연잉군은 형제간이지만 계파들의 세력다툼에 휘말려 또 한번 형제간의 싸움이 일어났다.

동궁이 국정을 대리로 맡은 지 어언 4년이 지나간 경자년, 숙종은 병세가 악화되면서 6월 8일 60세의 일기(재위 46년)로 세상을 떠났다. 그 뒤를 이어 동궁이 즉위하니 이 분이 경종이다.

궁중의 복수혈전

4년간의 국정 경험을 얻은 경종이지만 원래부터 병약해 병석에 눕게 되면 정신이 흐려졌다가 병석에서 일어나면 호전되곤 했다. 따라서 대소사건을 승지, 사관, 주서들에게 맡기는 경우가 많았다. 이러다보니 국정이 침체해지고 혼탁해지는 것은 당연했다.

이듬해 신축년은 경종 원년으로 신왕의 환후가 점점 나빠지자 무엇보다 국본을 내세우는 일이 급하다는 의논이 대두하게 되었다.

그래서 우의정 조태구를 제외한 노론파 대신들이 문무백관들을 거느리고 궐내에 들어와 합문 밖에 엎드리며 세제를 동궁으로 책봉하라고 했다. 그러자 반대파의 반대로 큰 참극이 일어났다.

경종이 동궁시절 때 세자빈 단의 심씨는 아깝게도 16세를 일기로 세상을 떠난 후 그 이듬해에 어유구의 딸을 계빈으로 맞아들였다. 어유구는 자신의 위치를 최대한 살려 외척의 이해득실을 밝힘과 동시에 궁중의 분위기를 잘 이용하는 인물이었다.

따라서 노론의 영수며 재상인 김창집은 그의 모든 것을 감시하기 위해서 그의 집에 밀정을 들여보냈다. 밀정은 그의 매부 김순행이었다. 그 결과 어유구가 경종이 아들을 낳을 가망이 없음을 기화로 소론들과 한패가 되어서 종친 중에서 적당한 아이를 골라서 세자를 책봉한다는 것을 알게 되었다.

이렇게 되면 제이왕자 연잉군을 옹호해 오던 노론 당파의 몰락은 불보듯 뻔했던 것이다. 더구나 최근 들어 경종이 양자 문제를 내세우는 것은 어유구 일당의 음모라는 것까지 알게 되었다.

마침내 노론파인 영의정 김창집, 좌의정 이건명, 판중추부사 조태채 등이 이조판서 이의현, 호조판서 민진원, 병조판서 이만성, 형조판서 이관명, 공조판서 겸 훈련대장 이홍술, 한성판윤 이우항, 대사헌 홍계적, 대사간 홍석보, 도승지 조영복 등과 함께 동궁 책봉을 주청했다.

이것은 자신들의 선배 동지인 이이명이 일찍이 선왕으로부터 간곡한 유언을 받았는데, 그 유언을 받들겠다는 충의로써 일어났던 것이다. 그러면 숙종의 유언이란 무엇일까? 숙종 34년 8월 어느 날 숙종은 자신이 병세가 악화되자 우의정 이이명과 독대를 했다.

그때 임금은 이이명에게 동궁이 병이 많아 제이왕자를 동궁으로 바꾸겠다고 했던 것이다. 그러나 이이명은 인정과 의리를 생각해 병약할지언정 자신들이 보필하면 괜찮다며 반대했던 것이다. 그러자 임금도 동의해 다음 날로 세자를 대리청정하게 했다.

하지만 이이명이 억지로 대리청정하게 했다고 반대파들은 떠들어댔다. 안산 고을에 은퇴해 있던 원임영중추부사 윤지완은 소론의 영수로서 당년 90세 노인이었으나 이 소문을 듣고 크게 분노했다.

그는 즉시 관을 짜서 이끌고 서울로 올라왔다. 그러나 소문과는 달리 이이명이 왕위를 제이왕자에게 옮기려는 전제의 행동이니 그대로 둘 수 없는 일이었다. 그래서 여론을 일으키고 상소를 올렸다. 그러자 임금은 이렇게 답했다.

"이이명이 한 것이 아니라 동궁에게 대리청정을 시키자는 것은 나의 병세를 염려해서 내가 한 것이다. 또 동궁에게 대리청정을 시킬 바에는 병약한 동궁보다는 튼튼한 연잉군을 동궁으로 봉하겠다고 했다, 그러자 이이명은 도리어 인정과 의리상으로 차마 큰왕자를 버릴 수 없다고 도리어 동궁을 두호했던 바이다.

더구나 승지와 사관만 없었지 측근들이 모두 옆에 있었는데 독대라는 것이 말이 되느냐? 다른 풍설을 듣고 경솔한 행동을 취한 것을 보니 답답하기 그지없구나."

4년 후에 동궁이 임금으로 즉위했지만 병세가 무거워지자 대신들이 나라를 걱정해 과거 숙종이 제이왕자를 부탁했던 유지를 좇아서 왕세제로 동궁을 책봉하려는 것은 잘못된 것이 없었다. 그러나 형당인 소론파들은 이 일을 옳지 않다며 그것은 도리어 환후 중에 있는 군왕의 지위를 엿보는 것이라고 주장했다.

원래 영의정 김창집과 여러 신하들이 연좌 시위할 때, 우의정 조태구가 빠져 있었다. 그 까닭은 그가 있으면 반대해서 방해가 되기 때문에 그가 고향으로 내려가 있는 동안을 택했던 것이다.

그 후 조태구가 서울로 돌아와서 모든 것을 알게 되자 그는 본격적으로 소론들과 손을 잡고 세제 동궁책봉 문제를 반대했다. 그러자 임금은 이렇게 대답했다.

"상소한 것을 깊이 생각해 본 후 신중히 처단할 것이니 아직 기다려라."

이 비답을 불경에 가까운 일이라 생각한 부원군이 유구와 함께 왕비 어씨를 움직여 임금에게 양자를 들여 동궁으로 세우라고 했다. 그러나 임금은 이 말에 대답하지 않고 왕대비 인원김씨가 이 말을 듣고 노했다.

"효종과 태종 이래 그 혈통이 계승되는 왕실이요. 또 임금의 춘추가 아직도 젊은데 누가 양자를 의논하며, 만일 무슨 변고가 있더라도 선왕의 혈통이 또 한 분 있지 않소. 그래서 혈통이 이어질 것인데 왜 망령된 말들을 한단 말이오?"

이런 인비의 말이 전해지자 형당들은 잠잠해지고, 왕대비의 주장대로 왕세제가 동궁에 책봉이 되었던 것이다. 그러나 그 해 10월 12일에 조성복이 또 상소를 올렸다.

'상감께서 나날이 환후가 나빠지시고 그로인해 나라의 일이 지체되고 있습니다. 따라서 왕세제께서 이미 동궁에 책봉되었으니 가만히 앉아서 환후가 좋아지는 것을 기다릴 것이 아니라 동궁에게 국정을 대리청정케 하심이 당연한 줄 아옵니다.'

이것으로 조정은 또다시 소란해졌다. 이때 경종은 병세가 악화되어 무슨 일이든지 무조건 귀찮았던 것이다. 그래서 이런 상소가 임금으로선 무척 반가웠던 것이다. 또한 경종은 아우를 매우 사랑하고 믿고 있었다. 임금은 다음 날 이렇게 명을 내렸다.

'나의 병세가 한결같아 회복될 가망이 없고, 나라의 일이 침체되어 하루가 바쁘니 왕세제에게 국정을 대리케 하겠다.'

그러자 조정은 갑자기 술렁거렸고 이와 함께 소론 재상들은 큰 변이 난 것처럼 불안에 떨었다. 그 이유는 지금까지 임금을 섬겨왔던 처지로서 너무나 억울했던 것이다.

그래서 전왕 숙종의 유지를 내새워 부당함을 내세웠지만 불운하였다. 이렇게 되자 소론파의 양자책립 계획은 무너지고, 노론파에서 옹호하던 세제 추대계획이 이루어진 셈이다.

이때 조태구가 한밤중에 갑자기 내전에 들어가 임금을 만날 것을 청했다, 그러자 입직승지가 실례가 된다며 거절했다. 조태구는 승지가 아니라 노론파 정승은 마음대로 소대를 허락하고, 소론 정승에게는 불허하라며 방어를 쳐둔 노론파의 행패가 괘씸했던 것이다.

그래서 그는 무감을 시켜 이 뜻을 곤순전에 아뢰었다. 그러자 왕비 어씨는 조태구라 하면 부친의 동지인 것을 알고 있어, 곧 임금의 침전으로 가서 이렇게 아뢰었다.

"상감마마, 지금 좌의정 조태구가 시급한 일로 한밤중인데도 불구하고 입궐을 했는데 건방진 입직승지가 들이지 않는다 하옵니다. 군신지간을 이와 같이 막는 자를 치워버리시고 곧 좌의정을 인견하옵소서."

경종은 병세가 더욱 악화되어 정신이 시시각각으로 변하는 때에 이 말을 듣고 화를 내며 말했다.

"저런 무엄한 놈이 있나. 대신이 과인에게 급하다고 왔는데 왜 길을 막는단 말이냐. 여봐라! 입직승지 놈을 불러들여라."

조금 후에 조태구가 들어왔지만 임금은 그의 말까지도 물리치고 듣지 않았다.

이때 김일경이라는 사람이 있었다. 그는 노론인 광성부원군 김만기의 조카뻘로 그의 집을 출입했다. 그는 문장과 변론이 뛰어나고 지략이 있어 후대를 받아 노론에서 인정받을 뻔했다. 그러나 그의 본심이 흉악무도해 배척당했다. 이것을 계기로 김만기에게 감정을 품고 소론의 거두 이사상, 유봉휘 등을 찾아가 아첨했다.

김일경이 영변부사 때 궁중 장번내시 박상검이 영변 출신으로 그 세력이 막강한 것을 알고 그의 일족을 잘 보살펴 주었다. 그 후 김일경이 서울로 돌아와 박상검의 집을 드나들게 되면서 친한 사이가 되었다.

이때 박상검은 장희빈의 득세에 힘입어 남인과 소론들에게 충성을 바쳤다. 이사상, 유봉휘를 가르치던 김일경은 그들을 통해서 소론들과 친해졌고 조태구와도 친분을 쌓았다.

소론은 김일경을 통해 박상검을 움직이고, 박상검은 그의 심복인 내시 문유도를 통해 나인 석렬, 필정 등을 시켜 궁중과 연락을 했다. 이러한 조직을 기반으로 한 김일경은 이진유 등 여섯 사람의 동지와 함께 상소문을 올렸다.

'네 명의 대신이 왕세제 대리청정을 건의하지 않는 것은 그들이 그 일을 일찍부터 권계하려고 했기 때문입니다. 그들이 이런 권계를 하려는 뜻은 틀림없이 왕세제를 추대해서 왕위를 엿보려는 흉계이옵니다. 그 흉계를 사전에 밝혀서 다스리옵소서.'

이런 상소를 올린 김일경은 다시 목호룡 같은 늙은 원로를 시켜 또다시 네 명의 대신을 성토하는 상소를 올리게 했다. 이것은 이진유의 상소를 더욱 힘 있게 밀어 주었다.

이때 임금의 병세가 더욱 위중하여지자 이 상소문을 박상검은 나인 석렬을 시켜 왕비께 올리게 하였다. 왕비는 이 글을 보고 신임하는 박상검에게 처리 방법을 물었다. 그러자 박상검은 왕비에게 자기의 의견을 말했다. 왕비는 즉시 병석에 누워 있는 임금도 알지도 못하는 사이에 4대신의 관직을 삭탈하고 하옥시켰다.

그날로 최석항이 위관이 되고 남인 심단이 금부당상이 되고 소론 이삼이 포도대장이 되어 마음대로 4대신을 형살시키고 이와 연관하여 노론과 한편이 되었던 자들을 모조리 죽이고 내쫓았다. 이 일은 경종 원년 신축년부터 그 이듬해 임인년까지 일이 난 사건으로 '신임무옥' 이라고 한다.

이 사건 이후 노론 조정 대신 영의정에 조태구가, 좌의정에 최규서가, 우의정에는 최석항이 되면서 모든 육조판서가 소론으로 돌아갔다. 다시 말해 갑술년 장비 폐출 이전의 소론시대로 돌아간 듯했다. 그러나 소론들이 두려워했던 것은 왕세제의 존재였다.

그가 즉위하면 반드시 노론이 다시 일어날 것이라고 생각해 이번 기회에 뿌리를 뽑아버리자고 했다. 그 때 총대를 멘 사람이 목호룡과 김일경이었다. 이들은 조태구, 최규서, 최석항과 함께 새로운 음모를 꾸미기 시작했다.

먼저 임금 가까이 있는 석렬과 필정에게 사주해 임금과 왕세제 사이를 이간시켰으며, 세제를 동궁 처소에 구금시킨 것이었다. 그러던 어느 날 왕세제는 답답함을 참지 못하고 미친 듯이 처소를 뛰쳐나와 왕의 침전으로 달려갔다. 이를 본 내시 석렬이 말리던 중 입직승지 김일경과 환관 박상검이 나와서 세제의 팔을 잡아끌었다.

동궁으로 돌아온 세제는 이를 갈았다. 이때 동궁을 모시고 있던 설서 송인명이 충심으로 세제를 위로했다. 그는 세제가 굶어 죽던가, 아니면 간신들의 모해로 화를 입을 것이라고 생각했다.

어느 날 송인명은 세제에게 힘을 내라며 저녁식사를 든든히 들게 한 후 한밤중에 세제를 목마에 태워 담을 넘게 했다. 이렇게 해서 세제는 대비의 처소로 갈 수가 있었다. 세제는 대비를 보자 눈물을 쏟으며 통곡했다. 대비도 역시 목이 메어 울면서 때가 있으니 그때를 기다리라고 했다.

그러나 이것을 알게 된 김일경과 그 일당들은 세자가 빨리 동궁처소로 돌아가기를 간청했다. 그러자 대비는 들어내놓고 김일경과 박상검 등을 호령하여 물러가게 했다.

그러다가 경종은 병을 이기지 못하고 재위 4년 후인 갑진년 8월 25일에 세상을 떠났고, 그 동안 구박을 받아온 왕세제가 왕위를 계승했다. 이가 바로 조선 21대 임금인 영조로 나이가 31세였다. 세상은 또다시 변화를 맞았다. 영조는 당파로 인해 그동안 휘둘린 왕실과 희생당한 대신들을 생각하면서 당파를 없애겠다고 마음먹었다.

따라서 영조는 즉위 즉시 붕당을 타파하기 위해 탕평책을 역설한 돈유(교지를 내려 정승이나 유학자가 노력하도록 권하던 임금의 말)를 정원과 원로대신들에게 내렸다. 따라서 삼상육경이 모두 소론이었던 것을 탕평책의 일환으로 노론의 홍교중을 영의정, 소론의 조문명을 우의정, 좌의정은 남인 가운데서 등용했다. 나머지 육경도 탕평책을 썼다.

또한 영조는 일생의 의혹으로 생각하던 신임무옥 사건을 재조사하겠다며 과거의 모든 기록을 가져오라고 했다. 그러나 수 년이 지나간 사건이라 새삼스럽게 바로잡는 것은 무척 어려웠다.

이때 수백 명의 생명을 무고로 빼앗은 김일경 일당들은 하루하루 지내기가 바늘방석이었다. 그렇지만 김일경과 일당들은 천연덕스럽게 과거의 일을 덮자고 아뢰기까지 했다. 그러자 영조는 멈추지 않고 재조사를 한 후 김일경, 박상검, 문유도, 석렬, 필정 등을 체포해 옥에 가두고 추궁했다. 그 결과 모두 임금을 속여서 충신과 열사를 애매하게 죽였다는 것이 밝혀졌다.

더구나 충의 있는 정승들을 한꺼번에 세 사람이나 죽인 것에 무척 안타까워했다.

화가 난 영조는 김일경 일당과 그의 여당이 되는 이인좌의 도당까지 처단했다. 이후 신임사화로 사형에 처했던 김창집, 이건명, 조태채 등을 복권시키고 관작을 추증했다.

용안에 깃들인 화해무드

영조의 생모는 궁녀의 심부름을 하던 최소녀라는 천한 여자였다. 따라서 영조는 선천적인 열등감에서 자란 탓에 성격 형성에 문제가 있었다.

영조

연잉군(영조)은 이복형 경종의 무능함과 자신을 지지한 당파 덕택으로 왕세제가 되었다. 하지만 이것으로 인해 소론에서는 즉위 후에도 실력으로 폐왕시키려고 반란까지 일으켰다.

영조 원년, 임금 자리를 노리던 왕족들과 소론파들은 뒤에서 영조를 쫓아낼 음모를 진행시키고 있었다. 지난날 연잉군이 왕세제로 책립되는 순간 맨 먼저 경종에게 반대 상소를 올렸던 유봉휘가 귀양을 갔다. 그때 경종의 병세가 악화되자 소론파의 조성복이 동궁에게 섭정을 시키자며 상소했고, 이어 경종은 동궁에게 국정을 맡겼다.

그런 후 영의정 김창집과 최석항이 왕에게 상소를 올려 거사를 음모했다고 하여 조성복을 진도로 귀양 보냈다. 그러자 소론파에서는 계략을 꾸며 노론파의 김창집과 이이명, 조태채 등을 귀양 보낸 후 조성복을 복귀시켰다.

연잉군이나 밀풍군 중 누가 임금이 되건 백성들에겐 상관없었다. 하지만 노론파는 연잉군을 밀고 소론파는 밀풍군을 미는 것은 자신들의 권력을 유지하는데 뿐이었다.

따라서 당파싸움에 신물이 난 영조는 당파싸움을 금하려는 탕평책으로 노론파의 원한은 어느 정도 풀어졌지만 소론파의 불평은 더욱 격화되었다. 김일경의 아들 김영해, 목호룡의 형인 목시룡의 패거리들은 영조를 원망하면서 반란 음모를 꾸며 영조 4년에 반란을 일으켰다. 그들은 이유익과 조덕징, 성사 후에 임금으로 추대할 밀풍군을 충동질했다. 그런 후 조덕징은 한세홍과 함께 청주로 내려가 거짓으로 이인좌를 충동해 반란군의 대원수로 추대하겠다고 권했다.

그러나 이들의 반란음모를 사전에 알게 된 봉조하와 최규서가 궁중으로 달려가 왕에게 알렸다. 그러자 왕실과 조정에서는 반란군 진압에 대한 긴급대책을 세웠다.

반란군들은 서울 장안에 격문 등을 붙이고 유언비어를 퍼뜨렸다.

'지금 영조는 어미가 없는 가짜 임금이다. 왕대비 명령으로 남원군을 모시려는 의병이 일어난다.'

드디어 청주에서 반란이 일어났다. 이인좌가 반란군의 대원수를 자칭하고 청주병영을 점령했던 것이다. 따라서 조정은 양성, 진위, 안성, 용인의 수령을 무관으로 대체했다. 그런 후 병조판서 오명항을 사로도순무사로 임명하고 박찬신을 중군 사령관으로 파견했다.

관군은 안성에서 반란군과 맞서 선봉장 박종원의 목을 베고,

이인좌와 청주목사를 자칭하던 권서봉을 사로잡았다. 반란이 진압되고 이인좌를 비롯한 주모자 60여 명은 참형을 당했고, 밀풍군은 일 년 후에 사약을 받았다. 이때 승병과 함께 이인좌를 사로잡은 농민 신길만은 그 공으로 일약 동지중추부사가 되었다.

영조는 이번 반란의 원인이 노론과 소론의 당파싸움에서 생겼다며 안타까워했다. 따라서 탕평책으로 화해를 시켰다. 임금은 양파의 거두를 불러 좌우에 앉히고 친히 두 손으로 그들의 손을 잡았다.

"이제부터 경들과 경들의 동지는 오늘부터 분쟁을 벗어던지고 나와 손을 잡고 국사에 함께 힘씁시다. 나도 앞으로는 어느 당파를 두둔하지 않고 능력과 충성만을 믿고 등용하겠소."

그들은 시원한 대답 대신 상소하겠다고만 했다. 그러자 영조는 웃으면서 지금 당장 화해를 약속하지 않으면 끝까지 손을 놓지 않겠다고 했다. 그러나 그들은 협력을 거부했다. 그러나 왕의 끈질긴 설득으로 한 달 동안만 함께 조정에서 일한 후 결정하겠다고 했다.

물론 이후에도 당파싸움은 그치지 않았는데 오직 우의정 송인명과 명어사 박문수만이 영조의 탕평론을 지지했다.

앞에서도 언급했지만 영조는 열등감 속에서 자란 탓에 성격이 편향되어 있었다. 따라서 영조는 친아들 사도세자를 어릴 때부터 냉대와 멸시로 대했고 결국 정신병자로 만들었다. 그 후 사도세자를 뒤주 속에 가두어 죽인 사건까지 일어났다.

영조가 재위 중 남긴 업적은 당파싸움을 엄금한 고집과 생모에 대한 지극한 효성이었다. 최씨는 죽은 후 양주 고령산 기슭에

묻혔지만 묘지는 초라하기 짝이 없었다.

당시 영조는 생모에 대한 예우를 거론했다가 궁중예법을 들먹이며 대신들이 반대를 했다. 따라서 부모에 대해 효도하지 못한 신세한탄으로 나날을 보낸 영조는 20여 년의 집권으로 얻은 배짱으로 명을 내렸다.

"경들도 친가나 외가에 대한 예의를 지키는 사람들 아니오? 내 체면으로도 죽기 전에 외가에 대해서 벼슬을 추증해야 되겠소."

"상감마마, 상감의 지극하신 효성엔 감복하지만 이것은 궁중예법과 선례에 그런 사례가 없사옵니다."

"허~어. 사람이 날 때부터 노론과 소론으로 구분되는 것이 아니잖소. 내가 돌아가신 분에게 벼슬을 추증하고자 하는데, 뭐가 불만이오?"

"황공하옵나이다, 상감마마. 상감의 분부대로 하겠사옵니다."

영조의 강제 명령에 하는 수 없이 책임을 지지 않겠다는 태도로 대답했던 것이다. 더구나 대신들은 높은 관직은 안 된다고 했다. 이에 화가 난 영조는 이렇게 말했다.

"경들은 들으시오. 외조부께는 영의정, 외증조부께는 좌찬성, 외고조부께는 이조판서를 추증하겠소."

대신들도 속으로는 무척 못마땅했지만 명령대로 추증 수속을 했다. 아울러 영조는 생모의 묘를 능으로 봉하라고까지 명령했다. 그러나 봉능 문제는 왕실의 예법과 선대왕 재위 때 없던 일이라며 난색을 표명했다. 그러자 영조는 화를 벌컥 내며 말했다.

"과거에 광해군도 모친을 봉능한 예가 있었고, 연산군도 폐비를 봉능하지 않았느냐."

그러나 대사헌은 그렇게 하면 뒤에 불길한 징조가 나타서 왕실이 좋지 않다고 아뢰었다. 그러다가 몇 년 후 다시 생모의 봉능을 요구했다. 이때도 대신들은 반대했다.

그러나 영조는 끝까지 고집을 부려서 반대하던 대신들의 주장을 꺾고 타협하는데 성공했다. 그것은 능이 아닌 원이었다. 그렇지만 영조도 30년의 소원이 이루어져 기쁜 마음으로 대신들에게 말했다.

"이제 내가 성묘할 면목이 섰소이다."

생모의 묘지를 소녕원으로 승격시키고 묘문과 정자각도 세웠다. 원이라고 하지만 다른 능 못지않게 건물과 석물을 세우고 참배 후에 친히 비문을 써서 각자한 큰 비석까지 세웠다. 생모의 묘소에 처음으로 참배한 영조는 이렇게 울먹였다.

"제 생전에 능으로 봉해 올리겠습니다. 조금만 기다려 주십시오."

그러나 그 후에도 능으로는 승격시키지 못했다. 영조는 능으로는 대우하지 않으려는 소론파의 완고한 반대에 대한 반발로 어떤 능보다도 치산을 잘 하고, 능참봉에 대한 대우도 후하게 했다. 따라서 원소 부근의 산림도벌을 엄하게 했기 때문에 소녕원의 경치가 좋아지고 명승지로서의 품위를 갖추었다.

하지만 농민들은 원소의 나무를 몰래 베어다가 때거나 집도 짓거나, 관상목은 몰래 캐어서 서울로 가져가 정원수로 팔았다. 영조는 소녕원의 나무를 훔치는 자는 엄벌에 처하라고 명했다.

어느 봄날 아침, 영조는 홀로 궁을 나와 서대문 밖을 산책하고 있었다. 이때 시골 농부가 지게에 지고 온 싱싱한 향나무를 내려놓고 살 사람을 기다리고 있었다. 영조는 그 향나무를 궁중 정원에 심고 감상하고 싶어졌다.

"여보, 그 향나무를 팔 거요?"

"첫손님이니까 싸게 들여가십시오. 이 향나무는 양주 고령산에서 캐온 것입니다."

영조는 양주 고령산에서 캐왔다는 말에 얼핏 생모의 소녕원이 떠올랐다. 그래서 이렇게 떠보았다.

"아~, 양주 고령산에서 난 향나무요."

"예, 고령산 밑에는 유명한 소녕능이 있지 않습니까?"

영조는 시골 백성들이 조정대신들이 까다롭게 따지는 소녕원을 당연하다는 듯이 소녕능이라고 부르는 것이 반가웠다. 그래서 농부가 부르는 대로 값을 주겠다고 선뜻 흥정했다.

"자~ 우리 집으로 지고 갑시다."

"알겠습니다. 그런데 생원님 댁은 어디신지요?"

영조는 향나무를 진 농부를 데리고 경희궁으로 들어갔다. 그러나 농부는 경희궁으로 따라 들어가면서도 어떤 대감댁이려니 했다. 이때 관복을 입은 사람들이 황급히 나와 공손히 생원을 맞아들이는 것이 이상스러웠다.

"이 향나무를 받아 두고 나무장수는 행랑방에 기다리게 하라. 그리고 조반을 대접하여라. 나에게 귀한 손님이니라."

영조의 말에 관원과 하인들은 행랑방이 아닌 다른 방으로 안내하여 좋은 반찬으로 아침을 대접했다.

"저~ 나리, 이 댁이 뉘 대감님 댁이오?"

"댁을 귀한 손님이라고 하셨는데 그분을 모르시오?"
"잘 모르는뎁쇼."
"여기는 경희궁이고, 아까 그분은 상감마마십니다."
"헉! 상감님이라고요!"
농부는 깜짝 놀라 벌벌 떨었다.
"나리, 저는 소녕능 근처에 사는 농부입니다. 저 향나무는 능림에서 캐어 온 것이 아닙니다."
"좌우간 기다려 보시오. 상감께서 무슨 분부가 계실 테니까."
이때 생원이라고 부른 영조가 용포를 입고 고관들과 함께 왔다. 농부는 얼른 땅바닥에 엎드리며 말했다.
"나랏님을 못 알아뵙고 생원이라는 불경한 말을 올렸습니다. 그 죄는 달게 받겠습니다만, 저 향나무는 소녕능 능림에서 캐온 것이 아닙니다."
"걱정하지 말고 향나무 값이나 받아라."
영조는 시관이 준비해 온 묵직한 전대를 농부에게 내주었다. 그것은 나무 값이 아니라 소녕능이라고 한 말에 대한 상금이었다. 그리고 이렇게 말했다.
"그대는 충성되고 정직한 인물이구나. 그럼 소녕능 참봉을 시키겠으니 능을 잘 지켜서 충성을 다하라."

부자지간도 원수라

영조에게는 중전인 정성왕후 서씨와 계궁인 정순왕후 김씨가 있었다. 정성왕후가 자식을 남기지 못하고 승하하자 66세인 영조는 빈궁과 귀인을 제치고 정실인 중전을 맞아들이려고 했다.

그러자 대신들은 늙은이가 여자를 밝힌다며 못마땅해 했다. 더구나 권력을 잡기 위해 어린 딸을 영조에게 준 김한구가 더 미친놈이라고 생각했다. 이때 아직 30세가 못된 젊은 몸으로 왕의 총애를 받아 옹주까지 낳은 문숙의의 질투가 무척 심했다. 문씨는 자기가 아들을 낳아서 왕모로 올라서려는 야심을 품고 있었다. 그녀는 왕과 사도세자와의 사이를 이간시키려는 당파싸움에서 주동적인 역할을 한 인물이었다.

특히 자기보다 어린 처녀가 자신의 천한 집안보다 문벌이 높은 재상집에서 들어오려는 것을 막으려고까지 했다. 그래서 온갖 아양을 떨고 있던 어느 날이었다.

"상감, 제 몸에 태기가 또 있는 모양입니다. 이번엔 꼭 왕자를 낳아서 상감을 기쁘게 해드리겠습니다."

"허~어, 그래? 이번엔 꼭 아들을 낳아라."

영조는 젊은 문씨의 탄력 있는 배를 이불 속에서 어루만지면서 기뻐했다. 이때 문씨는 영조에게 넌지시 말을 던졌다,

"상감, 효장세자는 일찍 세상을 떠났고, 지금 동궁(사도세자)은

공부는 않고 시정잡배들과 주색잡기에만 빠져 있사옵니다."

"그래, 나도 고민이구나. 그런데 내 나이가 칠십인데 아들을 낳을 수 있을지 모르겠구나?"

"마마, 정성마마가 승하한 이때, 저도 있는데 왜 계궁을 들여놓으시려 하세요?"

"질투하는구나. 신하들이 권하니까 생각 중일 뿐이야."

"상감, 저보다 젊은 처자를 중전으로 들여놓으시면 질투가 나옵니다."

"중전이 들어오건 말건 넌 내가 가장 귀여워하지 않느냐."

문씨는 이불 속에서 영조가 배를 만지면 힘을 주었고, 낮에는 치마 속에 솜뭉치를 넣었다. 이것은 왕이 계궁을 맞아하는 것을 중지시키려는 술책이었다. 이런 문숙의의 노력에도 불구하고 간신들은 중전의 빈자리는 왕실의 예의가 아니라고 주장했다. 하지만 마침내 김한구의 15세 딸을 정순왕후로 맞이했다. 그러나 영조는 정순왕후를 맞은 뒤에도 문숙의의 육체적 향락을 잊지 못해 종종 그녀를 찾아갔다.

태실 유적

그러던 어느 날 밤 영조가 찾아가자 문씨는 밥까지 굶은 배에 힘을 빼고 낙태했다고 말했다. 그러자 영조는 그녀의 꺼진 배를 확인했다. 문씨는 거짓말의 고통에서 벗어난 것에 대해서 환한 미소를 지었다. 더구나 왕의 동정과 사랑을 자신에게 집중

시키는데 성공했던 것이다.

"제가 상감의 사랑을 한몸에 받고 있지만 조정의 대신들은 상놈인 궁녀 출신이라며 저를 멸시합니다. 양반이 별건가요. 당파싸움이나 하고 백성의 재물과 나라재물을 도적질하는 놈들이잖아요."

"네 생각에 당파싸움으로 나라가 망할 것 같으냐."

"상감마마, 당파싸움 못하게 하는 묘안이 있습니다."

"그래? 어디 한번 들어보자."

"당파싸움은 상감의 명령이라도 고쳐지지 못합니다. 이것은 대대로 내려오는 원수지간이니까요. 그래서 당파와 관계없는 사람을 등용해야 합니다."

"나도 그렇게 생각하고 있지만 쉽지 않구나."

"양반들은 모두 당파에 속해 있지요. 그래서 당파와 관계없는 중인이나 상민들을 등용시키시면 그런 폐단이 없어질 것이옵니다."

이것은 중인과 상민에게 벼슬을 시킨다는 것은 뿌리 깊은 신분제도를 타파하는 혁명이다. 그러나 영조라도 쉽게 용단을 내리지 못했다. 그것은 현재 각파의 양반들과 전국의 유림이 단합해 봉기할 것이 뻔한 일이기 때문이다.

그러나 문숙의의 생각은 다른 것이었다. 그것은 친정 동생에게 벼슬을 주어 중인에서 벗어나 양반 대우를 받게 하려는 야심이다.

"상감마마, 가까운 예로 저의 아우에게 벼슬을 먼저 주세요. 제 친정 동생은 어느 양반집 가문 사람보다 학문과 인품도 잘 났습니다. 하지만 조상이 중인이고 제가 천한 궁녀 출신이라 양반들에게 천대를 받고 있지요. 따라서 그런 천대를 면하게 될 것입니다."

"그래? 네 친정 동생이 그런 인물이더냐."

"네, 상감마마. 대신들은 자신의 친척이라면 사돈의 팔촌까지 벼슬도 시키지요. 중인들도 양반의 족보에 넣어가며 돈으로 감투를 사지만, 저는 그런 짓을 할 수 없어 지금까지 상감께서 알아서 처리하실 때만 기다렸습니다."

"그렇구나. 내가 처남의 존재까지 몰랐구나. 그래 무슨 벼슬을 원하느냐?"

"단번에 대감까지 바랄 수는 없지 않습니까? 그러니 적당한 영감자리만 시켜 주세요."

"흠~ 그렇다면, 육상궁소감 자리가 어떠냐?"

문씨는 자신의 동생이 궁중에 자유롭게 출입할 수 있는 벼슬을 하게 되어 더욱 기뻤다.

문씨의 친정 동생 문성국은 글깨나 하는 청년으로서 장안의 호걸을 자처하던 유명한 건달이었다. 그는 장안의 건달과 깡패를 모아 육상궁에서 밤낮으로 도박과 술을 마셨다.

더구나 그는 문씨의 밀령으로 자왕파라는 소론을 잡아 죽이려는 무서운 밀정이었다. 이 소문이 장안에 퍼지자 소론파들은 술집에서 말을 함부로 하지 못했다.

소론파는 윤지의 반란이 실패한 후에 자신들의 희망을 사도세자에게 걸었는데 이것이 자왕파의 기초가 되었다. 이들은 일을 시작함에 있어서 유언비어를 조작하고 미신까지 이용했다.

그것은 황해도에 예언하는 생불이란 여자가 나타나 민심을 끌었던 것이 좋은 예이다. 당시 이 여자는 무당들에게 세자를 지지하는 선동을 생불의 이름으로 퍼뜨렸다.

첩보를 입수한 조정에서는 이경옥을 암행어사로 명하여 황해도로 파견시켰다. 암행어사는 허술한 옷차림으로 변장해 봉산의 어느 시골에서 생불이란 무당이 기도하는 것을 구경했다. 기도를 하러온 사람들에게 그 무당은 부자가 되게, 아들을 낳게, 벼슬을 하게 기도한 뒤에 이렇게 설법했다.

"벼슬을 하려면 늙은 세력을 없애버리고 젊은 세력이 일어서야 한다. 늙은 세력은 노망한 임금과 노론의 간신들이다. 젊은 세력은 왕세자와 소론의 중신들이다. 따라서 늙은 세력이 멸망하라고 기도를 해야 한다."

암행어사는 곧바로 황해감사와 각 읍의 수령에게 지시해서 무당들을 검거하여 엄하게 다스렸다. 하지만 민심은 더욱 흉흉해졌고 노망한 임금이라고 저주받는 영조도 불안감을 느끼고 있었다.

이때 사도세자가 반역을 갖고 있을 듯한 의심이 생겼다. 그것은 글은 읽지 않고 무술에 전념한 것이 변란을 준비하는 것처럼 보였던 것이다. 그러나 뚜렷한 증거가 없었기 때문에 자왕파인 소론을 경계했다.

문숙의와 내통하는 부왕파는 이것을 기회로 자왕파로 지목되는 소론파를 소탕하려고 했다. 이때 문성국은 영의정 김상로의 집을 밤중에 찾아갔다. 찾아간 이유는 영의정의 내탁으로 일을 하려는 다짐을 받고 싶어서였다. 또한 이런 중대한 문제가 조정에 상정되었을 때 영의정이 책임지고 증언하는 것을 노렸던 것이다.

다음 날 문성국은 궁중으로 달려가 누이 문씨에게 사도세자가 반역 음모를 꾸미고 있다며 고자질했다. 문숙의는 영조에게 밀고하면서 부자간을 이간질했다. 사실은 동궁의 반역심을 조장한 것은 동궁 측근의 소론들이다. 그러자 노론파는 그들을 능지처참해야 한다고 주장했다.

이런 공격을 받자 영부사 이천보와 우의정 민백상이 차례로 자결했다. 사도세자는 자신을 감싸주던 가신들이 이렇게 자결하자 마침내 실성한 사람같이 되어버렸다. 영조 37년 4월, 사도세자는 수명을 데리고 부왕 영조 몰래 평양으로 유람의 길을 떠났다.

그는 부왕이 언제 자신을 역적으로 몰아서 죽일지도 모른다는 공포감에서 해방되려는 생각에서였다.

세자는 산에 놀러갔다가 기생에서 여승으로 전향하여 수도하던 가선까지 농락했다. 세자는 평양에서 서울로 돌아올 때 그 동안 정들인 평양 미인을 5~6명이나 가마에 태워 가지고 몰래 돌아왔다. 이중에는 가선도 있었다.

사도세자는 영조로부터도 미친 자식으로 구박받아 온 지가 오래였고 영조를 극도로 무서워해 정신병 환자의 증세까지 나타났다.

영조 32년에 세자는 모친상을 당한 후 정신적으로 더 큰 타격을 받았다. 그 와중에 영조의 총애를 받는 후궁 문씨와 친정동생 문성국이 사사건건 세자를 고자질 했다.

이로 인하여 세자는 영조에게 인간 취급을 받지 못하고 울화병이 점점 심해 궁중의 내관들을 매질하거나 칼로써 궁중 비복을 찔러 죽이는 살인도 여러 번 저질렀다.

영조 38년 여름, 마침내 세자와 영의정 신만과의 사이가 극도로 악화되었다. 신만은 영조에게 세자에 대한 걱정을 여러 가지로 말을 올렸는데, 그것은 모두 세자의 잘못에 대한 선후책들이었다.

그래서 세자가 화를 냈지만 자신의 지위로서 영조의 신임을 받고 있는 영의정 신만에게 직접 화풀이를 할 수가 없었다. 그래서 그의 아들 영성위를 대신 잡아다가 죽인다고 별렀다. 영성위는 세자의 누이동생 화협옹주의 남편이었다.

아내의 눈물

영조 38년 윤5월 11일, 노론파의 행동대장인 중인 건달 나경언은 형조참의 이해중에게 중대한 밀고를 했다.

"요즘 세자께서 큰일을 꾸미신다는 소문이 있습니다."

"누구에게 그런 말을 들었나?"

"소인의 형인 액정별감 상언입니다."

"그렇지."

"세자께서 노망든 부왕을 몰아내고 임금이 되시려고 무슨 변을 일으키신다고 합니다."

이해중은 전 영의정이요, 세자의 장인 홍봉한에게 사실을 말했다. 그러나 홍봉한은 사위를 역적으로 고발할 수도 없고 난감했다. 필시 이것은 어떤 일파의 날조된 음해인 줄은 알지만, 그렇다고 사위를 두둔할 수도 없어 망설였다.

그래서 두 사람은 서로 책임을 미루다가 결국 이해중이 상소를 올렸다. 그러자 영조는 자신이 직접 조사하겠다고 했다. 여기서도 노론파와 소론파는 서로 반대 입장을 내놓았다.

5월 13일 이런 소문을 들은 세자도 죽을 각오로 혜경궁에게 비장한 마지막 편지를 보냈다.

'어젯밤의 소문이 심상치 않고 무섭소. 난 지금 죽을지 살지 모르겠소. 하지만 내가 죽어야지 세손의 목숨이 보전될 것 같소

이다. 그러니 이대로 죽는다면 빈궁을 다시 보지 못할 것 같소.'

혜경궁은 남편의 비장한 편지를 보고 천지가 무너지는 듯 아득했다. 한편 세자의 모친 선희궁도 왕실의 참변을 어떻게 해서든지 잘 수습하려 했다. 선희궁은 영조에게 눈물을 흘리며 아뢰었다.

"상감의 결심을 알기 때문에 더 이상 말씀드리지 않겠습니다. 동궁은 지금 제정신이 아닙니다. 병으로 그러니 어찌 책망하겠습니까. 처분을 하시더라도 부자지정으로 은혜는 베푸소서."

마침내 친국이 휘녕전에서 열렸는데, 사도세자는 그곳으로 끌려가기 전에 최후가 될지 몰라 세자비 혜경궁이 있는 덕성각에 잠시 들렀다. 그런 후 휘녕전으로 갔다. 혜경궁은 나인을 시켜 동정을 살피라고 했다.

친국의 장소는 살기가 돌고 있었다. 남태제를 지의금으로, 한익모를 판의금으로 임명했다. 그러나 모든 권한은 영조에게 있었다. 그리고 여러 대신들이 배석했다.

먼저 고변한 나경언의 증언을 듣기 위해 영조의 명에 따라 죄인 취급을 받으며 끌려나왔다. 그리고 태연한 어조로 입을 연 뒤 사건 내용을 상세히 기록한 고발문을 올렸다.

이때 세자는 홍화문 밖에 엎드려서 죄를 기다리고 있었다. 영조는 세자를 불러들이라고 명했다. 그러자 홍봉한은 영조에게 죄인 나경언을 잠시 물러나게 하자고 아뢰었다.

불려온 세자는 휘녕전 섬돌 아래 엎드렸고 영조는 노발대발하면서 국문을 했다. 이때 홍화문 밖에서 소년 세손이 문안으로 뛰어 들어와 아버지를 살려달라고 애원했다. 그러나 세손을 물리친 영조는 아들 세자에 대한 분노가 극도에 달했다.

한편 혜경궁은 남편이 처형되기 전에 먼저 세상을 떠나겠다며 칼을 들었지만 실패했다. 영조가 칼을 휘두르면서 세자에게 호령하는 소리가 들렸다. 그리고 세자가 겁에 질려서 애원하는 소리가 들렸다. 그러자 영조는 아주 미쳐 죽든지 자결하라고 한 뒤 보기 싫다며 나가서 기다리라고 했다.

세자는 휘녕전을 나와서 금천교에서 죄를 기다리고 있었다. 세자가 나간 뒤에 세자의 장인 홍봉한은 영조에게 조심스럽게 아뢰었다.

"상감마마, 불충불효한 무고로 부자지간을 이간시킨 나경언을 극형에 처해야 다시는 이런 일이 없을 것입니다."

"답답하시구려. 흉악한 죄를 고발한 충성된 백성을 왜 처형하란 말이오."

그러자 다른 대신들도 홍봉한의 변호에 동조해서 부자지간의 참변을 막으려 애썼다. 따라서 대신들은 나경언의 죄를 주장했다. 그래서 나경언은 죄인으로 옥에 갇히게 되었다. 그때서야 자신이 희생물로 죽지 않을까하며 겁을 먹었다. 그래서 옥으로 끌려가면서 배후를 폭로했다.

"동궁마마를 모함한 죄, 죽어 마땅합니다. 하지만 나에게 이런 고변을 하라고 시킨 사람은 김한구와 홍계희 등의 노론파입니다."

이에 당황한 노론파는 곧 나경언의 구명운동을 개시했다. 문성국은 영조의 후궁 문씨를 찾아가서 상감에게 여쭤 나경언의 목숨을 구해달라고 했다.

그날 저녁 문씨는 영조를 찾아가 세자를 더욱 미워하도록 고자질했다. 다음 날도 친국은 계속되었는데 영조는 나경언을 가볍게 다루려고 했다.

그러나 재판장격인 남태재와 홍낙순 등이 반대했다. 처음에는 영조가 반대하다가 결국 구명을 포기했다. 그래서 나경언은 노론파에게 이용만 당하고 억울하게 희생을 당했다.

영조는 나경언의 유족들을 후하게 대우하라고 명했다. 영조가 일개 서민인 나경언에 대해서 이렇게 말한 것은 세자에 대한 분노가 컸기 때문이었다. 이것을 계기로 부왕파라는 노론과 자왕파라는 소론들은 숨가쁘게 암투를 벌였다.

영조는 어떤 충신의 말보다 문씨의 말을 더 믿었다. 그러자 문씨는 세자의 생모까지 협박했다. 이런 협박에 놀란 세자의 생모까지 영조에게 달려가 세자는 처분하더라도 빈궁과 세손은 보호해 달라고 애원을 했던 것이다. 이것은 생모까지도 세자를 죽이라고 승낙한 꼴이 되었던 것이다.

세자 처단을 결심한 영조는 역대 임금의 영정을 모신 선원전에 참배하고 중대한 결의를 고했다. 혜경궁은 남편이 오늘로 죽을 것을 직감하고 기절해 버렸다. 영조는 세자를 불러낸 뒤에 승지를 시켜 세자의 관과 버선을 벗기고 뜰 아래 엎드리게 했다.

"꼴도 보기 싫다. 속죄하려면 여기서 자결하라. 그리고 영의정, 세자가 자결하기 전에 먼저 세자위를 폐하게 하시오."

"대신들에게 분부하셔서 정하도록 하십시오."

"모두 밖으로 나가시오. 내 집안 일로 경들의 수고를 끼치지 않게 하겠소."

그런 뒤 영조는 칼을 빼들고 세자 앞으로 내려갔다.

"어서 이 칼로 자결해라!"

동궁의 내시들이 하는 수 없이 세자를 묶은 포승을 풀었다. 자살할 손을 자유롭게 해준 것이다. 내시들도 영조의 명령으로 물러났지만 한림 임덕제만은 세자 옆에 엎드려서 함께 죽으려고 움직이지 않았다. 그러자 왕은 군사를 시켜서 그도 끌어내었다. 모든 신하가 쫓겨나가고 군사들만 남은 휘녕전은 살기만 등등했다.

영조는 아들에게 자살을 권했다. 그러나 세자는 살려달라고 애원하며 차라리 부친이 직접 죽일지라도 자살을 하려고 하지 않았다. 그러자 영조는 이렇게 명령했다.

"여봐라! 뒤주를 가져오너라."

영조는 자결하지 않는 세자를 뒤주 속에 넣어서 죽일 생각으로 내관에게 명했다. 얼마 후 내관들은 큰 쌀뒤주를 가지고 왔다.

"넌 스스로 죄를 용서받으려면 이 속에 들어가 속죄하라."

"그러면 용서하시겠습니까?"

"어서 들어가라."

세자는 뒤주 속으로 들어갔다. 영조는 손수 뚜껑을 닫고 쇠를 잠갔다. 영조는 쇠가 잠긴 뒤주를 엄중히 감시하라고 명령하고, 풀을 뜯어다가 퇴비처럼 덮었다. 폭염 밑의 풀더미는 열기를 발산해 뒤주 속의 세자를 사흘 만에 질식사시켰다.

서인이 된 세자의 아내 혜경궁은 영조께 상소하고 세손과 함께 친정 홍봉한 집으로 물러갔다. 이때 혜경궁은 늙을 때까지 눈물로 쓴 사도세자에 대한 글을 남겼는데, 이것이 바로 '한중록' 이다.

사도세자를 뒤주에 넣어서 죽인 영조는 한참 후에 노론파의 음모인 것을 깨닫고 후회했지만 아들은 살아서 돌아오지 않았다. 자신이 총애했던 후궁 문씨를 귀양 보내고, 음모에 관련된 노론파를 처형했다.

영조는 즉위 후 50여 년 동안 당파싸움을 없애려고 탕평정책을 펼쳤지만 결과가 없었다.

붕당 속에 불어닥치는 회오리바람

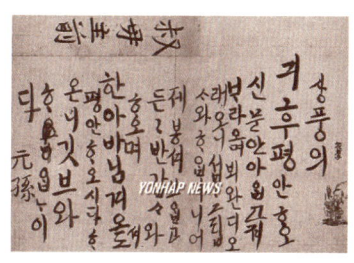
한글로 된 정조의 어릴적 편지

조선 22대 임금 정조는 학문을 좋아해 수많은 편찬사업을 이룩했다. 그러나 영조가 승하하고 정조가 즉위하면서 패거리 싸움이 다시 시작되었다. 그 뒤 순조, 헌종, 철종은 무능하거나 무식해 왕권의 쇠퇴를 가져왔다.

철종은 강화도에서 글도 배우지 못하던 빈농 출신이다. 이때 열강의 세력들이 조선으로 밀려와 많은 사건들이 발생했다. 세월이 흘러 영웅 대원군과 여걸 민비가 이런 외국의 거센 파도를 막기는 했다.

그러나 대원군과 민비를 중심으로 한 척신들의 암투로 그 영향이 커지면서 결과적으로 조선왕조가 멸망의 길을 걸었다.

정조는 사도세자의 외아들로 영조 재위 때 세손으로 책봉되어, 아버지 사도세자와는 달리 조부 영조의 사랑을 듬뿍 받았다.

아버지 사도세자가 어느 날 밤 꿈에 자신이 창공을 나는 용으로부터 찬란한 주옥을 받은 꿈을 꾸었다며 혜빈 홍씨에게 이야기 했다. 이 태몽으로 탄생한 세손은 생김새가 준수했고 목소리

또한 맑았다. 말을 하기 전부터 글자를 보면 좋아했고 네 살부터 글자를 곧잘 외었다.

하지만 정조는 학문 외의 모든 정치문제는 신하들에게 맡겼는데, 이 때문에 척신들의 세도정치를 조장하는 폐단을 남겼던 것이다. 이에 따라 정권을 노리는 무리들은 정조의 이복형제들을 추대해 정조를 몰아내려는 반역음모를 여러 번 일으켰다.

정조에게는 영빈 임씨 소생의 은언군, 숙빈 임씨 소생의 은신군, 귀인 박씨 소생의 은전군 등의 이복형제가 있었다.

정조 원년에 홍상범 등이 은전군 이찬을 임금으로 추대하려는 반란을 꾸몄다. 홍상범의 부친 홍술해는 황해감사 재직시 부정축재자로 죄를 받아 섬으로 귀양을 갔다.

그러자 그의 일족 홍상간이 원한을 품고 역적모의를 하다가 처형당하고 그의 일족은 모두 귀양을 가거나 폐적을 당했다.

홍술해의 아들 홍상범과 홍상길은 전주로 귀양 갔다가 부친과 일족의 원수를 갚기 위해 탈출한 후 서울로 잠입, 홍필해, 강용휘, 전흥문 등과 결탁했다. 그리고 궁녀들과 짠 후 정조를 침전에서 시해하고 은전군을 왕으로 세울 음모를 꾸몄다.

거사 날 밤, 홍술해는 무장한 장정 50여 명을 데리고 궁중을 기습하기 위해 행동을 개시했다. 홍술해와 전흥문과 강용휘 세 명이 맨 먼저 궁궐의 담을 넘었지만 파수병에게 들켜서 죽임을 당했다. 사건에 격분한 대신들과 대사헌 및 종친관들은 은전군을 법대로 다스려 독약을 내려서 죽이라고 주장했다.

그러나 마음이 온순한 정조는 반대했지만 대신들은 은전군의 처벌을 강력히 주장했다. 정조는 하는 수 없이 독약을 내려서 은

전군의 목숨을 끊게 했다.

또 충주의 이술조는 홍인한 일파가 정권을 마음대로 휘둘러 반대파를 역적으로 몰아 죽인다고 분개한 후 대담하게 충주목사에게 직접 면담했다.

"조정에 역적 홍인한이 제 마음대로 유능한 충신들을 역적으로 몰아 죽이고 있소. 그놈을 없애려면 그를 신임하는 임금을 갈아치워야겠소. 그래서 난 군사를 일으켜 대궐로 쳐들어가서 나라를 바로잡겠소. 목사도 언제 역적으로 몰려 죽을지 모르니 나의 의거에 찬동하시오."

이 말을 들은 목사는 곧바로 상부에 보고했다. 그러자 이술조를 잡아 처벌했지만 아무런 군사 모집의 사실도 없고 단순한 당파적인 불평임이 밝혀졌다.

그리고 숙청당한 홍국영의 잔당인 송우암의 후손 송덕상은 평산 땅의 신형하와 함께 소론파를 누르려는 음모를 꾸미다가 사전에 발각되어서 귀양을 갔다. 그 뒤에 조정 안에서도 정조를 비방하는 사건이 일어났다. 지평 지위에서 쫓겨난 이유백과 공조참의 이택징은 공론했다.

"임금은 규장각에 벽파 놈들만 만나기 때문에 국정을 돌보지 않고 있소. 우리 모두 규장각을 때려부셔야 합니다."

"놈들 세력을 무슨 방법으로 제거하겠소. 말만 들어도 시원하지만 공연히 또 역적으로 몰리면 안 되잖소."

"충신이 역적으로 몰려서 죽는 것이 두려워 의로운 일을 못하겠소? 방법이야 합법적으로 상소해서 상감의 잘못을 깨우쳐 드리는 것이오. 그래도 효력이 없다면 다른 방법을 쓰는 수밖에 없지요."

이들은 은근히 실력 행사도 사양치 않겠다는 음모를 꾸몄다. 그리고 이택징은 곧 시폐를 규탄하는 상소문을 올렸다. 이때 그는 역적에 몰리는 것을 각오했다.

'근래 규장각은 승정원 이상의 집정기관으로 변해 모든 국정이 그곳에서 결정되고 있습니다. 따라서 규장각을 본무로 돌아가게 하셔야 됩니다. 신의 생각으로는 규장각과 승정원 둘 중에 하나를 선택하심이 좋을 듯싶습니다. 규장각은 본래 상감께서 사사롭게 학문을 연구하시는 곳입니다. 금후로는 전교를 비롯한 모든 국정문제는 승정원을 통해서 하시기 바라옵니다.'

정조는 과격한 표현의 상소를 받고도 노함 없이 도리어 알아듣도록 이야기했다. 그러나 대사헌은 이택징을 반역죄로 다스려야 한다고 주장했다.

따라서 이유백은 이택징의 상소를 옹호하는 상소문으로 대항했다. 그 내용은 더욱 용감하게 청풍김씨 중전까지 미쳤고, 중전의 친정 출신인 김시묵의 죄상까지 들춰 숙청해야 한다고 진언했다.

그러나 결과는 이택징과 이유백을 모두 귀양 보내라는 왕명이었다. 사태가 이렇게 되자 자기에게도 화가 미칠 것을 겁낸 이유백의 아우 이유원은 자기만 살기 위해 형까지 파는 비굴한 발고를 했다.

'이유백과 이택징은 반역의 뜻을 품고 공모해서 상소문을 전후로 올렸습니다. 사전에 그런 일을 알고 미리 보고하지 못한 속죄를 하기 위해서 늦게나마 사실을 아룁니다.'

그의 발고로 귀양 간 형과 이택징을 결국 사형당하고 말았다.

그러자 반대파에서는 이 사건을 발전시켜서 귀양 보냈던 송덕상, 신형하를 비롯한 일파 등 일곱 명도 완풍군을 임금으로 내세우려는 음모를 했다고 역적으로 몰아서 모조리 사형에 처했다.

정조 8년에 소용 서씨가 정조의 아들을 낳았는데 서자였지만 왕세자로 책봉되었다. 그것은 중전에게 아들이 없었기 때문이었다. 왕실에서는 이 경사를 영희전에 받들어 고하는 의식으로 올렸다.

고백헌관인 김하재는 직무상 할 수 없이 제전을 집행하였지만 예방승지 이재학에게 정조를 비방했다. 그러나 이재학은 자신이 역적으로 몰려서는 죽는 것이 두려웠다. 그래서 친구를 배반하고 왕에게 밀고했다.

왕은 김하재를 잡아다가 직접 심문했는데 그는 왕에게 당당하게 진술했다.

"상감께서는 말로만 당파싸움을 금하면서 실제로는 소론파만 중용하고, 소론파가 날조한 반역죄로 노론파의 충신을 얼마나 많이 죽였습니까. 중전이 아직도 젊은데 좀더 생남을 기다리지 않고 서실 소생을 왕세자로 봉하셨습니다. 신은 죽겠지만 억울한 충신을 죽이는 것은 신으로만 끝내시길 바라옵니다."

죽음을 두려워하지 않은 김하재의 당당한 말에 그가 죽은 뒤에도 정조는 마음이 편치 않았다. 그래서 정조는 조용히 그의 말을 되새겨 보았다. 처음으로 노론파의 유력한 집안이 역적죄로 몰려 죽은 사람을 세어보니 소름이 끼쳤다. 다음엔 소론파의 유력한 집안을 세어보았다. 그 역시 역적에 몰려 죽은 자가 많았다. 정조는 이렇게 생각했다.

'어렵구나. 어느 파를 믿어야 할까. 모두 저희들끼리 세력싸움으로 죽이고 죽는 것은 모두 미친 짓이야.'

그래서 정조는 원로대신들과 상의한 국법이 정하는 대사령을 내렸다.

"선왕 때부터 국사범으로 죽은 자는 할 수 없지만, 귀양 간 사람들을 모두 용서해서 돌려보내라."

대사령으로 모두 다 풀렸고 중한 죄로 멀리 귀양 갔던 김구주와 화원옹주도 가까운 곳으로 옮긴 뒤에 사면을 받았다. 그러자 반대파에서는 이에 대해 반대운동을 또다시 일으켰다.

그러자 자신의 힘으로 막을 수 없다는 것을 알고 한숨을 내쉬었다. 당장이라도 양위할 세자가 있으면 정치를 떠나서 학문에만 몰두하고 싶었다.

권력에 맛들인 척신들

재위 24년 동안 학문을 위주로 문치에 많은 공적을 남긴 정조는 전신에 종기를 앓다가 47세의 일기로 승하했다. 이때 세자는 겨우 11살로 왕위에 올랐는데 이 분이 바로 순조임금이다.

임금이 어렸기 때문에 궁중에서 제일 어른인 영조의 미망인 정순왕후 김씨가 섭정이 되어 수렴정치를 했다. 이때부터 대왕대비 정순왕후의 친정인 경주 김씨들의 척신들이 세도를 부렸다.

이와 동시에 반대파 숙청의 풍파를 일으켰다. 왕대비는 선왕 때 역적으로 몰려서 죽은 김구주를 복권시켰다. 이것은 경주 김씨가 속한 벽파들의 선전포고였다. 이때 천주교가 전파되고 있었기 때문에 벽파에서는 사학(邪學)의 추방이라는 명목으로 그들을 탄압했다.

"사학의 괴수 정약종과 그 도당을 잡아서 처단하라."

대왕대비는 이런 엄명을 내림과 동시에 사학 반대에 철저한 목만중을 대사간으로 임명했다. 그런 후 정약종, 정약전, 동생 다산 정약용, 이가환, 이존창, 홍교만 등이 체포되어 문초를 받았다. 그러나 이들은 한결같이 서양학문을 연구하는 자유와 함께 신앙의 자유를 주장하면서 학문까지 당파싸움에 희생시키지 말라고 반박했다.

이들은 위협과 고문에도 그들의 신념은 굳건했다. 그렇지만 권력으로 그들을 사형에 처하거나 귀양 보내는 것을 할 수가 없었다. 하지만 섭정하는 대왕대비가 엄금하는 천주교였지만 불우한 왕족들 가운데 천주교에 의탁하는 사람들도 있었다.

특히 은언군의 부인 송씨는 천주교 탄압은 남인파를 잡아 죽이려는 핑계라고 하면서 신부에게 피하라고 했다. 그러자 중국인 주문모 신부는 다른 신도의 죄를 대신해서 자신이 희생하겠다고 했다.

이때 한 신도가 달려와 신도 중 한 사람이 관가에 밀고했다고 했다. 주신부는 의금부에 자수한 후 천주교도를 죄인으로 몰지 말 것을 호소하고, 그 책임을 자신이 대신해 희생되겠다고 했다.

하지만 의금부에서는 대국으로 섬기는 중국 사람이라 소홀히 할 수가 없었다. 그래서 영의정 심환지에게 보고했고 영의정도 청국이 두려워 주신부에게 조심스럽게 물었다.

"당신은 대국인이라 특별대우를 하겠소. 그래서 신도들의 소재만은 정직하게 말해주기 바라오."

"남자 신도는 이번에 모두 잡혀 처형되고 두세 명의 여자 신도밖에 없소."

중국인 신부는 남은 신자들을 보호하려고 한 말이었다. 하지만 영의정은 여자의 신분을 밝히라고 했다.

"이제 여자까지 처형하시겠소?"

"처형은 않더라도 조사는 해야겠소."

신부는 공연한 말을 했다고 후회했지만 꺼낸 말을 부인할 수가 없었다.

"송씨와 신씨는 왕족이고, 김씨는 나를 구해 준 사람이요."

이 말을 들은 영의정은 곧 은언군의 미망인과 며느리라는 것을 알았다. 그는 곧바로 궁중으로 들어가 대왕대비 김씨에게 사실을 보고했다. 그러자 대왕대비는 노하며 죄를 물으라고 했다. 대왕대비의 명령으로 송씨와 신씨를 잡아다가 신부와 대질시켰다.

이때 혹시나 하고 있던 대신들은 깜짝 놀랐다. 이들은 임금 순조의 삼촌댁인 숙모와 사촌 형수였던 것이다. 그러나 체통과 법을 핑계로 내세우는 이들은 몰락한 왕족쯤이야 눈에 들어오지 않았다. 영의정을 비롯한 대신들은 역적의 과부들이 역적의 앞잡이인 천주교를 믿었고, 외국인 신부와 만나 풍기를 문란했다고 거들었다.

대왕대비는 사형선고를 내리고 사약을 내려 죽게 했다. 벽파에서는 두 여자를 처형한 뒤에 또다시 송씨의 남편을 죽이려는 구실로 삼았다. 그 역시 독약을 내려서 죽게 만들었다.

경주 김씨를 중심으로 한 벽파와 세도정치는 정적을 가혹하게 숙청하는 동시에 자기 일파만 벼슬을 하도록 노력했다. 하지만 그들의 부패는 국고를 좀먹고 각종 명목의 증세로 민간재물을 취해 사적으로 복을 채웠다.

그러자 순조 11년에 관서지방에서 홍경래가 반란을 일으켰다. 홍경래의 반란군은 2년 동안 파죽지세로 서북지방을 휩쓸었으며, 그 세력은 충청도 일대까지 퍼졌다.

또한 홍경래의 밀령인 유한순이 서울로 잠입해 민심을 선동하고, 김씨 일파에 몰린 불평정객을 규합해 서울에서 반란을 일으키려고 했다. 그때 암행어사로 잘 알려진 박문수의 증손 박종일은 유한순을 만나 함께 거사를 도모할 뜻을 모았다.

  그러나 순조 12년에 홍경래는 싸우다가 잡혀 죽었고 반란 역시 진압되었다. 그러나 그 후에도 대원수 홍경래가 살아서 피신 중이며, 병자년(순조 16년)에 다시 난리를 일으켜 새 임금을 맞아서 나라를 바로잡는다는 풍문이 나돌았다.

용상 뒤의 음모들

　45세의 일기로 순조가 승하하자 8세의 세자가 조선 24대 헌종 임금으로 등극했다. 왕이 너무 어려 조모인 순원왕후가 역시 섭정을 맡았다.

　선왕 순조 때 섭정으로 인해 척신세도정치가 시작되었는데, 이번에도 마찬가지였다. 이번에는 순원왕후가 안동 김씨였기 때문에 그 친정일파가 더 강력한 척신정치를 했다.

　그러자 경주 김씨와 섭정이 되지 못한 헌종의 모친(순조의 왕후) 풍양 조씨 친정과 안동 김씨 등이 세력다툼을 했다. 경주 김씨의 세력은 헌종 6년에 안동 김씨인 김홍근이 대사헌이 된 후, 경주 김씨인 김노경의 벼슬을 추탈했다.

　안동 김씨의 이런 행위로 인해 헌종 외가인 풍양 조씨가 점점 왕의 세력을 믿고 안동 김씨를 싫어했다. 따라서 그것에 대한 위협 수단의 일환으로 추탈했던 것이다.

　헌종이 15세가 되자 과부 조모의 섭정을 거두라는 여론이 강하게 일어났다. 그러자 순원왕후는 노령을 빙자하고 후궁으로 물러났다. 오랫동안 정권을 독점해 오던 경주 김씨는 안심하고 헌종의 친정을 환영했지만 그것은 큰 실수였다.

　헌종이 친정을 맡은 다음 해부터 임금의 외척인 풍양 조씨의 세력이 강해졌다. 경주 김씨가 세력을 만회하려고 했지만 경종의 외증조부 조인영이 영의정으로, 외사촌 형 조병구가 총융사가 되어서 국권을 장악했다. 이미 때가 늦었던 것이었다. 따라서 경주 김씨의 몰락은 점점 속도가 빨라졌다.

가난한 전계군 이광은 과거의 정치적 관계로 언행을 조심하고 있었다. 그러던 중 의술과 관상가로 행세하는 이원덕이 전계군에게 왕운이 있다고 예감하고 그의 곤궁한 생활을 도와주었다.

전계군은 속으로는 바라는 일이었지만 그런 소문이 퍼지면 화가 미칠 것을 염려했다. 그러나 전계군은 왕운의 대통을 보지 못하고 가난속에서 병을 앓다가 죽고 말았다.

하지만 이원덕은 그의 어린 아들이 장래에 왕운이 있다고 믿었다. 전계군의 큰아들 이원경은 자기를 도와준 이원덕의 은혜를 고맙게 여겼다. 그는 불평정객 민진용, 박순수 등과 만나기만 하면 그들을 선동했다.

그들의 불평은 곧바로 적극적인 음모로 발전되었다. 민진용은 죽산으로 이종락을 찾아가 김씨일파와 외척에 휘둘리는 무능한 임금을 몰아내고, 전계군의 아들 원경을 임금으로 추대하자며 동지로 끌어들였다. 또 포천의 서광근에게 접근하여 충의계에 기명하게 한 뒤에 서울서 거사할 때에 폭도를 몰고 상경하라고 했다.

그러나 서광근은 서울의 거사를 기다리면서 준비하는 중에 조부 서기순에게 들키고 말았다. 하는 수 없이 충의계의 음모사실을 밝히고 조부에게도 협력할 것을 권했다.

서기순은 감투욕에 눈이 어두워 손자를 팔았다. 이 밀고로 이원덕 일당은 일망타진되어 참형을 당했고, 서기순의 손자 서광근은 고문 중에 매를 맞아 죽었다. 또한 왕족 원경도 18세의 소년으로 사형당했다.

　허수아비 임금 순조는 외척들에게 정치를 맡긴 채 비와 빈을 비롯해 궁녀들의 치마폭에 싸여 청춘의 혈기를 탕진해서 폐결핵의 일종인 부족증에 걸렸다.

　병세가 점점 중해지고 대통을 이을 혈통을 남기지 못한 젊은 왕은 언제 죽을지도 몰랐다. 이에 아랑곳하지 않고 조정의 당파싸움은 날로 심해졌다. 헌종 13년에는 권불십년이란 말이 있듯이 풍양 조씨의 세력이 기울기 시작했다. 그러자 반대파의 강한 공격을 받았다. 헌종의 외조부 조만영의 부자가 차례로 세상을 떠났고, 이제 외척으로는 조인영 부자만 남았다.

　대사헌 이목연까지 조병현의 비행을 열거했다. 외척의 위복을 남용해 매관매직으로 뇌물을 받아 축재했다고 폭로한 후 숙청해야 한다고 상소를 올렸다.

　헌종은 그 일을 무마하려고 했지만 대사간까지 주장하고 나섰다. 헌종은 하는 수 없이 그를 귀양 보냈는데, 얼마 후에 헌종이 22세로 승하하고 철종이 등극하면서 다시 안동 김씨가 세력을 잡아 그를 사형에 처했다.

운명의 장난

헌종이 후사가 없이 승하하자 강화도에서 귀양살이하던 고아 이원범이 졸지에 보위에 올랐다. 그가 고아가 된 것은 조부, 부친, 형제들이 모두 역적으로 몰려 죽었기 때문이다. 족보를 보면 조부는 사도세자의 이복형제 은언군인데 역적으로 누명을 쓰고 죽었다.

그는 상계군, 풍계군, 전계군 등 삼형제를 두었다. 상계군은 역적으로 몰려 죽었고, 풍계군은 은전군의 양자로 들어갔으며, 전계군은 귀양살이를 하다가 병으로 죽었다.

전계군 역시 삼형제를 두었는데 맏아들 원경은 이원덕의 허황된 음모사건에 말려 역적으로 죽었고, 둘째는 일찍 병으로 죽었다. 그중에 이원범만 살았는데 그는 후처의 소생이었다.

이원범은 헌종과의 촌수가 칠촌 숙질간이었지만 역적의 후손이라고 생활도 돌보아주지 않았다. 그는 강화도에서 농사지을 땅 하나 없는 14세의 무식한 고아였다.

그는 가족이 모두 역적으로 몰려서 죽었다는 이야기와 그 참상만 듣고 보면서 자랐기 때문에 장래에 대한 꿈이라곤 아예 없었다. 17세가 되면서 자신의 육체노동만 믿고 살아가야만 했다.

그는 상놈친구들이 장가를 가는 것을 보면서 몹시 부러워했다. 그래서 어떤 상놈의 딸이라도 관계없이 결혼하면 즐거운 가정을 이룰 것 같았다. 그러나 그것은 쉬운 일이 아니었다.

그러던 중에 헌종이 죽었지만 이원범은 국상이 났다는 소문을 늦게야 들었다. 더구나 칠촌 아저씨인 왕이 승하했지만 아무런 충격도 받지 않았다. 장가를 가지 못해 갓을 쓰지도 않았기 때문에 다른 백성들처럼 검은 갓을 흰 갓으로 바꿔 쓸 필요도 없었다.

궁중에서는 대왕대비 안동 김씨가 다음 임금을 모시는 문제로 대신들을 모아놓고 연일 회의를 열었다.

이때 왕대비는 영묘의 혈손으로는 원범밖에 없다며 그로 하여금 종사를 잇도록 하고자 했다. 그런 후 이름을 써서 내놓았다. 그때서야 비로소 전계군의 막내아들 원범이 강화도에 생존해 있었다는 것을 알게 되었다. 이원범을 임금으로 모시자고 입을 모았다.

따라서 안동 김씨들은 속으로 쾌재를 불렀다. 이것은 자신들이 임금을 정했기 때문이었다. 조정의 명을 받은 강화도 관아의 군졸들은 신왕의 집을 찾아 헤매다가 동네사람의 안내로 초라한 초가삼간으로 달려갔다. 이 광경을 본 이웃사람들은 또 역적으로 몰려서 죽는다며 안타까워했다.

한편 이런 희소식을 모른 채 이원범은 그날도 지게를 지고 풀을 베러 나갔다. 그때 한 친구가 이원범을 찾아와 피하라고 했고, 얼마 후 다른 친구가 찾아와 조정에서 왕족 대우를 해준다고 했다.

그러나 원범은 '이제 죽었구나'라며 왕족의 피를 타고난 자신을 원망했다. 그렇다고 도망칠 기운도 없었다.

그래서 이원범은 운명을 기다리고 있을 때 이곳까지 찾아온 교군들이 보였다. 그들은 세 명의 총각이 있는 것을 본 후 다가왔다. 그 중에 대신처럼 풍채가 좋고 비단관복을 입은 노인이 교군과 함께 와서 물었다.

"어떤 분이 강화 도련님이신지요?"

그러자 세 명의 총각 중에서 제일 남루한 옷을 입은 이원범이 일어서면서 물었다.

"제가 이원범이옵니다. 그런데 무슨 죄로 절 잡으러 오셨지요?"

그러자 늙은 대신은 공손하게 절을 올리면서 이렇게 대답했다.

"황공하옵니다. 대왕대비의 어명으로 곧바로 서울로 행차하셔야 합니다."

그제야 이원범은 안심하였다. 이때 대신도 임금으로 모시러 왔다는 말은 하지 않았다. 원범을 가마에 태운 군졸들은 그의 집이 아니라 곧장 강화군으로 달렸다.

얼마 후 궁중에 도착한 이원범은 대신들이 시키는 대로 면류관을 쓰고, 곤룡포를 입고, 대보를 받고서 철종 임금으로 등극했다.

그러나 강화도에 살 때가 편안했다고 생각한 철종은 자유가 없는 것이 제일 고통스러웠다. 더구나 신하들은 무식한 왕에게 글공부를 권했다. 그래서 철종은 글 읽기를 제일 싫어했던 것이다. 더구나 안동 김씨의 허수아비 왕이 된 철종은 그들의 손아귀에 놀아났던 것이다.

돌아서 버린 민심

　22세의 철종은 아직도 여자를 모르는 숫총각이다. 그는 헌종의 국상 때문에 혼례할 수가 없었다. 그렇지만 미녀들이 주변에서 시중하는 가운데 궁녀들에게 동정을 바친 것이다. 따라서 정치엔 관심이 없고 오직 궁녀들과의 유희만이 유일한 낙이었다.

　보위에 오른 2개월 뒤 철종은 안동 김씨 김문근의 15세 딸과 대혼례를 치렀다. 그런 얼마 후 대왕대비는 형식적인 섭정을 그만두고 친정을 하도록 했다.

　하지만 무식한 철종으로선 친정을 할 수 있는 아무런 능력이 없었다. 대왕대비가 섭정을 그만둔다는 것은 철종의 장인 김문근에게 그 권한을 물려준 셈이 되었다. 이때부터 안동 김씨의 세도정치가 완벽하게 이루어졌다.

　그 후 철종은 정치를 장인 일가가 맡아서 했기 때문에 할 일이 없었다. 그는 오직 어느 궁녀를 데리고 자느냐는 것밖에 없었다. 얼마 후 사사건건 간섭하던 대왕대비가 죽자 철종은 마음놓고 궁녀들과 유희를 즐겼다.

　이에 앞서 선왕 헌종도 색을 밝히다가 22세에 단명을 했고, 철종 역시 똑같은 전철을 밟고 있었다. 따라서 왕비 김씨와 그 밖의 여러 궁녀가 10여 명의 자녀를 낳았지만 건강하지 못해 모두 일 년을 채우지 못하고 죽었다. 이에 따라 어의들은 과음으로 양기가 부족해져서 성한 아기를 낳지 못한다며 양기를 보충하는 보약을 올렸다.

하지만 보약에서 얻는 양기보다는 소비하는 양기가 많았기 때문에 철종은 날이 갈수록 쇠약해졌다. 끝내 철종은 30세 전에 몸이 노쇠해졌고 허리를 쓰지 못했다. 이렇게 되자 처가인 안동 김씨의 세도만 번성했던 것이다.

철종은 궁중에서 종친 왕족도 없고 외로웠는데, 혈육이라곤 오직 사촌동생 경평군뿐이었다. 철종은 가끔 경평군을 불러 자신의 고독한 심정을 토로했다. 그러나 이를 시기한 안동 김씨들은 경평군에게 궁중 출입을 금지했다.

장안에는 이씨 왕조가 외척인 김씨들의 세도 때문에 망한다는 흉서가 이리저리 나붙었다. 이것은 외척인 김씨들을 욕하면서 왕을 위협하는 정치적인 모략이었다. 그러자 궁중은 궁중대로 안동 김씨는 안동 김씨대로 음모자를 찾기 위해 혈안이 되어 있었다.

경평군은 관직이 없기 때문에 궁중의 회의에 참가할 수가 없었다. 어느 날 안동 김씨가 물러나야 한다는 속마음을 털어놓았다. 이 말을 들은 김씨들은 그냥 있지 않았다.

그들은 직접 철종에게 경평군을 처벌하자고 주장했다. 철종은 하는 수 없이 유일한 혈족인 경평군을 전라도 신지도로 귀양 보낸 후 그곳에서 나오지 못하게 신변을 구속했다.

그렇지만 김씨들은 이것도 성이 차지 않아 그의 군호를 삭탈하고 서민으로 강하시킬 것을 요구했다. 힘이 없는 철종은 이것을 윤허했고 경평군은 오직 이세보란 이름만으로 존재했다.

백성들 사이에는 이를 두고 못난 임금이라는 말로 회자되었다. 어느 날 백성들에게도 임금 대접을 받지 못하는 철종이 거동할 때 어떤 백성이 돌을 던지는 사건이 일어났다. 이것은 민심이 이미 임금을 떠났다는 증거다.

조정에서는 임금에게 돌을 던진 백성을 잡아서 목을 베었다. 그런 후 배후를 캐서 김씨 반대파를 얽어넣으려고 했다. 하지만 범인은 순진한 백성이었기 때문에 모양새를 갖추기 위해서 관인이라는 소문을 퍼뜨려 임금 체면을 살려주려고 했다.

이 시기에 한발과 홍수가 잦아 흉년이 들면서 탐관오리들은 가혹한 수탈행위로 자신들의 배를 채웠다. 이런 관계로 전국 각처에서는 농민들이 산적으로 변해 세상을 어지럽혔다.

이때 김순성과 전 현감 이긍선은 몰락한 왕족 이하전을 새 임금으로 추대하려는 음모를 꾸미다가 죽기도 했다.

왕족의 씨를 말린
외척들의 광란

　외척에게 왕권이 유린당하는 무능한 임금으로 낙인찍힌 철종 대신 초도 도령(소현세자의 후손)에게 왕기가 비쳤다는 소문이 장안을 뒤덮고 있었다.
　소현세자는 인조의 맏아들로서 병으로 죽고 그의 아들과 손자들은 역적으로 몰렸다. 후손으로 이명섭과 이영섭이 있었는데 인품과 학식이 풍부해 신망을 받고 있었다. 한마디로 철종과 마찬가지로 귀양 간 왕족의 후손이었지만 철종보다 인물이 훨씬 뛰어났다.
　황해도 연안의 진사 김응도는 이명섭의 부친 이정현과 친한 친구였다. 따라서 가끔 초도로 행차해 외척들의 횡포에 분개했다. 그러던 어느 날 김진사가 찾아와 이런 말을 했다.
　"도련님 형제는 귀한 혈통이기에 반드시 귀하신 몸이 될 것입니다. 지금 초도에 왕기가 비치기 시작했습니다. 때를 기다리시면 됩니다."
　이 말에 이명섭 형제는 먼저 두려운 생각이 들었다. 하지만 부친과 막역한 친구 사이였기 때문에 안심했다. 속으로는 이렇게 생각했지만 그의 말을 못 알아들은 척했다.
　그러나 이명섭과 이영섭 형제는 '초도에 왕기가 서려 있다'라는 풍문이 어느 정도인지도 몰랐고, 더구나 철종에 대한 반역의 꿈은 아예 꾸지도 않았다. 이들은 오히려 선대들이 역적으로 몰려 강화도에서 고아로 살다가 임금이 된 것을 축복했다.

얼마 후 황해도에 살고 있는 채희재가 이들 형제의 집을 찾아왔다. 그는 신세한탄 겸 자기소개를 한 후 형제의 눈치를 보면서 세상 돌아가는 이야기를 했다. 하지만 이들 형제는 그를 경계하면서 그의 말에 관심이 없는 듯이 흘려들었다.

그는 자신이 의심을 받자 연안 김진사와는 생사를 맹세한 동지라며 자신들의 거사를 지켜봐 달라고 했다. 그러자 이명섭도 자기를 임금으로 추대해 준다는 말에 기분이 좋았다. 며칠 전 김진사의 말보다 채희재의 말이 더 확실했던 것이다.

그들은 무식한 시골 부자들에게 새 세상이 되면 큰 벼슬을 시켜준다며 돈을 받아내고, 중병자에겐 병을 고쳐준다고 속여서 자금을 모았다.

그리고 채희재는 대담하게 친구인 구월산성의 별장에게 찾아가 군자금과 병력까지 부탁했다가 거절당했다. 한참 후 자금이 조달되자 장사들을 매수해서 폭력으로 세상을 뒤엎겠다는 음모를 꾸몄다.

이들 중 과거에 포교를 지낸 고성욱이 문화현에서 행동대 병력을 거느리고 평양으로 나갈 임무를 맡았다. 그는 처음과 달리 깊게 알고 보니 너무 허무맹랑한 음모라는 것을 알고는 덜컥 겁이 났고, 급기야 포도청에 밀고하고 말았다.

그 후 김응도, 채희재를 비롯해 주동자와 일당들이 모두 일망타진되었다. 문초 과정에서 초도의 이명섭을 추대한다는 음모가 드러나자 그들 형제도 체포되어 죽임을 당했다.

이 사건 이후 또다시 왕족들이 이용당하는 일이 생겼다. 왕족 이하전은 유일하게 돈녕 도정이란 한직에 근무하고 있었다. 그는 지금까지 왕족이 반란음모에 이용되는 것을 잘 알고 있었기 때문에 조심하고 있었다.

그러나 이하전이 모르게 김순성 오위장이 나서서 그를 임금으로 추대하려는 음모를 꾸며왔다. 이때 김순성은 안동 김씨의 세력으로 벼슬에서 쫓겨난 이긍선과 의기투합했다.

그런 후 그들은 장사들과 그들의 부하들을 매수해서 이용할 계획을 세웠다. 거사 날짜를 7월 5일로 잡았지만 병력 모집이 여의치 않아 8월 10일로 연기했다.

하지만 음모의 내용이 허술해 장사 중의 한 사람인 이재두가 김순성을 의심했다. 더구나 김성순이 오위장으로 출세한 것은 천주교도를 팔아먹은 배신으로 얻었던 것이다. 그래서 그는 장사 임일희에게 상의했는데 그는 믿으라고 충고했다. 이런 충고에도 불구하고 이재두는 불안해 하다가 임일희 몰래 포도청에 밀고했다.

그런 때 영남지방에서는 조정을 규탄하는 민란이 일어나고 있었기 때문에 김씨 일파는 이런 음모를 본보기로 엄단해야 한다고 했다.

포도청에선 김순성을 잡아다가 고문했는데, 완창군의 아들 이하전을 임금으로 추대하려고 했다는 자백을 받아냈다. 영문도 모르는 이하전은 억울하게 잡혀와 문초를 받았다.

그러나 스물을 갓 넘은 이하전은 조금도 두려워하지 않고 무죄를 주장했다. 즉 김순성은 부친의 일로 집에 온 것은 봤지만 그 이후 수년 동안 만난 일조차 없다고 증명했다.

　추관이 김순성 등을 조사한 결과 자기들 마음대로 이하전을 추대하려고 했을 뿐이라는 것으로 판명되었다. 그는 석방되고 근신하라는 훈계를 받았다. 그러나 주동자가 모두 참형을 당한 뒤지만 김씨 일파는 이하전을 없애버려야 후환이 없다며 처단할 것을 주장했다. 이에 철종도 마지못해 이하전을 제주도로 귀양 보냈다.

　이것이 못마땅한 김씨 일파는 철종에게 시도 때도 없이 그를 죽여야 한다고 주청했다. 그러자 철종은 마음대로 하라고 했다. 김씨 일파는 곧이어 철종을 대신해 그들을 죽였다.

　이하전은 왕이 내렸다는 독약을 마시고 세상을 하직했다. 또한 서울에 있던 이하전의 어머니와 그의 아내까지도 제주도로 귀양 보냈다. 김씨 일파는 왕족을 모조리 죽여 버렸다.

운현궁에 서린 왕의 기운

1863년 34세의 일기로 철종이 단명했지만 슬하엔 아들이 없었다. 그러자 다음 임금을 모시는 문제로 인해 외척인 김씨와 조씨 사이엔 치열한 암투가 벌어졌다. 결국 조대비는 흥선군의 둘째 아들을 고종으로 등극시켰다. 그 뒤에 흥선군이 어린 임금을 대신하는 집권자로 등장했다.

고종이 양자 임금으로 들어서면서 조선의 왕운은 기울었고 백성은 부패한 세도정치에 지쳐 있었다. 한마디로 조정은 왕위 쟁탈과 당파싸움으로 암살이 자행되었고, 백성들에겐 병란과 민란이 꼬리를 물고 일어났다.

조선이 당파싸움으로 국운이 기우는 18세기 세계는 과학문명의 발달과 함께 부국강병의 경쟁이 치열해지면서 식민지 확장정책에 힘을 쏟고 있었다. 이런 외세가 조선에도 들이닥쳤지만 대체할 수 있는 방법이 전혀 없었다.

대원군은 이것을 대처하기 위해 쇄국정책을 단행했지만 실패하고 말았다. 더구나 그와 대적했던 며느리 민비는 외세의 힘을 자파 세력유지에 이용했을 뿐이다.

철종은 죽기 전까지 허리를 못 쓰고 오직 누워만 있었다. 이것은 여자를 너무 많이 밝혔기 때문에 생긴 것이다. 더구나 혼자 앉아 있지를 못해 등 뒤와 좌우에서 궁녀들이 받쳐주었다. 하지만 철종은 이들 궁녀들에게도 성적 유혹을 느꼈지만 궁녀들의 치마끈조차 풀 수 있는 힘도 없었다. 이처럼 젊은 임금은 이미 기력조차 없었다.

물론 철종 자신도 여색을 너무 탐하면 건강에 좋지 않다는 것을 알고 있었다. 하지만 그가 할 수 있는 것은 오직 궁녀들과의 유희밖에 없었다. 만약 그가 정치에 정신을 집중했다면 색정으로 빠지지 않았을지도 모른다.

아무튼 철종이 죽은 후 왕위 계승에 심각한 문제가 닥쳤다. 가장 심각성을 나타낸 파는 정권을 휘두른 안동 김씨 일족이었다. 그래서 영의정 김좌근은 보편적으로 생각해보면 종친 중에 전계군의 아들 영평군, 풍연군의 아들 완평군, 흥녕군 아들의 사형제 중에서 임금을 생각했다. 하지만 외척으로 가장 발언권이 강했던 국구 김문근이 이미 세상을 떠났기 때문에 큰 타격이었다.

따라서 김좌근은 정적들의 움직임을 경계하며 살폈는데, 정적은 곧 조대비와 그의 조카 조성하를 말한다. 그러나 조대비와 조성하는 안동 김씨의 세도에 불만을 품고 있었기 때문에 철종이 승하하기 전부터 세자책립을 은밀히 진행해 왔던 것이다.

한마디로 조대비 역시 자기파에 유리한 쪽으로 임금을 삼으려고 했다. 조대비 쪽이 유리한 것은 궁중관례상 세자책봉에 대한 결정권을 조대비가 가지고 있었다. 이에 김좌근파는 조대비 일파의 움직임에 대해서 전혀 모르고 있었다.

철종이 승하하자마자 조대비는 중신들을 창덕궁 중희당으로 불러 긴급회의를 열었다. 상좌에는 신정후 조대비, 익종비, 철종비 등 삼대 과부가 차례로 앉고, 안동 김씨, 풍양 조씨, 남양 홍씨 출신의 중신들이 배석했다.

이때 조대비는 외척인 김씨의 우두머리를 힐끗 쳐다보며, 다음 임금에 대해 물었다. 그러자 영의정의 아들 김병기 이하 안동 김씨들은 묘책이 없어 당황할 뿐이었다. 이것을 기회로 조대비는 자신의 생각대로 밀고나가기로 했다. 그것은 여유를 두면 또다시 잡음이 생길 것이 뻔했기 때문이었다. 조대비는 명령조로 말했다.

"이 자리에서 속히 대통을 이을 분을 결정해야 하오."

조대비의 말에 김씨 일가와 다른 세도가들은 경솔할 수가 없어서 묵묵부답이었다. 이때 팔십 노신인 영중추부사 정원용이 정적을 깼다. 그는 이미 조대비와 한통속이 되어 있었다.

"여러 중신들이 아뢸 의견이 없는 것은 대비마마의 현명한 판단을 기다리는가 봅니다. 이 문제는 대비마마께서 결정하시는 것이 좋을 듯싶습니다."

이 말에 김씨 일파는 정신이 번쩍 들었다. 하지만 이것을 막을 명분이 없었다. 한참 후 조대비는 엄중한 표정으로 중대발표를 했다.

"흥선군의 둘째아들 명복으로 대통을 이어받도록 하겠소."

이 발표는 김씨 일가로선 청천벽력이었다. 지금까지 자신들이 멸시해온 흥선군이 득세하면 모든 것이 끝장난다는 것을 알고 있었기 때문이다. 이때 정원용이 또다시 나섰다.

"대왕대비의 말씀이 지당하시옵니다. 후일의 증거로 친필로 써서 내려주십시오."

이 말을 들은 조대비는 친필로 선언문을 이렇게 적었다.

'홍선군의 둘째아들을 익종의 대통을 잇도록 하라.'

이 선언문을 받아든 정원용은 도승지 민치상에게 부탁했다.

"도승지, 이 교서를 한문으로 번역해서 좌중에 공포하시오."

한문으로 번역된 조대비의 교서낭독을 들은 안동 김씨들은 이것이 사형선고문 같았다.

"대왕대비께 아뢰오. 사왕은 아직 봉군하지 않고 계시오니 먼저 봉군하도록 분부를 내리시옵소서."

절차 순서도 역시 정원용이 요청했고 조대비는 얼른 명을 내렸다.

"익성군으로 봉하고 곧 궁중으로 모시는 예를 갖추게 하시오."

안동 김씨 일가들은 그제야 조대비가 미리 치밀하게 준비를 해왔다는 것을 알아차렸다. 이들은 신왕이 문제가 아니라 그의 생부 홍선군 이하응의 섭정이 두려웠던 것이다.

홍선군은 1820년, 순조 20년 안국동에서 남원군 이구의 넷째아들로 태어났으며 부인은 민씨였다. 자는 시백이고 호는 석파였다. 어려서부터 총명하고 대담한 성격에 호탕했다. 헌종 9년에 홍선군으로 봉군되었다.

아들이 왕위에 오르기 전까지 홍선군은 시중의 부랑자들과 교제를 하고 스스로 미친 짓을 했지만 야망만은 드러내지 않았다. 그는 외로울 때마다 술타령과 난초그림으로 자신을 달랬다.

헌종과 철종 때 외척 김씨 일가 때문에 왕족들이 숨도 못 쉬던 수난을 겪어야 했다. 이때 홍선군은 후일의 대망을 위해서 우선 생명을 보호한다는 차원에서 정계진출의 뜻을 접었다. 이에 따라 세상을 버린 풍류객 또는 방탕아로 지내면서 시정잡배들과 어울렸던 것이다.

　더구나 원수로 생각하고 있는 세도가의 집을 직접 찾아가 구걸까지 했다. 그래서 재상집 큰 사랑에 우글거리는 문객들 역시 그를 모르는 사람이 없었다. 그들까지 흥선군을 조롱했지만 조금도 개의하지 않았다.

　이런 가운데 그는 귀신도 모르는 사이 세력의 줄을 잡고 있었다. 즉 익종후 조대비와 그의 조카 조성하가 세도 김씨들에게 불평이 있다는 것을 알고 있었다. 그래서 흥선군은 조성하에게 접근하여 친분을 맺는데 성공했던 것이다. 이때 풍류객다운 가야금 솜씨와 난초그림에 조성하가 반했다. 그런 후 외척인 김씨 일가를 타도할 것을 말한 후 그를 동지로 삼았다.

　조성하와 의기투합하면서 왕실의 제일 어른 조대비와도 연락을 취할 수가 있다. 그때부터 외척인 김씨 타도의 계획을 진행시켰던 것이다. 그러던 중에 철종의 승하하자 기회가 빨리 찾아왔던 것이다. 철종의 죽음을 슬퍼하는 것보다 외척인 김씨 일가를 타도할 기회가 왔다며 조대비, 조성하, 대원군, 정원용은 기뻐했다.

　흥선군은 새로운 임금을 정하는 중신들의 긴급회의의 결과를 초조하게 기다리고 있었다. 너무나 답답해 부인에게 입을 열었다.

　"부인, 궁중에서 무슨 기별이 없소?"
　"아무 기별이 없습니다."
　"형님이나 명복이 유모한테도 없소?"

"네, 대감."

그는 친형이 종친회 일을 보고 있었기 때문에 조대비의 의중을 미리 알아보기 위해 궁중에 보냈고, 명복의 유모도 연락원으로 딸려 보냈던 것이다. 흥선군은 초조한 마음으로 술잔을 기울이며 기다렸다. 뒤뜰에는 오늘 임금이 될 명복이가 형과 함께 연을 띄우며 놀고 있었다.

그때였다. 갑자기 운형궁과 대문 밖에서 요란한 소리가 들려왔다. 그러자 흥선군은 자리에서 벌떡 일어섰다가 환한 표정을 짓고는 자리에 다시 앉았다. 이윽고 정원용이 사랑마루에 올라오자 흥선군은 모른 척 시치미를 떼고 방문을 열고 나가서 인사를 했다.

"원로대감께서 어찌 오셨습니까?"

"대비님 명으로 왔소이다."

"무슨 분부라도 있으십니까?"

흥선군은 은인인 동지에게 그렇게 하는 것이 미안했다. 정원용 역시 자신의 체면을 유지하면서 정중하게 말했다.

"대감의 둘째아드님을 익성군에 봉하고 곧 궁중으로 모시라는 분부올시다."

이 말을 들은 흥선군은 안으로 들어갔고, 정원용 역시 이번 일에 성공한 공로를 흥선군에게 받을 것을 짐작하고 마음이 흐뭇했다. 정원용은 사랑방을 둘러보자 집과 방안 꼴이 엉망이었다. 오직 병풍에 주인이 그린 난초만 싱싱하게 살아 있었다.

흥선군은 내실로 들어가서 부인에게 그 소식을 전하고 뜰에서 연을 날리고 있는 아들 명복을 불러들였다. 12세의 소년은 무슨 영문인지 몰라 어리둥절했다.

"명복아, 내 말을 잘 들거라. 너는 오늘부터 임금이 되어 궁중으로 들어갈 것이다. 아버지로서 네 이름을 불러보는 것도 오늘뿐이구나. 이제 임금이 되면 개똥짓 장난을 해선 안 되고, 글공부도 더 열심히 해야 된다."

개똥이는 명복의 별명으로 이 말은 생부로서 사사롭게 타이르는 최후의 훈계였다. 그리고 부인 역시 눈물을 흘리며 이렇게 말했다.

"우리 상감님, 축하하옵니다."
"오늘 같은 좋은 날에 웬 눈물이요?"
부인을 충고한 흥선군은 명복에게 다시 한 번 당부했다.

"내 아들의 이름을 불러보는 것도 오늘뿐입니다. 내일부터는 지존한 나랏님이며 우리 부부도 나랏님을 섬기는 백성이랍니다. 더구나 친척은 다른 백성과 달라 친근하게 대해야 인륜에 어긋나지 않습니다. 앞으로 잘 대해 주시기 바랍니다."

명복은 아버지 흥선군과 어머니 민씨의 존대어에 놀라며 어쩔 줄 몰라 했다.

"아버님, 어머님! 벌써부터 저에게 공대 말씀을 하십니까?"
흥선군 부부는 또다시 말을 이었다.

"조정은 권력을 차지하기 위해 추악한 음모가 난무하는 곳입니다. 어떤 일이 있더라도 부모의 정을 저버리시면 안 됩니다."

흥선군은 아버지로서 아들에게 마지막 말을 했던 것이다. 그러자 명복은 부모의 은혜에 보답하겠다고 다짐했다.

"아버님, 제가 이렇게 된 것은 모두 아버님 덕택입니다. 그리고 소자 아직 부족한 점이 너무 많사옵니다. 공사의 문제에 있어서 자식된 도리를 다하겠사옵니다."

그러나 명복은 자신을 임금으로 세우기 위해 치밀한 공작이 벌어졌다는 사실을 모르고 있었다. 흥선군은 아들로서 마지막 말을 하는 명복이 대견스럽기만 했다.

"어서 일어나셔서 궁중에서 보낸 옷으로 갈아입으세요. 대비마마께서 기다리시고 계십니다."

흥선군 부부는 명복에게 궁중에서 보낸 홍포를 입히고 복건을 씌워서 사랑에서 기다리는 정원용에게 보냈다. 명복은 사랑으로 가서 정원용을 보는 순간 어른을 대하는 마음에서 절을 하려고 했다. 그러자 궁중예법에 능통한 정원용은 깜짝 놀라 명복 앞에 먼저 읍하면서 말했다.

"익성군님, 이번 경사에 경하드립니다."

정원용은 실권자 흥선군 앞에서 명복에게 익선군 대신 상감마마라고 아첨하고 싶었다. 하지만 공식적으로 등극대례를 올리지 않았기 때문에 익성군이라고 불렀다.

정원용은 흥선군에게 인사하고 대문 밖에 기다리고 있는 가마로 안내했다. 이때 명복은 대문 밖까지 배웅나온 부모에게 인사를 하려고 했다. 그러자 이들 부부는 극구 말리면서 조심스럽게 읍하면서 입을 열었다.

"이러시면 예법의 어긋납니다. 지존은 사친에게 절을 하지 않는 것을 아셔야 합니다."

이때 흥선군 부인 민씨가 눈물을 흘리면서 손을 흔들었다.

"잘 가시오."

그러자 가마 안에서 어머니를 부르는 소리가 가늘게 들려왔다.

정원용은 조대비의 명령으로 비밀리에 왔지만 소문이 퍼져 구경꾼들이 흥선군 집 앞에 모여들었다.

"사람팔자 뭐라더니, 개똥이가 새임금이 됐어."

한편 궁중에서는 만조백관들이 익성군의 입궁을 기다리고 있었다. 가마가 도착하고 정원용이 익성군을 조대비 앞으로 인도했다. 조대비는 영의정 김좌근 이하 고관대작들이 서 있는 앞에서 환한 표정으로 익성군을 맞았다.

"익종의 뒤를 이을 내 아들이 왔구나."

조대비가 먼저 익성군으로 봉해 놓았던 것은 자신의 양자로 삼아 왕으로 추대하려던 계획이었음을 분명히 알게 된 김좌근 이하의 김씨 일파는 놀라기만 했다. 조대비는 당황해 하는 안동 김씨들 앞에서 예정대로 봉군식을 속전속결로 치렀다.

이윽고 밤이 되자 궁중에서는 촛불이 켜지고 익성군은 첫 수라상을 받았다. 이때 함께 따라온 유모 박씨와 처음 보는 궁녀들이 시중을 들었다.

익성군은 오늘 하루 동안 꼭 도깨비에 홀린 듯해 진수성찬이 목구멍으로 넘어가지 않았다. 그리고 익성군은 이제부터 대궐 밖과는 결별해야 된다는 생각에 표정이 어두웠다. 이때 갑자기 궁녀하나가 말을 던졌다.

"시장하시지 않으십니까? 어서 많이 드시옵소서."

익성군은 진수성찬으로 차려진 수라상을 보자 문득 가난한 살림으로 아버지 밥상에 무김치와 된장찌개가 올려진 것이 생각났다. 그러자 갑자기 부모님에게 미안한 마음이 들었다.

"유모, 다음부터는 내 밥상에 여러 가지 반찬을 올리지 마세요."

"알겠사옵니다."

그때 옆에 서 있던 궁녀 한 사람이 이 광경을 본 후 조대비에게 아첨할 좋은 꺼리라고 생각해 그 소식을 전했다.

"대비마마, 어쩌면 어린 임금의 말씀이 그렇게도 현명하신지 모르겠습니다."

"내가 고른 새임금 아니더냐. 이제야 나라가 바로 가겠구나."

"이것이 모두 대비마마님의 복이 아니겠습니까?"

궁녀들조차 조대비의 세력이 강해진 것을 알기 때문에 최대한의 비위를 맞추고 있었다.

다음 날 아침 조정에서는 임금의 생부에 대한 대우 문제가 대두되고 있었다. 조대비는 흥선대원군으로 승격시키려고 했다. 임금의 생부에게 붙여지는 칭호가 대원군이다. 하지만 지금까지 생존한 임금의 생부로서 대원군이 된 사람은 전혀 없었다.

이때 영의정 김좌근은 조대비의 신왕 선정에 대한 불만으로 반대했다. 그것은 흥선군이 임금이 된 아들을 등에 업고 정계에 등장하는 것을 막아보기 위한 속셈이었다. 영의정은 궁중예법을 들먹이며 입을 열었다.

"자고로 우리나라에는 생존한 대원군이 없었습니다. 익성군의 생부를 대원군으로 봉하면 그 자신이 정치에 관여할까 두렵습니다. 대원군 칭호는 생존시엔 보류하는 것이 좋을 듯합니다."

"영의정의 생각을 잘 알겠소이다. 허나 흥선군은 그림과 술만 즐기는 풍류객으로 정치에 관심이 없으니 신경쓰지 않아도 될 것이오. 전례가 없다고 대원군으로 봉하지 않으면 그분이 죽기를 기다리는 것이나 뭐가 다르겠소. 어린 임금의 효성으로는 얼마나 미안하겠소이까. 참으로 안타까운 일이외다."

김좌근은 조대비의 말은 못들은 척했다. 흥선군은 김좌근의 말에 격분했지만 우선 실권을 잡는 것이 중요하다고 판단했다. 그런 후에 대원군 칭호를 사용해도 늦지 않는다고 생각했다.

그는 이렇게 소문을 퍼뜨렸다.

"대원군의 봉작은 나도 원하지 않는 바이다. 다시는 입에 올리지 말라."

그러자 조대비는 정식으로 중단된 칭호문제로 흥선군을 불렀다. 영의정 김좌근은 괜한 반대로 명분은 얻었지만 실속을 잃었다. 흥선에게도 패한 꼴이 되어버렸다.

"대비께서는 저의 문제보다 하루 빨리 신왕의 즉위식을 올리는 것이 좋을 듯싶습니다."

이 말을 들은 조대비는 영의정 김좌근을 불렀다.

"난 미망인이라 세상 돌아가는 일은 잘 모른다오. 오직 익성군을 좋은 임금으로 기르는 것만이 나의 희망이라오. 그래서 좋은 임금으로 성장시키기 위해서라도 하루 빨리 즉위식을 올리도록 절차를 갖추게 하시오."

"즉위식 시기는 잘 생각해서 아뢰겠습니다."

즉위식을 치러야 하는 것이 기정 사실이지만 가능한 한 지연시킬 전략을 세웠다. 그의 생각은 어린 익성군이 정식으로 국왕 자리에 앉는다면 대원군이라는 무서운 호랑이가 전면에 나서서 정권을 뒤흔들 수 있다는 판단에서다.

하지만 조대비는 며칠이 지나간 후에 또다시 영의정을 불러 즉위식을 재촉했다. 조대비 역시 영의정 못지않게 불안하기는 마찬가지였다. 그것은 익성군이 정식으로 임금이 되기 전 간악한 김씨 일파가 무슨 음모를 꾸밀는지 몰랐기 때문이다.

김좌근도 성화같은 조대비의 재촉을 마냥 묵살할 명분이 없었다. 그래서 기일을 잡은 후 창덕궁 인정전에서 즉위식을 올렸다. 즉위식을 올린 어린 임금은 조선 26대 고종이다. 흥선군은 아들을 고종으로 정식 등극시킨 뒤 완전하게 정권장악의 무대를 완성시켰다.

"이제부터 김씨들에게 원한을 풀 기회가 왔구나. 원한이 아니라 썩은 파당정치를 숙청하고 백성을 위해 나라에 봉사할 기회가 왔구나."

대원군은 외척들인 안동 김씨들에게 학대받던 것을 되갚을 수 있다는 생각에 기분이 통쾌했다.

흥선군은 이번 왕위계승 문제를 볼 때 김씨의 세력 단결이 별볼일 없다는 것을 몸소 알았다. 더구나 그는 김씨 일파 중에서 거물인 김병학을 왕위계승 문제가 나오기 전부터 인간적인 친분관계로 사귀었다.

흥선군은 불우한 시절 그에게서 물심양면으로 도움을 받았다. 그러다가 왕위계승 문제가 있을 때 흥선군은 김병학에게 자기의 의중을 털어놓고 찬성해 주기를 원했다.

"이 일이 성사되면 대감께 서운치 않게 대우하겠소."

"그런 말씀하지 마세요. 이런 중대한 국사에 개인의 이해가 개

입돼선 안 되지요."

"내가 바라는 것은 오직 대감이 찬성하시건 반대하시건 간에 비밀을 지켜 주시는 것이오."

"내가 그 정도로 신의가 없을 사람으로 보였소이까. 종친 중에서 결정할 문제로 흥선군 아들도 물망에 오르지 말란 법이야 없잖소. 왕비와 충신들의 공의로 정할 문제니까 흥선군도 낙관은 못하겠소. 하지만 비관할 필요도 없다고 생각하오."

김씨 일파의 거물이지만 흥선군을 이해하고 동정해 주었기 때문에 큰 힘이 되었다. 김병학이란 든든한 후원자를 만난 흥선군은 무릎을 탁 치면서 바싹 다가가 앉았다.

"이왕 말이 나왔으니…. 대감 잠깐 귀 좀 빌립시다. 만약 내 아들이 왕위에 오르면 대감의 따님을 꼭 왕비로 맞도록 힘쓰겠습니다."

"흥선군이 나를 그렇게까지 믿소이까? 하하하. 대감 고맙소이다."

김병학은 체면상 확약하지 못하고 웃자 흥선군은 그것으로 확답을 들었다는 듯 감사를 표하고 자리를 떴다. 그와 약속한 김병학은 다른 김씨들이 흥선군 아들의 왕위 계승에 반대하는데 동조하지 않았다.

하지만 대원군은 약속했던 김병학의 딸을 고종의 왕비로 맞아들이지는 않았다. 그동안 집권하던 모든 김씨를 관직에서 숙청할 때도 김병학만은 전보다 중용해서 호의를 베풀었다.

흥선군은 김씨 일파의 일부분을 분열시켰으며, 중립파로서 덕망이 높은 원로 재상 정원용과 박규수가 고종의 즉위를 지지하도록 했다. 이처럼 이면적인 공작과 동시에 조대비를 전면에 내세운 흥선군은 모든 것을 장악하는데 성공했다.

따라서 궁중의 제일 어른이며, 형식상으로 섭정이었던 조대비는 영의정 김좌근 일파를 무시하고, 대원군에게 실질적으로 국정을 운영할 수 있는 실권을 위임했다.

"내가 미망인으로서 정치에 어둡고 국왕 또한 나이가 어리기 때문에 흥선군이 뒤에서 돌봐야 하지 않겠소."

김좌근은 흥선군을 대원군으로 봉하는 형식적인 반대엔 명분을 세웠다. 하지만 조대비가 비공식으로 개인적인 고문을 삼겠다는 것에는 어쩔 도리가 없었다.

사태가 이쯤되자 김흥근이 또다시 조대비에게 직접 항의했다.

"상감의 생부는 일체 정치에 관여해서는 안 됩니다. 만약 중대한 국정문제에 상감의 뜻과 생부의 뜻이 다를 경우엔 상감께서는 생부의 뜻을 따를 위험이 있기 때문입니다."

"대감의 말이 옳은 줄을 나도 알고는 있소. 하지만 정치문제가 아닌 상감의 건강문제나 교육문제 등을 지도해 올리는 것은 당연한 것 아니겠소. 그것까지 막는다는 것은 도리에 어긋나는 일이 아니고 무엇이겠소."

조대비는 이렇게 김흥근의 화살을 자연스럽게 피해 나갔다.

"또한 나와 상감께서도 흥선군에게 어떤 대우를 해주고 자주 만나 가정적인 이야기도 하고 싶다오. 그런데 이것은 정치와는 관계없는 인정상 문제가 아니겠소?"

"그런 의미의 대우문제라면 관계가 없습니다. 그분에게 나라의 체면을 생각해 적당한 땅과 돈을 하사해서 생활을 편하게 해

주옵소서. 또한 그분에게 오직 나라의 태공으로서 예전처럼 풍류생활을 즐기게 하시면 되옵니다."

"대감께서도 아실 것이오. 지난번 대원군에 봉하겠다는 말이 났을 때도 스스로 사양했지 않소. 대감들께서 염려하시는 정치에 관여는 없을 것이오."

김씨 일가의 염려대로 대원군이 자주 궁중에 출입하면서 정치적 세력이 강화되기 시작했다. 그러자 영의정 김좌근이 또다시 조대비를 찾아와 항의했다.

"흥선군의 궁중 출입이 너무 잦아 사람들로부터 많은 오해를 받고 있습니다. 앞으로 궁중 출입을 금하게 하시고, 상감께서 한 달에 한 번씩 운현궁으로 행차하시면 문제가 없을 것으로 생각되옵니다."

그러자 조대비와 함께 앉아있던 흥선군 파인 조두순이 접적 나서서 반박했다.

그는 말을 꺼내면서 흥선군을 대원군으로 칭했다. 김좌근은 공식적으로 대원군으로 봉하지 않았기 때문에 흥선군이라고 했지만, 조두순은 대원군파가 궁중에서 흥선군에게 공공연히 부르고 있는 대원군이라고 했던 것이다.

그러자 김좌근은 조두순이 무슨 말을 할까싶어서 상을 찌푸리고 있었다. 이때 조두순은 슬쩍 대원군의 궁중 출입 가부에 대한 말을 피했다.

"대원군이 상감의 생부일지라도 상감 앞에선 신하에 지나지 않소. 그런 신하에게 상감이 친히 행차해서 볼 의무가 어디 있단 말이오?"

그러자 김좌근은 얼른 타협안을 내놓았다.

"정 그러시다면 흥선군에게 한 달에 한 번씩만 궁중에 들어와 상감을 뵙게 하시옵소서. 다만 정사는 대비마마께서 수렴청정 하십시오."

이것으로 조대비는 정식으로 섭정의 책임을 맡게 된 것이다. 그렇다고 조대비가 지지하는 대원군의 이면적인 정치활동을 막을 수는 없었다. 더구나 대원군을 한 달에 한 번만으로 궁중 출입을 보장할 수도 없었다. 그래서 이런 제안을 내놓았던 것이다. 그래야만 대원군의 궁중 출입 제한과 감시를 할 수 있다고 판단해서다.

익성군이 임금이 된 처음부터 흥선군도 김씨 일파의 반발을 무마하기 위해서 궁중 출입을 가급적 피했다. 그렇지만 흥선군의 세력은 이미 자리를 잡고 있었기 때문에 궁중 출입을 하지 않더라도 정치활동엔 아무런 지장이 없었다.

조대비는 흥선군이 궁중 출입할 때 신변보호를 위해 장수 한 명과 군사 다섯 명을 붙여 주었다. 중요대관들은 스스로 운현궁으로 흥선군을 찾아가 문안하고 정치문제를 논의했다.

한마디로 정치의 중심무대가 조정이 아니라 흥선군의 사저인 운현궁으로 옮겨진 것이다. 한참 후엔 창덕궁과 운현궁을 연결하는 통로와 문을 만들고 고종과 대원군만이 출입할 수 있게 했다.

얼마 후부터 조대비는 국정 전반을 흥선군에게 맡겼다. 그렇지만 흥선군은 정식 관직명을 바라지 않고, 막후에서 조대비의 명이나 고종의 왕명으로 독재정치를 시작했다.

이처럼 흥선군이 운현궁에서 천하를 호령하자 오랫동안 세도를 떨치면서 왕족들의 씨를 말린 영의정 김좌근과 김씨 일파들은 위축되었다.

이때 흥선군의 힘이라면 김씨 일파의 정적을 역적의 죄명을 씌워서 몰살할 수 있었고 귀양 보낼 수도 있었다. 더구나 흥선군을 지지하는 파에서도 김씨 일파를 엄중히 처단하자고 건의했지만 서두르지 않고 자멸을 기다렸다. 그것은 당파싸움의 세도정치로 나라가 망하려는 것을 구해보려는 애국심이었다.

점점 김씨 일파가 자멸됨과 동시에 그들로 인해 핍박받았던 유능한 인재를 발굴해 등용시켰다. 그것은 자신이 천대받을 때 시정을 배회하면서 직접 경험한 것이다. 더구나 민심이기도 했다.

흥선군이 득세하면서 오랫동안 세도를 부렸던 김씨 일가는 풍전등화였다. 자신들이 무자비하게 휘두른 권력 때문에 '김씨가 망해서 시원하다. 이젠 나라가 제대로 되고 백성도 편히 살게 되었다.' 라는 백성의 소리가 더 무서웠던 것이다.

시국이 이런 가운데도 김씨 일가들은 모였다 하면 흥선군을 미워하고 욕했다. 그러면서도 한편으론 흥선군의 숙청에서 구명되기를 바라기도 했다. 이렇듯이 세도가 꺾이자 그들은 비굴해지기 시작했다.

안동 김씨들이 득세한 것은 김조순이 순조의 장인이 되고부터다. 그 뒤로 순조, 헌종, 철종 등을 거치면서 무소불위로 군림했다. 따라서 관직을 돈으로 파는 탐관오리들의 수탈로 인해 민생은 도탄에 빠졌고, 정치는 곪을 대로 곪았다.

그러나 하루아침에 처량한 신세가 된 김씨 일파들은 삼계동 김흥근의 호화별장에 모여 신세 한탄을 하고 있었다. 이때 김흥근은 불쑥 푸념섞인 목소리로 말했다.

"망나니 흥선이 정치를 알기나 하겠소. 그놈의 일당들을 한결같이 천하의 시정잡배들 아니오?"

"그렇지요. 천하고 무식한 부랑배 일당들이 정치를 감당하겠습니까? 앞으로 어쩔 수 없이 우리 김씨의 힘을 빌릴 수밖에 없을 것이오. 그래서 우리 김씨를 함부로 대하지 못하잖습니까."

"나는 그렇게 생각하오. 그들이 손을 벌리면 못 이기는 척하고 갑시다. 그런 후에 적당한 기회에 세력을 되찾을 수가 있지요."

김병기가 낙관적으로 말하자 흥선군과 친분이 있는 김병학은 그를 잘 알고 있었기 때문에 찬동하지 않았다. 그는 과거부터 흥선군과 친했으며 또한 고종 등극문제에 있어서도 적극적인 반대를 하지 않았다. 따라서 같은 일파에서 이렇게 쏘아붙였다.

"병학이놈은 집안을 배반하고 흥선군 덕을 볼 놈이야. 그놈도 딸을 고종의 왕후로 시켜준다는 꼬임에 빠진 놈이지."

그러나 김병학은 자신의 일가를 팔아먹을 마음도 없었을 뿐더러 그런 행동을 하지 않았기 때문에 양심의 가책은 느낄 필요가 없었다.

"대원군이 권력을 잡은 이상 나라가 흥하든 망하든 큰일을 저지를 인물입니다. 우리 김씨뿐만 아니라 노론파를 꺾고 새로운 서민정치를 분명히 할 것입니다. 하지만 우리 김씨만을 모조리 잡아 죽이는 일은 하지 않을 것이오."

그러자 김병기가 말을 받아 빈정거렸다.

"자넨 믿는 구석이 있지 않은가? 홍선이 약조한 자네 딸과의 국혼문제는 어떻게 됐나?"

"그거야, 홍선군이 낭인시절에 한 농담이지요. 지금 우리 안동 김씨와 국혼을 하겠습니까?"

"좌우간 천하 장안의 잡것들과 막상막하인 홍선이 나랏일을 해보려면 반드시 우리 힘을 빌리러 올 것이야."

김병기는 아직도 정치에 미련을 버리지 못하고 착각속에 빠져 있었다.

"형님, 절대로 그를 얕봐선 안 됩니다. 그가 알고 있는 민심의 향방은 우리보다 더 밝답니다. 시중잡배들과 어울리면서 주색잡기에 빠진 것은 일부러 그런 것입니다. 그래서 민심의 기미를 직접 체험했고 백성에게 친밀감을 받고 있지요."

"자네는 홍선이 밀어줄 테니까 칭찬하는 게 아닌가?"

"오해하지 마십시오. 막말로 무식한 망나니가 권력의 칼을 함부로 쓸 때는 얼마나 무섭겠습니까. 그런 의미에서도 경계하시란 말입니다."

김병학은 일가들에게 배신자 취급을 당하기 싫었던 것이다. 그의 말에 잠시 좌중은 조용해졌다. 자기 이외엔 인물이 없다며 으쓱하던 김병기는 김병학의 말에 소름이 끼쳤다. 곧이어 입을 열었다.

"그래, 홍선이란 놈이 우리에게 미친 척하고 칼을 휘두를 때 우리가 취할 수 있는 무슨 방도가 있을까?"

"당장엔 우리 김씨에게 잔인한 행동은 안할 것입니다."

"세상은 바뀌어 우린 패장이 되었는데 무슨 할 말이 있는가?

이런 때 가장 좋은 것은 몸조심 하는 것이야. 아무튼 병학이 자넨, 그를 잘 알고 있으니까 무슨 수상한 낌새가 있으면 연락이나 하게나. 미운 일가지만 남보다 낫지 않은가."

"별 말씀을 다 하십니다. 그럴 경우에 제가 동지 구실을 할 거 아닙니까?"

대원군을 제일 멸시해 오던 김병기가 흥선군을 제일 무섭게 생각해 일종의 구명운동 같은 말을 했기 때문에 병학은 일가들을 안심시켰던 것이다.

며칠 후에 김병기는 자기 집에 잔치를 열고 흥선군을 초대했다. 그것은 흥선군을 은근히 떠보고 싶었기 때문이다. 그것은 새로운 권력자의 호감을 사려는 비굴한 술수였다.

"흥선이 거만해져서 우리 집에 과연 올까? 과거에 천대받은 것에 대해 앙갚음으로 오지 않을 수도 있을 것이야."

김병기는 흥선군이 오지 않을까봐 걱정하고 있었다.

"와도 좋고 안 와도 좋다. 만약 오지 않는다면 그것으로 그의 심중을 알 수 있으니까."

이렇게 말하면서 초조하게 흥선군을 기다렸다. 얼마나 시간이 흘렀을까. 대원군은 과거처럼 허술한 옷차림으로 혼자 나타났다. 흥선군이 큰가마를 타고 많은 수행원을 거느리고 폼잡고 올 것이라고 생각했었다. 초라한 행색은 상다리가 부러져라 차려놓은 요리상이 무색했다.

더구나 김병기를 비롯한 일족들은 대원군의 단신 내방에 도리어 위압을 느꼈다. 한편으론 자기들을 경계하지 않는 태도라고 판단해 속으론 기뻤다.

"대감께서 이런 누추한 곳으로 와주셔서 황송합니다."

"대감, 그게 무슨 말이오? 우리 집보다 훌륭한 고래등 같은 재상집인데 누추하다니요."

과거와 똑같은 호탕한 농담이었지만 김병기는 가슴이 뜨끔했다. 흥선군이 살고 있는 운현궁은 이름만 궁이지 오늘까지도 폐옥을 면할 정도로 간소하게 수리한 보잘것없는 집이었다.

대원군은 김병기가 안내하는 대로 윗자리에 앉고 좌우로 김병학과 그의 일족들이 배석했다. 이 잔치에 흥선군과 친한 김병학을 함께 동석시킨 것은 딱딱한 분위기를 풀기 위해서였다. 인사를 마친 뒤에 김병학이 먼저 잔을 들어서 흥선군에게 권했다.

"대감, 한 잔 드십시오."

그러자 흥선군이 술잔을 받으며 뼈있는 말을 한 후 시원하게 한잔 들이키며 김병학에게 잔을 건넸다.

"옛날과 달리 이 댁에 올 때 다리가 몹시 떨리더군요. 술로 떨리는 다리를 달래야겠소. 커~ 술맛 좋다. 자~, 대감도 한 잔 드시오."

"대감, 요즘 얼마나 분망하십니까?"

"나야 예나 지금이나 시정잡배들과 어울려 탁주타령하기에 바쁘지요."

흥선군은 일부러 정치 이야기를 듣기 싫어했다. 지금도 흥선군은 밤이면 종종 옛날 부랑자 친구들과 어울려서 싸구려 주색을 즐겼다. 흥선군의 말이 끝나기가 무섭게 김병기가 술잔을 권했다.

"대감, 제 술도 한 잔 드십시오."

"아~, 주인대감의 잔은 못 받겠소."

"섭섭하게, 무슨 말씀이신지?"

"그 술에 독이 들어 있지 않소? 나도 죽기는 싫소이다."

홍선군의 말에 김병기는 안색이 창백해지면서 말을 이었다.

"대감, 지금 잡수신 술과 같은 주전자에서 따른 술입니다."

"허어, 대감. 우기지 마시오. 아까 것과 잔이 다르지 않소이까?"

"그럼 제가 먼저 시음하고 드리겠습니다."

김병기는 손에 들고 있던 술을 마신 뒤에 다시 술을 쳐서 홍선군에게 권했다. 그러자 홍선군은 잔을 받으며 너털웃음을 지었다.

"허허허, 이제 됐소. 주인이 마시고 객에게 주는 것이 주법이올시다."

"대감, 제가 워낙 주법을 몰라서 실례했군요."

홍선군의 이런 생뚱맞은 농담으로 좌중이 서먹서먹해졌다. 아무래도 김병기의 정책적 초대라 대원군은 흥이 나지 않았고 오히려 분위기만 싸늘했다. 이럴 때 김병학이 웃으면서 분위기를 녹였던 것이다. 기생은 좌석의 분위기를 눈치채고 아양을 떨며 홍선군에게 술을 올렸다.

"대감님, 한 잔 더 드사와요."

"이년, 기생 노릇을 하는 너까지 주법을 모르느냐? 나는 역시 선술집 작부의 막걸리잔이 어울리는구나."

홍선군은 이 말을 하면서 술잔을 들고 있는 기생의 손목을 쳐서 물리쳤다. 그때 튕겨져 나간 술잔이 하필이면 김병기의 얼굴로 튀었다.

　기생의 얼굴은 사색이 되었고, 이때 김병기는 얼굴에 튄 술은 닦지 못하고 흥선군의 얼굴만 힐끗 쳐다봤다.

　그는 흥선군이 무엇 때문에 화를 냈는지를 몰랐다. 그래서 등골이 오싹했다. 그때 흥선군이 말을 했다.

　"너, 이년. 무슨 잘못을 했는지 아느냐?"

　"대감, 죄송하옵니다."

　"네이년, 잘못도 모르면서 무엇이 죄송하다는 것이냐. 술자리엔 대감이 어디 있느냐. 술 먹을 때는 재상도 망나니요, 정경부인도 화냥년이다. 그래야 술맛이 나는 법이야."

　흥선군은 자신의 망나니 별명이 너희 대감들보다 낫다며 비꼬는 말이었다. 그의 이런 수작은 다른 재상이나 양반들은 도저히 상상할 수도 없는 풍자였던 것이다. 더구나 주인 김병기로선 도저히 이해하기 어려웠다.

　"네, 알아 모시겠습니다."

　"알아 모시겠다는 말도 틀렸다."

　그러자 기생은 생글생글 웃으면서 이렇게 말하고 술잔을 올렸다.

　"망나니, 이 술 한 잔 드시지요."

　"그래, 그래. 이제야 제대로 하는구나."

　흥선군은 호탕하게 웃으면서 기생이 올리는 술을 받아 마시며 말했다.

　"요런, 귀여운 화냥년아. 너도 한 잔 들어라."

　"호호호, 대감도. 정말 재미있는 술꾼이셔요."

"나한테 반하면 속살을 보여줘야 한다. 알겠느냐. 허허허."

"대감도, 몸 둘 바를 모르겠습니다."

"알면 됐다. 망나니한테 혼날 테니 모르는 게 약이니라."

흥선군은 망나니 행동을 이들에게 보여주려는 수작이었고 이 덕분에 좌석에서 웃음소리가 터졌다.

그때 흥선군은 기생에게 노래를 청한 후 옆에 있던 거문고를 잡아서 풍류객 솜씨를 보여주었다. 김병기도 역시 솜씨를 치켜세우자 흥선군은 그에게 술을 권했다.

"자아, 나야 본디 기본 주량이 있지만 주인께서도 술을 하셔야 연회가 어울릴 것 같군요."

"저야 얼마든지 하겠습니다. 대감께서도 좀 더 하시지요."

"허허허, 대감이 나더러도 또 대감이라는군요. 전엔 그렇게 인색하시던 술이었건만, 오늘 왜 이렇게 권하는지 모르겠군요."

이것 또한 가시 돋친 말이었다. 그러자 김병기는 머리를 조아리며 사과를 했다.

"대감, 용서하시오. 그때는 그때일 뿐이잖습니까?"

"허허, 무슨 말씀을. 나도 입으론 험담을 잘 하지만 건망증이 있어서 지난 일에 연연하지 않습니다. 산천이 변하는데 어찌 인심이 변하지 않겠소?"

흥선군은 이런 농담으로 김병기의 초대에 감사의 뜻을 표했다. 그는 이 말에 안도의 숨을 쉬었다. 연회가 끝난 뒤에 김병기를 비롯한 안동 김씨 고관들은 이구동성으로 입을 열었다.

"흥선군도 알고 봤더니 독종은 아니구먼. 우리 일가들이 참화까지는 받지 않을 것 같구나."

그러나 김흥근의 호화로운 삼계동 별장은 흥선군의 계략에 걸려들어 어쩔 수 없이 자진해서 고종에게 진상했던 것이다.

어느 날 대원군은 소탈한 평복으로 김흥근의 집에 예고도 없이 찾아왔다. 그러자 김흥근은 깜짝 놀라 당황하면서 사랑채로 흥선군을 맞았다.

"대감께서 기별도 없이 웬일이십니까?"

"대감에게 청이 있어서 왔소이다."

"청이라니요?"

"다른 게 아니고 술친구들과 한적한 곳에서 하루를 놀고 싶은데, 대감의 삼계동 별장을 빌려주실 수 없겠습니까?"

옛날 같으면 씨알도 먹히지 않은 말이었지만, 지금은 사정이 바뀌었다. 김흥근은 부드럽게 대답했다.

"대감께서 쓰신다면 어찌 거역하겠습니까? 요즘 나가보지 않아 지저분할지도 모르겠습니다. 며칠만 여유를 주시면 청소와 정돈해서 빌려드리겠습니다."

"그렇게 하지 않아도 됩니다. 내일 하루만 사용하는 것이라 일부러 그러실 필요가 없습니다."

"오늘 중으로라도 청소를 하도록 하겠습니다."

"빌려 쓰는 것도 황송한데 그런 폐까지 끼친다면 내가 나쁜 사람이 됩니다. 그러시다면 그만두겠소이다."

"대감, 성미가 급하시군요. 그럼 그대로 나가셔서 노십시오."

그의 집을 나온 흥선군은 김흥근의 굽실거리던 광경이 우스웠다. 그래서 그는 새삼스럽게 김병학을 떠올리면서 이렇게 중얼거렸다.

'홍근이나 병기에 비하면 김병학이 정말 의리가 있는 진정한 친구다. 내가 곤궁할 때 돈이나 곡식으로 도와주었다. 하지만 세상이 바뀐 지금에도 나에게 아첨도 않고 오히려 친구로서 충고까지 해준다. 그는 역시 괜찮은 사람이야.'

이튿날 흥선군은 천하 장안의 유명한 부랑자 친구들과 천민출신인 옛날 술친구 십여 명을 데리고 김홍근의 별장으로 놀러갔다. 별장에는 굉장한 잔칫상이 준비되어 있었고 일류기생까지 대기하고 있었다.

"대감, 오늘은 웬일입니까? 마치 칙사를 대접하는 진수성찬 같습니다."

"너희들을 위한 상이 아니다. 칙사를 보내시는 분께서 행차하신다. 너희들은 그분이 나가신 뒤에 진탕 놀아라."

"그럼, 오늘 상감마마께서 여기로 행차하십니까? 저희들은 이런 자리에 불러주셔서 영광입니다."

이 별장에서 제일 경치가 좋은 유관재는 신선이 살던 집처럼 아름다웠다. 흥선군은 술친구들을 다른 정자에 차려진 술상으로 데리고 가 일렀다.

"여기서 두서너 잔만 먼저 하자꾸나. 상감께서 오실 때까지 낯이 붉어져선 안 된다. 나는 잠깐 궁중으로 가 상감마마를 모시고 오겠다."

흥선군은 궁중으로 가서 고종의 행차를 인도하고 돌아왔다. 어린 임금은 유관재에서 경치를 구경하면서 오찬을 하고 이내 환궁했다. 그런 뒤에 흥선군과 친구들은 밤이 늦도록 먹고 마시며 놀았다.

그러면서도 세상에서 멸시받는 천민과 상인들에게 자신의 정치적 포부를 피력하면서 그들의 협력을 구했다.

"나라를 구하는 정치란 별것이 없다. 세력이 없고 가난한 백성을 잘 살게 해주는 것만이 선정이다. 민심이 곧 천심이라 임금도 대신들도 백성을 하늘처럼 떠받들어야 한다. 앞으로 백성도 정치를 알기 위해서는 직접 정치에 참여해야만 한다. 따라서 너희들에게 고관들을 감시하는 직책을 맡기겠다. 민심의 동향을 잘 살펴야 한다. 특히 신분의 고하를 막론하고 탐관오리의 죄상을 염탐해서 직접 나에게 보고하도록 하라."

"대감, 그런 일이라면 저희들은 자신이 있습니다."

흥선군의 지기에 감격한 이들은 의협심으로 신의를 맹세하는 잔을 들었다. 그는 누구에게나 이런 식으로 솔직한 심정을 토로했기 때문에 상대방에게 신임을 얻고, 대소의 정치문제에 큰 효과를 얻었던 것이다. 이때 좌중에서 이런 말을 했다.

"대감님, 주인 김가놈의 별장이 참 훌륭합니다. 이것도 모두 국고를 좀먹고 백성의 재물을 훔쳐서 지은 것이 아니겠습니까?"

"그렇지. 앞으론 벼슬아치들이 이런 짓거리를 못하게 너희들이 잘 감시해야 한다."

"대감께서 이 별장부터 몰수하시는 것이 어떨지요."

"이놈아, 그런 생각부터가 김가들이 저지른 죄가 아니더냐? 내가 왜 남의 재산을 빼앗겠느냐. 지난 일엔 나는 관대한 태도를 취하겠다."

"그럼 김가 스스로 제물로 바치게 하면 되지 않겠습니까?"

"그렇게 생각해야지. 김가들이 나의 관용을 아는지 모르는지 아직까지 새임금과 나를 깔보고 있어. 그것을 알게 하기 위해서 오늘 상감마마를 이곳으로 행차하시게 한 것이야."

"내일 대감께서 김홍근에게 상감마마께서 이 별장을 좋아하신다는 말을 하시면…."

"허허허, 상감께서 한 번 노시고 가셨다는 소문을 들었다면 그자는 지금 반성하고 있을 것이다."

"이제 알았습니다. 상감께서 행차까지 하신 이곳에서 앞으로 주색 향락의 장소론 쓰지 못하겠군요."

며칠 후 김홍근은 정사로 고종을 뵈었을 때 큰 충성이나 하듯이 삼계동의 유관재를 바쳤다. 한마디로 임금이 놀던 곳은 신하가 소유하지 못하게 되어 있었기 때문이다.

대원군은 이런 수단으로 김홍근에게 억지 충성을 시켜 생색을 내게 해주었다. 세월이 흐른 뒤 고종은 그 별장을 대원군에게 내려주었다. 그땐 아무도 흥선군이 김홍근의 별장을 빼앗았다고 하지 않았다.

흥선군은 이 별장 외에는 안동 김씨에게 아무런 정치적 보복을 하지 않았다. 물론 그들을 모든 요직에서 자연스럽게 물러나게는 했다. 뿐만 아니라 김씨 중에서도 몇 명의 인물을 중용하는 아량도 베풀었다.

어느 날 한밤중에 흥선군이 김병학의 집을 찾아갔다. 김병학도 밤중에 자신을 찾아왔기 때문에 뜻밖으로 생각했다. 그렇지만 서로의 우정이 깊었기 때문에 반갑게 맞았다.

"대감께서 밤중에 웬일이시옵니까?"

"대감에게 쑥스러운 청이 있어서 왔소이다."

"무슨?"

"지금 초당파 인물 중심의 조정을 꾸미고 있소이다. 당파나 또는 양반만이 벼슬을 하는 폐단을 없애고, 어느 정도의 상놈까지도 공평하게 등용시키려고 합니다."

"대감의 개혁 취지를 잘 알겠습니다. 그렇지만 상놈들을 고관에 등용시키면 지배층이던 양반관료와 유림에게 반발을 일으키지 않을까요. 그것만은 좀 서서히 적용시키면 안 될까요?"

"맞는 말이올시다. 그러나 독초는 단번에 뿌리채 뽑는 게 혁신 정책이잖소. 다소 잡음이 있더라도 구폐는 이번 기회에 일소해야 하겠습니다."

"대감의 용단이라면 충분하다고 생각합니다."

"용단을 내릴 결심도 방안도 있지요. 하지만 나에게 그 용단을 내린 후에 생기는 문제를 수습할 능력이 있겠습니까? 대감의 의견을 듣고 싶소이다."

"대감에겐 그런 능력도 있으십니다. 어렵긴 하겠지만요."

"나도 그렇게 생각하고 있답니다. 그래서 대감의 도움을 받기 위해서 왔지요. 대감께서는 이번에 좌의정을 맡아주셨으면 하오."

"대감의 호의에 감격합니다. 그러나 세상은 우리 김씨일가를 모두 죄인 취급하고 있지요. 그래서 당연히 삼가야 할 시기라고 생각합니다. 또 나로선 친척들이 모두 벼슬에서 물러난 이때 나만 그런 영광을 누린다면 어찌 되겠습니까. 죄송합니다만 사양하겠습니다."

"세상 잡음과 인정만을 생각한다면 크고 어려운 일은 추진하지 못합니다. 내가 몰아내지 않는데 왜 그렇게 생각하는지 모르겠소. 세상에선 김병기 대감과 나와 사이가 제일 나쁘다고 하지요. 하지만 그분에게도 유임을 청할 생각입니다. 그러니 대감께서는 그렇게 생각하지 않으셔도 됩니다."

하지만 결국 새로운 조정에서 요직을 차지하게 된 것은 우의정 김병학뿐이었다. 김병기와 김병국은 감등과 좌천으로 남았을 뿐 영의정 이하 여러 판서들은 모두 밀려났다.

호랑이 발톱

'나라를 바로잡으려면 파벌을 초월해 유능한 인재를 적재적소에 등용해야만 한다.'

이것이 대원군이 주장하는 정치기조의 원칙이다. 그러나 자기가 믿을 만한 인물이어야 했다. 자신이 등용하면 자신을 더욱 믿을 수 있는 사람으로 만드는 재주가 뛰어났다.

당백전

하지만 대원군은 자신의 아들을 왕으로 세워준 조대비에게 감사를 느꼈지만, 수렴섭정의 조대비 밑에서 일하는 것이 거북스러웠다. 그래서 고종이 15세(고종 3년) 되던 2월에 조대비의 수렴섭정을 폐지하고 국왕 친정을 내세우면서 흥선군이 직접 천하를 호령하게 되었다.

이때부터 삼정승 육판서를 비롯한 대신의 요직을 자신의 마음대로 등용했던 것이다. 이때 조두순이 영의정, 김병학이 좌의정, 유후조가 우의정이었다. 두 사람 외에 유후조를 우의정에 등용한 것과 이에 앞서 북인파인 임백경을 우의정에 등용한 것도 놀라운 인사였다.

또한 대원군은 그 뒤에도 남인인 한계원을 우의정으로 삼았고, 북인의 강로도 좌의정으로 삼았다. 한마디로 노론파만 벼슬하던 폐단을 타파했기 때문에 남인, 북인들에게 환심을 샀다. 이렇게 함으로써 많은 선비들까지 용기를 얻게 되었다.

또한 과거 당파싸움에서 억울하게 정치범으로 처형이나 박해당한 사람들을 복권시키기도 했다. 이것은 조선 건국 이래 단행된 이런 인사는 400년 이래 처음 있는 일이었다.

그의 대담성은 아전, 평민, 천민들 중에서도 유능한 인물을 등용해서 정보기관의 관원으로 각지에 배치한 것이었다.

화양서원의 굴욕

"나라를 망친 것은 부패한 벼슬아치인 양반 족속들이다. 양반들은 나라의 덕을 제일 많이 보면서 나라에 대한 의무도 이행하지 않고 정치에 대한 불평만 한다. 그리고 일도 안 하고 세금도 내지 않는다. 양반이고 상놈이고 모두 백성일 바엔 공평한 대우를 나라가 보장해야 한다."

대원군은 이런 선언을 하고 지방까지 뿌리 깊게 박힌 지방 양반들에게 철퇴를 내렸다. 또한 평민에게만 물렸던 세금과 부역을 양반에게도 적용하는 세제개혁을 단행했다.

그리고 양반의 평민학대와 수탈을 엄중히 금했다. 그러자 일반 백성들은 만세를 불렀지만, 양반의 대변자인 지방의 유림들은 반대여론을 일으키며 상소문을 계속 올렸다.

그러자 대원군은 정치 불평의 소굴이라며 서원을 폐쇄했다. 그러자 이 법령은 철저하게 단행되었고 이것을 비판해서 상소하는 선비는 무조건 귀양을 보냈다.

그중에서 이름깨나 있는 지방 대표들이 대궐 앞에서 항의시위를 했다. 이들의 시위는 서원 폐지에 대한 것이었다.

"교육기관인 서원을 폐지하는 것은 이 나라를 미개지로 만들 위험이 있다. 학문과 학자를 탄압하는 것은 최대의 학정이다."

그러자 대원군은 도리어 화를 내며 이렇게 명했다.

"서원에서 성현의 교육이 끝난 지 오래고, 글 읽는 소리가 취객들의 노래로 변해버렸다. 그 중에서 가장 큰 피해는 서원의 세도로 양민의 금품을 수탈하는 행동이다. 그런 서생들을 잡아서 한강 이남으로 몰아내라."

대원군의 명령이 떨어지자 군사들이 동원되어 시위하는 유생들을 잡아다가 한강 이남으로 쫓아버렸다. 그런 후 각 서원에 국가에서 허용했던 일체의 토지를 몰수하여 서원의 기능을 박탈했다.

이런 서원들 중에서도 가장 악랄하게 세도를 부린 곳이 바로 청주에 있는 화양동서원이었다. 이 서원은 우암 송시열의 유지에 따라 명나라 말 신종, 의종을 추모하기 위해 세워진 곳이었다. 유림들은 화양서원을 근거로 삼아 중앙의 세도가들과 결탁하고 있어 권력이 막강했다.

예를 들면 화양서원에서 '모월, 모일에 제향을 올리겠으니 제수에 사용될 돈을 얼마씩 봉납하라.'는 고지서를 발송한다. 관리나 백성이나 땅을 팔아서라도 기부하지 않으면 서원마당에

이양선

잡혀가 볼기를 맞고 주리틀리는 형을 받았다.

이런 악폐 때문에 대원군이 관령으로 단속해 보려고 했지만 아무런 효과를 거두지 못했었다. 그만큼 세도를 부린 화양서원

이라 제향을 올리는 규모도 호화스러웠다.

　대원군도 낭인시절에 청주까지 가서 그 제사를 구경하다가 큰 봉변을 당했다. 대원군은 수수한 낭인으로서 제사구경을 갔다가 무심코 손에 부채를 든 채 서원의 돌층계를 오르고 있었다.

　그러자 유생과 서원의 청지기가 달려와 멱살을 잡고 끌어내렸다. 그런 후 유생은 대원군의 뺨까지 때렸다. 그러나 천하를 호령하는 백성의 대부가 된 이때 당시의 봉변을 회상하면서 입맛을 다셨다.

허황된 욕심

　대원군은 왕실 권위의 상징인 웅장한 궁전을 짓겠다고 결심했다. 경복궁은 조선 건국시기에 건설되었지만 임진왜란으로 모두 타버렸다. 그러나 이 거대한 건축사업에 필요한 막대한 재정과 인력동원이 문제였다. 이런 문제에 막혀 경복궁 재건은 항상 중지되었던 것이다.
　따라서 대원군은 중신들에게 의견을 묻자 한결같이 재정이 부족하다며 반대했다. 그렇지만 대원군은 끝내 자신의 주장을 폈다. 그런 후 백성들을 납득시키려는 계획안도 내놓았다.
　이것은 미신의 효력을 이용한 모략이었다. 그리고 조대비의 허영심을 충동하여 찬성을 얻으려고 했다. 조대비는 자기집을 훌륭히 지어 호강시켜 준다는 대원군 말에 넘어가고 말았다.
　대원군은 운현궁으로 돌아와 청지기로 부리고 있는 천가, 하가, 장가, 안가 네 명을 동시에 불렀다.
　"대감, 무슨 분부이시옵니까?"
　"너희들에게 부탁할 일이 있다."
　"말씀하시지요."
　"이번에 경복궁을 재건하게 되었다."
　"반대파도 찬성했습니까?"
　"아니다. 그들의 벽창호 같은 마음을 너희들이 뚫어줘야겠다."

"저희들이요? 무슨 방법이라도?"

" 그래, 그러기 위해선 그들의 눈을 속이고 입을 막는 비결을 써야겠다."

그런 후 퇴침만한 청석돌을 주었다. 그리고 그 돌을 갖다가 이렇게저렇게 하라며 지령을 내렸다.

"도대체 이것이 뭘까?"

청돌에는 이상한 글씨체로 어떤 글씨가 새겨져 있었다. 그리고 며칠 후에 창덕궁 의정부 청사를 수리할 때, 땅 속에서 청지기들이 몰래 묻어두었던 돌멩이가 두 곳에서 나왔는데, 인부들은 이 돌을 감독에게 갖다주었다. 청돌에는 이런 예언의 글귀가 새겨져 있었다.

'癸未甲元 新王雖登 國嗣又絕 可不懼哉 景福宮殿 更爲建 寶座移定 聖子神孫 繼續承承 國祚更延 人民富盛 東方老人秘訣 看此不告 東國逆賊'

(계해년 말에서 갑자년 초에 걸쳐 새임금이 등극하더라도 나라를 이을 자손이 또 끊어질 운수이매 어찌 송구스럽지 않으랴. 그러나 경복궁을 다시 짓고 보좌를 옮기면 성자신손이 대를 이어 번성해서 나라의 경사가 무궁하고 백성이 부성하리라. 이 글은 동방노인이 예언한 비결이라 만일 이 비결을 발견하고도 이대로 아뢰고 실행하지 않으면 나라의 역적이다.)

감독은 깜짝 놀라서 이 비결의 돌을 임금께 바쳤다. 이것은 대원군의 묘책이었다. 하지만 경복궁 재건을 반대하던 대신들도 대원군의 장난이라고 추측했지만 증거가 없어 이러지도 저러지도 못했다. 만약 반대했다가는 국왕의 손이 끊기고 나라가 망해도 좋다는 불경죄로 몰려 역적의 누명을 쓸 가능성이 있었기 때문이다.

청돌의 예언은 궁중을 비롯한 일반 백성들에게 화제가 되어서 전국에 유포되었다. 조대비는 고종 2년 4월 3일에 현임대신들과 전임대신들을 희정당에 불러놓고 경복궁 재건에 대한 최후 결정을 내릴 회의를 열었다. 이 자리에는 경복궁 재건에 반대하는 이유원과 물러난 영의정 김좌근도 참석했지만 대원군은 보이지 않았다. 조대비가 발 너머의 섭정자리에 앉아 입을 열었다.

"건국 초기에 국가와 왕실에서 세운 경복궁을 적군의 병화에 태운 채 이백 년이나 폐허로 방치되어 있소. 이것은 열성조께 황송하고 백성에 대해서도 위신이 서지 못 했소. 선대에서도 이 문제를 한두 번 논의되었지만 왕실에 그만한 일을 감당할 중심이 없어서 중지되어 왔소이다. 이젠 책임지고 일할 만한 대원군이 있으니, 이 기회에 경들은 대원군과 상의해서 재건공사를 일으키도록 하시오."

이 말을 들은 이유원은 모든 것이 대원군의 연극임을 알았지만 반대할 수도 없어서 심중론으로 말했다.

"경복궁 재건취지에 누가 반대하겠습니까? 오직 걱정되는 것은 막대한 경비와 부역동원의 문제입니다."

"나도 잘 알고 있소. 그런 점을 대원군과 잘 상의하길 바라오."

그렇지만 대원군의 힘으로도 불가능하다고 말할 수가 없었다. 그때 마침 가장 연장자인 원로중신 정원용이 찬성했다.

"나라의 근본이 되는 궁궐을 재건하는 것은 경사라 생각하오. 이번 기회가 신하와 백성이 한마음으로 충성할 수 있을 것으로 생각됩니다."

그러자 좌의정 김병학도 대원군 편을 들었다.

"역대에 하지 못한 이런 사업을 지금 하는데 선대의 뜻이 있습니다. 대원군이 총책임을 지시면 될 것으로 사료됩니다."

김병학의 말을 이어 김좌근이 입을 열었다.

"막대한 재정이 문제이옵니다. 아직 삼남지방의 유림과 백성의 마음이 안정되지 않은 때라 시기가 이른 것 같습니다."

시기상조론으로 소극적 반대를 했지만 영의정 조두순이 결정적으로 찬성을 했다. 그러자 반대론의 대표적인 이유원도 하는 수 없이 찬성하고 말았다.

이런 결정이 내리자 대원군은 그날로 활동을 개시했다. 조대비의 교서형식을 빌어 계획을 발표한 후 동시에 영건도감을 설치했다. 대원군의 총지휘 하에 도제조에 영의정 조두순, 제조에 열두 명의 고관을 임명했다. 그리고 재정 문제는 거국적인 원납금 제도를 활용하기로 했다.

가장 먼저 궁중에서는 조대비 명의로 십만 냥의 국고금을 하사했다. 오랫동안 세도를 부린 안동 김씨 일파는 사죄하는 의미와 구명운동 자금으로 거액의 원납금을 내놓았다. 이렇게 타의 반 자의 반으로 막대한 원납금은 모두 40만 냥이 모금되었다.

또한 대원군은 만족한 표정으로 종친들을 모아놓고 원납금을 기부하라고 했다. 더구나 가난한 농민들은 원납금을 내기가 어렵기 때문에 공사장에 나와서 부역으로 충성을 하라고 했다.

4월 15일부터 경복궁의 터를 닦기 시작했는데 장안의 빈민들이 모여와서 신속하게 기초공사가 진행되었다. 그러나 서울 부근의 성 밖의 농민들은 농번기였기 때문에 속으로 원망했다. 그것을 알아차린 대원군이 명을 내렸다.

"지금은 농사철이니 농사를 지은 뒤에 참가하도록 하라."

그러자 순진한 농민들은 대원군에게 고마워했다. 또한 원납전을 내지 못한 가난한 양반들까지 모두 부역에 나온 바람에 공사장은 활기를 띠었다. 이때 대원군은 품삯 없이 일하는 부역꾼들을 위해 삼시로 따뜻한 밥을 지어 먹였다. 이렇게 하여 한 달도 못 되어 넓은 궁궐의 터전이 닦이지고 주춧돌이 놓여질 단계가 되었을 때 전국의 목공과 석공들이 동원되었다.

그러자 대원군은 점점 욕심을 부려 예정보다 궁궐의 수를 늘이고 목재와 석재도 더 좋은 것을 택했다. 목재는 서울에서 가까운 능림에서 베어 쓰다가 그것이 부족해 민간산림까지 손을 뻗쳤다. 석재는 강화도에서 가져왔기 때문에 많은 인력이 필요했다.

처음과는 달리 백성들의 원망이 높아졌지만 대원군은 예정대로 밀어붙였다. 그 결과 그해 구월에 경복궁의 광화문을 비롯한 동서남북 네 궁문의 상량식을 올렸다.

경복궁 서쪽에 큰못을 파서 옛날에 있었던 석경루를 재건하려고 땅을 파다가 박경회라는 인부가 동으로 만들어진 보기를 발견했다. 공사를 감독하던 참찬관 김태욱이 뚜껑을 보니 수진보작이란 글자가 새겨져 있었다.

그는 '이 안에 옛날 상감님이 쓰시던 보배가 들어 있구나.' 라며 뚜껑을 열어본즉 거기에는 과연 금동제의 술잔이 들어 있었다. 그 술잔에는 칠언절구의 한시가 새겨져 있었다.

'華山道士袖中寶, 獻壽東方國太公. 靑牛十廻白己節, 開封人是玉泉翁.'(화산도사의 소매 속에 들었던 이 보배를 동방의 국태공의 손을 빌어 바치노라. 도사가 푸른 소를 타고 돌아오는 이날에, 이 보배를 발견해서 열어보는 사람, 옥천옹이리라.)

이것은 청색돌보다 더 큰 반향을 일으켰다. 국태공이란 대원군의 공식칭호였던 것이다. 이것은 원납전과 부역으로 고통을 느낀 백성들이 원망의 소리를 잠재우기 위해 대원군이 내놓은 다른 묘책이었던 것이다.

그것 역시 대원군의 연극이라는 것을 사람들은 알았지만, 감히 입 밖으로 욕하지 못했다. 대원군의 목적은 그것을 믿는 일반 대중에게 지지를 받는 것이었다. 여기서 주목할 것은 그 전의 청석명과는 다르게 이번에는 대원군 자신의 위대성을 화산도사의 이름으로 찬양한 점이다.

홍선 대원군

이 보물을 발견한 인부 박경회가 바로 옥천옹이라, 누각의 이름을 그의 이름을 따서 '경회루'라고 대원군이 명했다. 대원군은 그 비결의 보물이 진짜라는 인상을 주기 위해 발견한 인부에게 당장 오위장의 벼슬을 시키고 나중에는 중추부사까지 승진시켰다.

무리한 공사로 막대한 재정부담과 부역에 백성들의 불만이 점점 늘어났다. 공사를 시작한 지 만 일 년이 되는 고종 3년 3월에는 공사장에 산적했던 목재에 화재가 나서 전부 태워버렸다. 이때는 천주교도를 박해했던 시기였다. 그래서 그 원인을 천주교도들에게 씌웠다.

천하의 대원군이라도 5년에 걸친 거대한 경복궁 공사에 혼쭐이 났다. 재정이 어려워지자 상경하는 지방인에게 남대문을 비롯한 성문에서 통문세까지 받았다. 그래도 건축비가 달리자 화폐개혁까지 해 당백전을 새로 만들다보니 통화가 팽창되고 말았다.

따라서 자연적으로 물가가 올랐고 위조 엽전의 피해도 심했다. 이것을 막기 힘들다는 것을 알게 된 대원군은 청나라의 동전을 사용했다. 그 결과 위조 엽전도 막고 차차 물가가 안정되었다.

종이호랑이의 포효

　대원군은 경복궁 재건뿐만 아니라, 사민평등으로 양반세도의 신분제도를 개혁하고 백성의 의식주에 이르는 생활양식과 풍속까지 개량했다. 또한 세금제도와 군역의 불공평도 고쳤으며 군기를 확립하여 국방도 튼튼히 했다. 그의 정치사에서 가장 큰 오점은 내적으로 천주교도를 가혹하게 탄압한 것이고, 외적으로는 엄격한 쇄국정책을 단행한 것이었다.

　그러나 대원군이 천주교도와 큰 원수가 되지 않고 도리어 은인이 될 뻔한 일화가 있다. 그것은 어린 고종의 유모 박소사가 천주교 신자였고, 이 유모를 통해 대원군의 부인 민씨도 반신자가 되었기 때문이다.

　대원군의 부인 민씨는 유모 박씨를 신임했고 그의 설교가 옳은 듯도 했다. 그녀의 설교를 들은 민씨는 임금이 된 아들과 남편 대원군이 지옥에 갈까봐 두려워했다.

　"마님, 만일 천주교 선교사인 서양 사람을 박해하면, 그들 나라가 노해서 강한 군대로 쳐들어 와서 단번에 쑥대밭으로 만들어 버릴 것입니다. 청나라도 천주교를 반대하다가 결국 굴복하지 않았습니까?"

　"그런 변이 나면 큰일나게."

　"마님께서 대감께 잘 말씀해 주세요. 그러면 우리 천주교도가 대감을 하느님의 사도로 추앙할 것입니다. 그리고 여러 서양나라에서도 고마워하고 상감님과 대감님과, 우리나라를 도와주실 것입니다."

"대감껜 내가 잘 말해 보겠네."

민씨는 유모의 말을 듣고 남편 대원군을 설득해 볼 생각이었다. 유모 박소사의 이런 웅변은 천주교도인 남편 홍봉주에게 얻은 지식이다. 또 그가 아내를 통해서 천주교도의 구명운동을 시켰기 때문이다. 홍봉주는 삼대가 천주교도로서 남인파의 거물이었다.

그가 천주교도이기 때문에 아내가 임금의 유모이면서도 불우한 처지에서 전전긍긍하며 지내고 있었던 것이다. 박소사는 곧 남편에게 대원군 부인의 호의와 대원군에게 간곡히 청해 주겠다는 약속을 받았다고 알렸다.

이런 소식을 들은 남편 홍봉주는 기뻐했다. 그는 신도이며 친구인 남종삼에게 연락했다. 남종삼은 예전부터 대원군과 친한 사이였다. 그 후 남종삼은 대원군을 찾아가 흉금을 털어놓고 천주교의 포교자유를 호소했다.

그는 국내정세에서 국제정세에 이르기까지, 세계 태세와 역사의 앞길을 내다보는 열변을 토했다. 더구나 그 인식을 깊이 하기 위해 글로 쓴 논문까지 전했다. 그러자 대원군의 마음이 움직이는 듯했다.

"자네 기질은 내가 잘 알고 있네."

천주교를 반대한 순조 이래 탄압정책은 원래 양반들의 유교사상에서 나왔던 것이다.

그런 양반들의 부패에 철퇴를 내린 대원군으로선 천주교를 해방해도 무리가 없다고 생각했다. 또한 이것으로 남침하려는 러시아를 막을 수 있다면 다행이었다.

"알았네, 하지만 자네도 알다시피 오래된 유림들의 정책은 내 힘만으론 어렵다네. 그래서 반대하는 대신들의 양해를 구해 보겠네. 그리고 불란서 선교사가 누구던가?"

"베르누 선교사입니다. 우리나라 이름으론 장경일이옵지요."

"그래? 그와도 한번 만나보고 싶은데 자네가 연락을 해주게."

"감사합니다. 지방에서 올라오는 대로 소개하겠습니다."

남종삼은 이제부터 천주교도들이 살았다고 감격하면서 재삼 당부하고 운현궁을 나왔다.

그 다음 날 대원군이 천주교 탄압을 완화하면 어떻겠느냐고 대신들에게 물었다. 그러자 강경하게 반대하자는 의견이 순간적으로 통일되었다. 먼저 정원용이 발언했다.

"순조임금 이래 전통적으로 천주학은 엄금했습니다. 신유사옥의 잔당들이 또다시 준동하는 것 같은데, 이 기회에 철저히 뿌리를 뽑아야 합니다."

그의 뒤를 이어 영의정 조두순, 좌의정 김병학, 영돈녕 김좌근이 천주교에 대한 철저한 탄압을 주장했다. 그러자 대원군은 남종삼에게 들은 말도 했다.

"급변하는 세계정세로 볼 때 서양 각국의 반감을 사지 않을까? 청나라도 그들에게 혼나고 있는데 천주교를 묵인하여 그들과 친하게 지내는 것이 괜찮을 것도 같은데…"

"대감, 우리나라의 국교는 오직 주자학이옵니다. 기타의 사교는 절대로 용납할 수가 없습니다."

"경들의 말씀대로 탄압하긴 쉽소이다. 만약 이 문제로 서양제국에게 화를 당하면 그 책임을 누가 지겠소?"

그러자 대신들이 입을 모아 말했다.

"천주학 무리가 목숨을 걸고 저희들 사교에 충실한데, 우린들 그만한 각오가 없겠습니까? 그보다 우선 대원군은 우리의 결의와 천하 유림들의 민심을 수습하기 위해서도 용단이 필요하옵니다."

이때 대원군은 자기가 경솔했다는 것을 얼른 깨달았다. 그래서 천주교도에 대한 가혹한 탄압을 결심했던 것이다. 그 즉시 천주교 거물급의 검거선풍이 불기 시작했다.

이때 장경일 등의 외국인 선교사가 일망타진되었다. 또한 고종의 유모 남편인 홍봉주도 체포되었다. 이들을 정치범으로 취급했기 때문에 포도청에서 의금부로 넘겨 엄중한 문초를 했다. 대원군은 직접 의금부로 나가서 장경일을 문초했다.

"그대의 나라는 어디냐?"

그러자 장경일은 유창한 조선말로 대답했다.

"프랑스입니다."

"본명은 무엇이고 언제 우리나라에 왔는가?"

"프랑스 이름은 베르누고, 조선에는 20년 전에 왔소."

"주소는?"

"홍봉주 집에 유숙하고 있소."

순간 대원군은 온순하고 충실한 유모 박씨의 얼굴이 떠올랐다. 그러나 그는 사사로운 인정은 무시하려고 애썼다.

"천주교 선교사로서 무슨 일을 하느냐?"

"천주님의 뜻을 받들고 이 나라에 와서 천주교의 사랑으로 선남선녀들을 천주님의 길로 인도하고 있소이다."

"그대도 알다시피 우리나라엔 공자님의 유교가 있는데 왜 남의 나라 종교를 방해하는가?"

"유교를 방해할 의사는 없습니다. 다만 유교를 믿지 않는 사람에게 유교와 비슷한 도덕을 가르쳤을 뿐입니다."

프랑스 선교사는 조금도 두려워하지 않고 침착한 태도로 대답했다. 그러자 대원군은 다시 물었다.

"조상에게 제사도 지내지 않는 것이 무슨 도덕이란 말인가? 본국으로 돌아간다면 관대하게 석방할 테니 빨리 돌아가라."

"아직 본국으로 돌아갈 생각은 없습니다. 길 잃은 양떼와 같은 신도를 버리고 나만 편하게 갈 수가 없습니다."

대원군은 외국인 선교사의 강한 태도가 마음에 들었고 또한 부인의 청도 있었기 때문에 이 사람만은 용서해서 귀국시킬 생각이었다. 그러나 귀국하라는 아량을 베풀었는데도 불구하고 선교사는 돌아가지 않겠다고 고집을 부렸다. 그러자 대원군은 외국인 선교사와 신도들을 죽일 것을 결심했다.

고종 3년 3월 8일, 대원군의 명으로 천주교도 학살의 책임을 맡은 이경하가 외국 선교사와 남종삼, 홍봉주 등을 사형에 처했다. 이때 서울에서 학살된 천주교도의 시체는 수구문 밖에 산같이 쌓였다. 순교한 프랑스 선교사가 3명이었으며, 30여 일 동안 약 3만 명의 천주교도가 목숨을 잃었다.

이 학살의 위기를 모면해서 청국으로 탈출한 프랑스 선교사

리델은 중국 지부에 있던 프랑스 동양함대 사령관 로즈에게 조선에서 일어난 대원군의 천주교도 대학살 사건을 보고했다.

그러자 로즈 제독은 군함을 몰고 와 조선에 항의하고 그것을 구실로 침략의 기회로 삼으려고 했다. 이때 북경주재 프랑스 공사는 조선을 공격하려는 예비공작으로 청국의 간섭을 막기 위해 청국을 위협했다.

프랑스 함대는 군함 3척을 거느리고 9월 20일 태안반도의 당진만으로 침입했다. 군함 한 척은 강화도로 보내고 로즈 제독이 직접 지휘하는 군함 두 척은 한강을 칠십여 리나 거슬러 올라와 서울을 위협했다.

그러나 대원군은 외교교섭 대신 무력으로 대항했다. 25일에 어재연 장군이 거느린 3천 명의 군대가 한강에 올라온 군함 두 척을 공격했다. 이 전투에서 어재연 장군은 전사했지만 적함도 손해를 입고 퇴각했다.

대원군의 강경한 태도로 평화해결을 억압하고 주전론을 선동했다. 그런 후에 3만 명의 군대를 모집해 훈련하는 동시에 경기 일대를 강화하고 평안도 포병부대 1천 명을 파견해 국방을 굳게 했다.

처음 싸움에서 실패한 프랑스 함대는 청국에 있던 모든 함대와 일본에 있던 프랑스군 6백 명을 아홉 척의 군함에 태워 아산만에 침입했다. 그리고 강화 해협으로 포선 두 척과 상륙대대까지 출동해서 본격적으로 조선을 침공했다.

이 전투로 인해 강화도 포대가 함락되고 15일에는 강화도가 적군에게 점령당했다. 이 패전으로 성중창고에 보관되어 있던 무기와 사십만 냥이나 되는 금은과 서고에 있던 귀중한 서적들이 약탈당했다.

이때 대원군은 적군에게 안심시키려는 전술로 군대 철수의 공문서를 보냈다. 문서가 왕래하는 동안 이쪽의 공격태세를 갖추려는 수단이었다. 대원군의 요구에 적군 사령관은 선교사 살해에 대한 손해 배상금과 사과를 요구하면서 책임 있는 강화사절을 보내라고 회답했다.

그러던 중 대원군은 군대를 재정비해 적군의 본거지인 정족산을 급습해서 적병 30여 명을 사상시켰다. 이로써 로즈 제독은 하는 수 없이 모든 함대를 거느리고 도망쳤다.

이어 1866년에 미국 기선 셔만호가 평양 대동강을 거슬러 올라왔다. 대원군의 쇄국정책에 따른 평안감사 박규수가 군민을 파견하여 기선을 태워버리고 선원과 승객 모두를 죽였다. 그러자 미국은 1871년 5월 23일 셔만호 사건의 손해배상과 통상조약을 강요하기 위해 해군소장 로저스가 군함 여섯 척을 거느리고 영정도에 도착했다.

6월 2일엔 군함 두 척과 기선 등으로 한강을 거슬러 서울로 들어오려고 강화도에 침입했다. 이때 대원군은 강화도 수비장병에게 끝까지 싸워 적군을 물리치라고 했다.

강화도 포대에서 적함을 공격하자 미국군 6백5십 명이 상륙해 우리 포대를 점령하는 등 한때 기세를 올렸으나 6월 21일 한밤중에 육박전으로 적군을 무찔렀다.

이렇게 프랑스 함대와 미국 함대의 침공을 격퇴시킨 대원군은 자신의 힘을 한껏 과신했다. 그렇지만 한편으론 세계문화의 진

운에 어두웠기 때문에 쇄국정책을 더욱 강하게 펼쳤던 것이다.

그래서 이웃나라 일본과도 교류하기를 꺼려했다. 그런데도 일본은 조선에 사신을 보내 수교할 것을 제의했다. 그러나 대원군은 한마디로 거절했다. 조선의 강경한 태도에 모욕을 느낀 일본에서는 한때 조선 정복론까지 일어났으나 국내 혁신이 시급하다는 이유로 물거품이 되었다.

아무튼 대원군의 오랜 쇄국정책과 독재정치에 대해 백성들은 염증을 느끼고 있었다. 이런 민심을 읽은 반대정파들은 대외정책의 실패를 구실로 대원군을 공격하기 시작했다.

또 고종이 청년으로 장성하여 친정이 시작된 시기였다. 특히 고종왕후인 민비의 세력이 이미 대원군과 대립할 정도로 커진 것 등이 대원군이 실각하게 된 원인이었다.

깨어진 운명의 첫날밤

　열두 살에 양자 임금으로 궁중에 들어온 고종은 외로웠다. 왜냐하면 궁중에 는 자신을 사랑해 주는 사람들이 없었다.
　더구나 아버지 대원군은 궁중에 자주 들어오지만 조대비와 정치 문제만 이야기하고 돌아갔다. 그래서인지 대궐 밖에서 함께 놀던 친구들이 간절하게 생각나기도 했다.
　나이가 어려서 말이 왕이지 모든 권한은 아버지 대원군에게 있었다. 한마디로 자유가 아니라 정확한 표현으로는 방임상태에 놓여 있었던 것이다. 고종도 인간이기에 자연스럽게 찾아오는 사춘기를 맞아 성에 눈을 뜨기 시작했다.
　그때 어린 임금의 마음을 사로잡은 것을 한참 물이 오른 예쁜 궁녀들이었다. 글공부보다 궁녀들 방에 찾아가는 것에 재미를 붙인 어린 임금은 어느 날 상궁 이씨의 미모에 반해 버렸다.
　궁녀 이씨는 자태가 아름다웠고 머리가 영리했으며 나이 또한 고종보다 많았다. 처음 이씨는 시녀로서 고종을 섬겼지만 점점 친해지면서 누이처럼 감싸주고 친절하게 고종을 돌봐주었던 것이다. 그러다가 눈이 맞으면서 서로가 사랑하게 되었다.
　고종은 자신의 손을 잡아주며 옷을 입혀 줄 때 탄력 있고 부드러운 처녀의 몸이 스치는데 쾌감을 느낀 것이었다. 어린 임금은 주체할 수 없는 애욕이 자신도 모르게 발동되면서 그만 궁녀의 가슴에 안기며 젖가슴을 더듬었다.

"상감마마 이러시면 곤란합니다."

그러면서 손을 뿌리치며 얼굴을 붉히는 이씨에게 고종은 넋이 나가고 말았다.

"이상궁, 우리 시집 장가가는 흉내나 내 볼까."

"어머, 상감께서는 아직 어리신데 그런 소리를 하시면 안 됩니다. 그러다가 이상한 소문이 나는 날이면 큰일납니다."

"내가 임금인데, 누가 나를 막겠느냐?"

이런 일이 여러 번 오간 후의 어느 날 밤, 어린 임금은 몰래 궁녀의 방으로 들어가 이씨에게 동정을 주고 말았다. 그런 후부터 고종은 낮에 글을 읽고 있어도 이씨 생각에 마음은 딴 곳에 있었다.

그러다가 벌떡 일어나 이씨 방으로 들어가 풋사랑의 유희를 즐겼다. 그러자 이씨는 애써 어린 고종에게 은근 슬쩍 충고했다.

"상감마마, 밤엔 괜찮지만 낮에는 공부를 팽개치고 오시면 안 됩니다. 꼭 그렇게 하셔야 되옵니다."

"책을 펴고 있으면 글자는 보이지 않고 온통 네 얼굴밖에 생각나지 않는구나."

"저도 상감마마 없이는 살 수가 없답니다. 그렇지만 여자를 너무 가깝게 하시면 중하신 몸에 나빠집니다."

"어째서?"

"양기가 허해지기 때문이지요. 그래서 병을 얻을 수도 있답니다."

"괜찮다. 너를 좋아하다가 병으로 죽어도 관계없다. 혹시 내가 싫은 것이냐?"

"상감마마, 그게 무슨 말씀이시옵니까?"

이런 애틋한 사랑이 오고갈 때 고종의 나이가 열다섯 살이 되었다. 그러자 왕후 책립 문제가 급속도로 진행되고 있었다. 임금의 결혼은 왕실의 가장 큰 경사였다.

그렇지만 과거처럼 왕후 후보자를 놓고 각파의 세력다툼이 벌어졌다. 하지만 고종은 오직 이씨만을 생각하고 있었다. 그러던 중 이씨는 자신의 방으로 들어온 고종에게 눈물을 흘리면서 물었다

"상감마마, 중전마마를 맞으시면 저는 잊어버리시겠지요? 절 버리시면 죽고 말겠사옵니다."

"중전이 들어와도 나는 너만 사랑하겠다고 맹세하노라. 너보다 귀엽고 예쁜 여자가 세상 천지 어디에 있겠느냐?"

"상감마마 고맙습니다. 하지만 천한 궁녀이기 때문에 상감마마를 독차지할 생각은 없습니다. 항상 잊지 마시고 종종 제 방에 들러주신다면 황송할 따름입니다."

"걱정하지 말라. 중전이 들어와도 너는 내 첫사랑 아니더냐."

"상감마마만 믿습니다. 변심하시면 저는 죽겠사옵니다."

"그런 소리를 하지 말라. 만약 네가 죽는다면 나도 살 수 있을 것 같으냐?"

"그래도 걱정됩니다."

"뭐가 걱정이란 말이냐?"

"이번에 들어오실 중전께서 성격이 여간한 규수일까 봐 그렇습니다."

"나를 무엇으로 보고 그라느냐."

"누가 압니까? 상감마마를 젖혀놓고 세도를 부린 중전이 예전에도 계셨다고 하는데요."

궁녀들은 항상 역대왕비들의 이야기를 주고받았다. 더구나 궁녀들과 임금 사이의 치정관계에 신경을 곤두세우고 있었다.

선왕 삼년상이 지나자 곧 왕비책립에 궁중의 어른들과 대신들은 분주하게 움직이고 있었다. 어느 날 밤 대원군은 이 문제에 부인 민씨에게 물었다. 당시 혼사 문제에 대한 결정권은 남편보다 아내에게 있었다. 이들에게서도 가장 중요한 것은 어느 집 딸을 선택해야 하느냐는 것이다.

"왕비를 빨리 간택해야겠는데, 괜찮은 규수가 없소?"

"글쎄요. 좋은 규수가 있어야 하는데…. 궁중과 대신들은 누구를 지목한답디까? 남들이 천거하기 전에 대감께서 마음에 드는 규수를 찾으셔야 됩니다."

"그런데 좋은 혼처가 마땅하게 없소이다. 규수는 당신이 나보다 더 잘 알 것 같아서 물어보는 것이오."

부인 민씨는 이번 기회에 자신의 친정 민씨 문중에서 규수를 추천하고 싶었다. 그러나 가까운 친정엔 적당한 규수가 없었다. 이때 일가인 민치록의 딸이 어렴풋이 기억이 났다.

하지만 친정 쪽에서 추천하는 것이 거북하기는 했다. 그것은 대원군이 지금까지 처갓집을 무시하고 있었으며, 규수의 집안도 문벌이 별로였다. 그래서 부인 민씨는 조심스럽게 일을 열었다.

"대감께 점찍어 놓은 마땅한 규수가 없다면 우리 친정인 민씨 집은 어떨까요?"

"민망하지만 민가는 좀 그런데."

"대감, 자꾸 민가 민가 그러시는데…. 제가 누굽니까? 상감이 될 아들을 낳은 건 누굽니까?"

"하기 그렇구려. 우리 상감의 뒤를 이어줄 왕손을 낳아줄 규수가 민씨 집안에 있을까?"

"있습니다."

"헌데 말이요. 민씨가 왕비가 된 뒤엔 모두 좋지 못했소. 태종의 민비는 외척이 세도를 부리다가 장인과 처남이 역적으로 몰렸잖소. 숙종의 민비도 아들을 낳지 못했어. 그러니 민씨는 왕실과 궁합이 맞지 않는 모양이오."

"규수만 좋으면 감히 대감을 누가 막겠어요. 제 기억으론 민치록의 딸이 똑똑했답니다. 지금은 어엿한 규수가 돼 있을 것입니다."

"민치록?"

"벼슬은 군수밖에 못했고 게다가 죽은 지도 꽤 오래되어 잘 모르실 겁니다."

"바깥양반이 없는 게 흠이군."

"친정어머니도 규수가 어릴 때 돌아가시고 계모 밑에서 자랐답니다."

"흠~ 왕비의 친정이 세도가가 없는 건 도리어 좋지만 문제는 사람이오."

"제가 알아봤는데, 규수가 잘 생겼다고 합니다. 민비를 세우면 민씨들이 세도를 써도 우리에게 유리하지 않습니까? 대감."

"그렇다면 그 규수를 당신이 한번 본 뒤에 생각하기로 합시다."

며칠 후 부인 민씨는 자신이 직접 내려가 오해를 받는 것보다, 몰래 가마를 보내 규수를 운현궁으로 데려왔다. 그런 후 하루를 재워서 보내며 비단 옷감까지 선물했다. 그리고 적당한 혼처를 구해 주겠다고까지 했다. 대원군도 잠시 민치록의 딸을 슬쩍 보았다. 그녀를 보낸 뒤 대원군이 부인을 불러 말했다.

"그만하면 됐소."

"원래, 여자는 여자가 봐야 합니다."

"그건, 부인 말이 옳소."

다음 날 대원군은 궁중으로 들어가 조대비에게 민치록의 딸이 왕비로서 적임자라고 추천했다. 이때 조대비는 대원군의 말이라면 무조건 듣는 분위기였는데, 더구나 정치문제가 아니라 며느리감을 추천한다는 말에 더없이 기뻤다.

집으로 돌아온 대원군은 부인 민씨에게 그 사실을 말했다. 그러자 민씨는 걱정스러운 얼굴로 조심스럽게 말했다.

"딸만 있던 집이라 딸을 궁중에 시집 보내면 그 계모가 얼마나 외롭겠어요. 이 기회에 적당한 양자를 넣어서 대를 이어주는 것이 좋을 것 같은데요."

이렇게 말한 것은 부인 민씨에겐 다른 생각이 있었던 것이다.

"하긴 그래요. 그렇다면 양자로는 누가 좋겠소?"

"제 생각으론 친정 동생 승호가 좋겠습니다."

대원군은 친 처남을 양자로 넣어 고종과도 처남 관계를 맺게 한다는 것에 흡족한 표정을 지었다. 그래서 처남 민승호를 민치록의 집에 양자로 주었다.

얼마 후 궁중에서 세 번의 간택을 끝낸 조대비는 '고첨정 민치록의 딸과 대혼이 결정되었다.' 교서로 발표했다. 또한 죽은 장인 민치록을 영의정에 추직하고 여성부원군으로 봉했다.

고종은 15세 나이로 맞선을 보는 친영례를 올렸다. 그 다음 날 고종은 성인으로 인정전에서 백관들의 하례를 받았다. 민비는 고종보다 한 살 위인 16세였다.

그녀는 천성이 영특해 여걸다운 면모를 가지고 있었다. 비록 가난한 시골의 어머니 밑에서 자랐지만, 양반집 전통으로 글도 배워 사고력이나 여러 가지 면에서 고종보다 훨씬 앞섰다.

그러나 신부 민비는 첫날밤부터 신랑 고종에게 냉랭한 소박을 맞았다. 그녀는 깊은 궁중에서 고독한 생과부로 한숨만 쉬면서 인생의 고민을 맛보고 있었다. 그녀가 이렇게 된 것은 상궁 이씨 때문이었다.

더구나 어린 왕비로서 궁녀에게 말 한마디 못하고 겉으론 정숙한 왕실의 주인노릇을 했다. 첫날밤을 치르지 못한 민비는 처녀의 몸으로 끓어오르는 욕정을 참으면서 남편의 마음이 돌아오기만을 애타게 기다렸다.

그로 인해 3년 동안 글만 읽으면서 민비가 얻은 것은 후일 여성 정치가로서의 기초를 다진 것이다.

임금의 마음을 녹인
한 잔의 술

　민비가 등장하자 세상 사람들이 모두 놀랐다. 고아로 자란 가난한 시골 처녀가 일약 중전마마가 되었기 때문이다. 민비는 어려서 어머니를 먼저 잃었다.

　그런 후 아버지가 계모를 맞았지만 부친 역시 곧바로 세상을 하직했다. 하지만 민비는 낮에는 어려운 살림을 꾸려나가면서 밤에는 글공부를 했다. 더구나 집안일을 깔끔하게 처리해 동네사람들에게 칭찬이 자자했다.

　그녀가 궁중에 들어온 첫날밤부터 소박을 맞았다는 소문이 벌써 백성들 사이에 퍼졌다. 오히려 백성들은 민비를 가엾게 생각하고 고종을 비난했던 것이다.

명성황후

　"여자는 남편의 사랑을 받아야 가정이 모두 화목해지는 법이야. 차라리 임금에게 시집 오지 말고 농부의 아내가 되었으면 더 좋았을 것을…. 사람은 자기 분수를 지켜야지 그것을 넘어서면 항상 부조화가 일어나는 것이야. 중전을 소박맞게 만든 건 이 상궁이란 미인 때문이라지 아마도…"

이런 소문을 들은 대원군은 고종이 궁녀 이씨를 사랑하고 민비에게 냉담하다는 것을 알았다. 하지만 민비가 3년 동안 처녀로서 독수공방하면서 고종이 멀리 하고 있는 침실의 비밀까지는 몰랐다. 그런 사실을 모르고 있는 대원군은 손자가 없다며 부인 민씨에게까지 잔소리를 했다.

"민중전은 자식복이 없나 보오, 부인. 혹시 몹쓸 병이라도 걸린 것이 아닐까? 벌써 3년이 지났는데 태기가 없다니 말이오. 숙종의 민비처럼 아들을 낳지 못할까봐 걱정이라오. 당신이 졸라대는 통에 결정한 것이 잘못된 것 같소."

"왜, 제 탓을 하십니까. 두 사람은 아직 젊은데 뭐가 그렇게 걱정되시옵니까? 결혼 십년 만에 초산하는 일도 많답니다."

"부인 무슨 말씀을 그렇게 섭섭하게 하시오. 10년을 기다리라고? 할 수 없이 빈궁이라도 맞아 손자를 빨리 봐야겠소. 난."

"대감께서는 모르고 계셨습니까? 지금 상감께는 상궁 이씨가 있잖습니까? 이씨가 중전보다 더 가까이 했지만 태기가 없잖아요? 그래서 좀더 기다려보자는 것입니다. 제가 명산을 찾아가 상감에게 아들을 점지해 달라고 기도를 하겠습니다."

"기도한다고 없는 아들이 하늘에서 뚝 떨어진답디까?"

이때 대원군은 정책으로 백성들에게 미신을 금지시키고 있었지만 궁중에서 여전히 미신이 행해지고 있었다. 이때 상궁 이씨의 몸에 태기가 있다는 소문이 궁중에 돌았다. 그렇게 되자 이씨의 지위가 졸지에 중전보다 더 높아진 것 같아 보였다.

그러자 지금까지 아무 소리 없이 참아오던 민비도 가만 있지만은 않았다. 영리하고 치밀한 민비는 고종에게만은 그 문제로 감정을 상하게 하지 않았다. 그녀는 오로지 고종의 애정을 자신에게 돌리는데 전력을 쏟았다.

그래서 상궁 이씨를 능가하는 미모보다 향기와 웃음으로 낭군을 끌려고 했다. 민비는 그 전에 소홀히 여기던 화장과 의상에도 각별한 신경을 기울였다. 하지만 그녀의 몸단장에도 고종은 본 척 만 척해 실망과 분노만 끓었다.

민비는 질투보다 자존심이 궁녀에게 지고 싶진 않았던 것이다. 즉 자신의 미모가 부족하면 지식으로, 그것도 아니면 고종의 권력에 대한 야심을 불태워서라도 자신의 존재를 알려 마음을 끌어야겠다고 마음먹었다.

이것이 시집에 대한 애정과 사랑이 분노로 바뀌게 된 동기가 되었다. 그녀는 애정의 굶주림을 채우기 위해 차츰 정치에 손을 뻗치기 시작했다. 더구나 시아버지 대원군이 고종을 무시하고 궁중의 사생활까지 뒤흔드는 것조차 싫었다.

따라서 대원군의 섭정에서 벗어나 고종의 친정으로 변경시키고, 자기 자신이 권력을 잡아보고 싶은 충동을 느꼈다. 그러기 위해서는 우선적으로 고종을 자기의 애정과 정치적 식견으로 신임받게 해야 했다.

이로써 대원군은 자기가 고른 며느리에게 세력을 빼앗기고 몰락을 길을 걷게 되었던 것이다. 이렇게 대원군까지 몰아낼 야망을 품은 민비는 이씨는 아무것도 아니었다.

질투의 화신으로 돌변한 민비는 노골적으로 이씨를 학대하기 시작했다.

어느 날, 상궁 이씨를 불러놓고 죄인 다루듯이 문초했다.

"네 이년! 네 죄를 네가 알렸다. 요망스러운 꼬리로 상감의 총명을 흐리게 해서 공부도 못하시게 추잡한 짓거리를 하다니. 도대체 중전인 나를 어떻게 알고 그렇게 했느냐?"

"오해이십니다, 중전마마. 상감께서 가끔 제 처소에 행차하시지마는 제가 잘못한 것이라도…."

"하루에 두서너 번이 가끔이더냐? 그것은 네 년이, 무슨 요부 짓거리를 해서 그런 게 아니냐?"

"오시는 상감을 저로선 거역할 수도 없사옵니다."

"임신을 했다는 것이 사실이더냐?"

"마마…, 아직 잘 모르겠사옵니다."

"이년이! 네 뱃속의 일을 모른다고 할 테냐? 바른대로 말하지 않으면 네 배를 갈라서 확인하겠다."

"그런 것 같사옵니다."

"지금, 몇 달이 되었느냐?"

"자세히는 저도 잘 알지 못합니다. 마마."

"궁중에 소문이 퍼져 있는데, 벌써 여러 달이 된 것이 아니더냐?"

"서너 달이 된 것 같사옵니다."

"지금부터 내가 묻는 말에 거짓이 없어야 하겠다. 그럼, 아들을 낳으면 세자로 봉해 주신다는 어른들 말은 무슨 말이더냐?"

"중전마마, 그런 말씀은 듣지도 못하였을 뿐더러 소녀로선 생각조차 못할 말씀입니다."

"상감께선 너에게 무슨 말씀을 하시더냐?"

"아직 상감껜 말씀을 올리지 못했습니다."

"가증스러운 년, 왜 말씀을 드리지 못했느냐?"

"부끄러워서 그랬사옵니다."

"너는 언제부터 상감을 가까이 모셨더냐?"

"중전마마께서 들어오시기 전부터이옵니다."

사랑의 우선권을 주장한 상궁 이씨의 말에 민비는 할말이 없었다.

"오늘부턴 상감을 가깝게 해선 안 된다. 알겠느냐? 아니 맹세를 해라."

"알겠사옵니다. 중전마마."

"요부 같은 네년의 얼굴도 보기 싫다. 냉큼 물러가거라."

상궁 이씨는 겁도 났지만 분하고 원통해서 자기 방으로 들어가 엎드린 채로 눈물을 흘리고 있었다. 그때 고종이 소리도 없이 방문을 열고 들어와 엎드려 울고 있는 이씨를 끌어안았다.

"울고 있구나. 무슨 일이 있는 것이냐?"

하지만 이씨는 고종의 물음에 대답도 하지 않고 다른 말을 했다.

"상감마마, 이제부터 낮에는 제 방에 오시면 안 되옵니다."

"그렇게 되지 않는데 어쩌란 말이야? 책장마다 네 얼굴이 선명한데…. 그런데 왜 울고 있느냐?"

고종은 이씨를 일으키며 얼굴에 있는 눈물을 손수 닦아주었다. 그러자 이씨는 마음이 눈 녹듯이 풀렸다.

"상감마마, 부탁이 있사옵니다. 소녀와 멀리해 주셔야 합니다."

"내가 그렇게 그런 말을 하지 말라고 몇 번이나 당부했는지 아느냐? 그런 말을 자주하면 화를 낼 것이야. 하하하."

"상감마마께서 이렇게 자주 납시면 제 몸이 괴로워서 그렇지요."

"무슨 불편한 데라도 있느냐?"

"아닙니다. 제 몸이 점점 무거워져서요."

"오~ 그래? 어디 옥동자가 얼마나 자랐는지 내 손으로 만져보자."

민비의 질투 가운데도 불구하고 이씨는 고종 5년 4월에 첫아들을 낳았다. 그러자 민비의 초조함은 극도에 달했다. 대원군은 왕손을 본 기쁨으로 상궁 이씨 소생의 아들에게 완화군이라 봉했다. 그러면 그럴수록 민비는 상궁 이씨 모자에 대한 증오심이 타오르고 있었다.

고종은 내전에 들렸다가 민비 방을 항상 들렸다. 하지만 어느 날 민비 방을 들리지 않고 지나가고 있었다. 이때 단장을 마친 민비가 재빨리 방문을 열고 나가 고종의 앞을 막고 요염한 웃음을 띠우며 말했다.

"상감마마, 지금 왕실과 국가에 큰 불행한 일이 터질 것 같습니다. 잠깐만 제 방으로 들어오시지요."

"무슨 큰일인데 그러시오. 불길한 징조라도 있는 것이오?"

"지금 나라가 망하고 상감께서 어떤 변고를 당할지 모를 위태한 시기에 이르렀습니다. 이때 상감께서 큰 용단을 내리지 않으시면…."

"무슨 역적 음모라도 있다는 것이오? 어서 말해보시오."

민비가 입을 열려는 순간 망을 세웠던 시녀가 급하게 뛰어와 알렸다.

 "중전마마, 대원군께서 내전으로 오셨습니다."
 "상감, 오늘 자정쯤 다시 오십시오."
 이 말에 당황한 민비는 뒷문으로 고종의 등을 밀어서 내보냈다. 고종은 중대 문제가 대원군과 무슨 밀접한 관계가 있을 것이라는 예감이 머리를 스쳐 지나갔다.

 고종은 민비와 대원군이 평소에 사이가 좋지 않다는 것을 알고 있었다. 그래서 낮에 민비 방에 고종이 와 있는 것을 보면 민비의 입장이 거북해서 그러는 줄로만 생각했다. 고종 역시 민비 방에 와 있는 것을 대원군에게 알리고 싶지 않았다.

 그날 밤 자정쯤 고종은 평복차림 민비의 방을 찾아갔다. 민비는 기회를 잡았다고 생각했다. 고종에게 국가의 중대한 기밀을 알리겠다고 약속한 민비는 화려한 화장을 하고 금침까지 깔아놓고 기다리고 있었다. 미리 술상도 준비시켰던 것이다.

 고종은 지금까지 보지 못한 민비의 다정스러운 모습을 새로 발견했다. 고종은 새삼 남편으로서 미안한 마음이 들었다. 은은한 미소를 지우며 술잔을 따르고 있는 민비의 얼굴이 오늘 따라 너무나 예뻐 보였다. 민비는 차분한 목소리로 고종에게 말했다.

 "상감마마, 우선 술 한 잔 올리겠습니다."
 그러자 고종은 잔을 받아 마시면서도 민비의 말을 묻고 싶었지만 그녀의 정성에 감동받았다. 고종이 술을 마신 후 민비는 갑자기 수심에 찬 듯한 엄숙한 태도로 입을 열었다.

 "상감마마."

"중전, 말해보구려. 낮에 하려던 중대 문제란 것이 뭐이오?"

"이제 상감께서는 스무 살이 되신 어른이옵니다. 그런데도 친정을 하지 않는다며 국내외로 원성이 높습니다. 더구나 대원군은 이 나라의 임금인 상감에게 아직까지 어린 아들처럼 무시하고 있습니다. 또한 상감의 이름만 이용하고 왕실까지 업신여기니 신하로서 불손한 태도라고 생각되옵니다.

더구나 무모한 쇄국정책으로 서양의 강대국들뿐만 아니라, 옛날부터 우리의 대국으로 알려진 청국까지도 놀라고 있습니다. 하루 빨리 국내외의 정세가 위급한 이 시기에 대원군의 섭정을 중지시키고 상감께서 친정을 하셔야 왕권이 회복되고 국가의 유지와 번영을 이룰 것이옵니다."

고종은 한편으로 깜짝 놀랐고 한편으론 첫날밤 자신에게 소박 맞았던 중전이 임금으로 극진히 대접하면서 정치문제를 상의하는데 기뻤다. 이것은 부인 민비에게 처음으로 듣는 정치문제였다. 민비의 말에 이제야 자신이 엄연한 임금이란 사실을 발견했던 것이다. 민비는 계속해서 입을 열었다.

"상감마마, 나라를 대원군이 망쳐도 그 책임은 상감께 있습니다. 그렇게 된다면 왕실의 열성조께 죄를 짓는 것이 됩니다. 하루빨리 친정을 하셔야 되옵니다."

민비는 작금의 현실 정치문제를 비판하고, 이론적으론 춘추좌씨전과 맹자에서 배운 왕도와 정치철학을 남편인 고종에게 처음으로 들려 주었다. 정말이지 고종은 사려 깊은 중전의 말에 너무나 감격했던 것이다.

"중전의 말이 하나도 틀리지 않소이다. 당연히 내 스스로 해야 할 것인데, 나의 불찰로 국정을 섭정에게 일임한 것을 까맣게 잊고 있었소. 중전의 말대로 친정을 빨리 회복하겠소. 그렇지만 아직 대신들과도 생소하고 정치에 대한 지식과 경험이 부족하니 어쩌면 좋겠소?"

"상감마마, 그렇다면 제가 내조로 받들겠습니다. 지금 대신들도 대원군의 세도에 밀려 마지못해 따르는 사람이 태반입니다. 상감께서는 그들과 비밀리에 친분을 쌓은 다음 친정복귀의 명분을 만드심이 순서라고 생각합니다."

"중전께서 대신들의 찬성을 얻을 수가 있겠소?"

"저에게 맡겨만 주신다면 여자의 몸으로 상감마마와 나라를 위해 목숨을 바치겠습니다."

민비는 고종이 자기 말에 찬성하는 것이 기뻤다. 그와 동시에 권력에 대한 욕망에 불을 지폈고 고종 역시 권력에 관심을 가지고 있다는 것을 알았다. 이후 민비는 일개 아내의 지위로 내려가서 노골적인 성적 매력을 고종에게 발산했다.

"상감마마, 밤도 깊었는데 이곳에서 주무시옵소서."

"어~허. 음, 글쎄…."

고종은 희미한 불빛 아래서 보이는 민비의 얼굴에서 새로운 정을 느끼기 시작했다. 그래서 더더욱 첫날밤의 소박에 대해 많은 후회를 했다.

"마마, 이 상궁이 여자라면 저도 여자랍니다. 어떤 아픔이 있어도 체통 때문에 참아왔습니다. 지금까지 얼마나 외롭게 지낸 줄 모른답니다."

"중전, 그동안 내가 불찰한 것에 대해 사과하리다."

고종은 비로소 사과했다.

첫날밤에 소박한 민비에게 처음으로 여자로서의 매력을 느꼈다. 고종은 3년 만에 노처녀 민비와 첫날밤을 보냈던 것이다. 민비는 기다린 보람을 기뻐하면서 여자로서의 행복에 빠졌다. 그 뒤로부터 민비는 육체적으로나 정치적으로 고종을 지도했다. 더구나 상감은 민비의 방으로 출입이 잦았고, 이와 반대로 이 상궁에겐 발길이 뜸해졌다.

가면 속의 두 얼굴

　대원군의 배외정책을 공격 목표로 정하고 그의 독재권력을 타도하려는 민비의 비밀정치운동은 착오없이 진행되었다. 또한 민비는 애정문제에 있어서 상궁 이씨에게도 완전히 승리를 거두었다. 민비는 자신의 비밀정치운동을 대원군에게 속이기 위해 일부러 상궁 이씨를 구박했다.

　이것은 외적으론 여자들의 일개 질투로 보이기 위한 연막이었고, 내적으론 꼴도 보기 싫은 상궁 이씨를 자연스럽게 제거하려는 계책이었다. 이런 사실을 모르는 대원군은 부인 민씨와 화담을 나누고 있었다.

척화비

　"이 상궁 소생을 세자로 삼을 기미가 보이자 민비가 미안한 줄도 모르고 질투를 하는 모양이외다."

　이처럼 민비가 못마땅한 대원군은 중전마마라는 존칭도 부르지 않고 그냥 민비라고 불렀다. 이때 부인 민씨는 아이도 낳지 못하는 여자를 며느리로 추천했다고 푸념하는 대원군이 보기 싫었다. 그렇다고 중전을 두둔할 수도 없었다. 대원군은 또다시 말을 이었다.

"민비가 질투해도 왕실의 대를 잇기 위해선 완화군을 세자로 봉해야겠소. 마침 대왕대비도 찬성하고 있소."

이런 와중에 상궁 이씨 소생의 완화군은 건강하게 자라다가 돌잔치를 받은 직후 갑자기 사망했다. 그러자 상궁 이씨는 자하문 근처의 허름한 집에 감금되었다가 후에 민비가 보낸 자객들에게 목숨을 잃었다.

그녀가 궁중에서 축출된 것은 고종의 명령이었지만, 그 뒤에는 민비가 음모를 꾸몄기 때문이다. 그것은 상궁 이씨가 한밤중에 성을 넘어 외간남자와 정을 통했다는 것이었다. 그러자 백성들 사이에서는 이런 말들이 떠돌았다.

'이상궁은 민비가 죽였다.'

'완화군도 민비가 죽였다.'

하지만 고종의 총애를 받고 있는 민비였기 때문에 그 누구도 폭로하지 못했다. 대원군도 천한 궁녀 편을 들어 며느리 민비를 공격하면 위신 문제가 걸려있기 때문에 모른 척했던 것이다.

완화군이 죽기 전 세자 책립운동이 일어나자 민비는 청국의 힘을 빌려 대원군의 계획을 꺾으려고 했다. 마침 대원군과 사이가 좋지 않은 이유원이 동지사로 청국에 가게 되자 민비는 비밀 사명을 내렸다.

그는 청국 총리대신 이홍장에게 후한 예물을 보내고 대원군의 무모한 전횡으로 조선왕실이 위태롭다고 했다. 또 천한 궁녀 소생인 완화군을 세자로 삼는 것은 왕통에 위배되는 것이기 때문에 민비가 낳을 왕자로 정통을 이어야 한다고 설명했다. 그러자 청국에서는 민비의 청대로 조선 조정에 대한 공식 외교문서를 보내서 완화군의 세자책립을 반대했던 것이다.

하지만 대원군은 이런 것이 모두 민비의 계책으로 농락된 것도 모르고 도리어 자기의 위력만 뽐냈던 것이다. 뿐만 아니라 민비는 비밀리에 대원군 반대세력을 정계각파를 통해 규합하는데 성공했다.

또한 민비 친정 오빠 승호, 규호, 겸호, 태호 등은 대원군이 인심 쓰는 형식으로 등용되었지만, 사실은 민비가 사전에 짜놓았던 것이다.

그런 다음 조대비의 조카 조영하, 성하도 대원군을 싫어하자 민비는 오빠 민승호를 시켜 규합토록 했다. 또 한물간 안동 김씨의 거물 김병기, 병국을 끌어들이고 그동안 대원군에게 이용만 당했던 영의정 조두순까지 포섭했다.

민비는 철저하고 대담했다. 대원군의 친형과 맏아들까지 감언이설로 속여 그의 정치적 기밀을 훔쳐내게 했다. 이밖에 서원철폐와 양반 계급 멸시에 불만이 있는 유림들과 그들의 거두 최익현과도 손을 잡았다.

이처럼 민비의 정치세력이 점차적으로 확장되어 갈 때 그녀는 최대의 행복인 첫아들을 얻었다. 그러나 민비의 행복은 잠시, 출산 후의 고통이 채 가시기도 전에 태어난 아이는 병으로 죽어가고 있었다.

즉 태중에서부터 병을 지닌 채 출생한 아이는 첫 울음을 울었지만 대변불통이라는 괴상한 병에 걸려 있었다. 대원군은 어린 왕손을 위해 산삼 한 뿌리를 구해다가 독삼탕을 끓여 먹이게 했다.

이때 민비는 시아버지의 문병을 고마워했다. 그러나 산삼의 효력이 없었는지 혹은 그 산삼이 독이 되었는지 아이는 그만 죽고 말았다. 그러자 흉흉한 소문이 돌았다.

'완화군을 세자로 세우려다가 실패한 대원군은, 완화군을 민 중전이 죽였다는 분풀이로 이번에 낳으신 아드님을 독살했다. 독삼탕은 어른에게도 위험하기 때문에 조심해야 되는데 갓 태어난 아기에겐 독약이 된다. 대원군은 그것을 알고서 생명을 구하는 척하고 죽인 것이다.'

민비는 이 소문을 듣고 대원군을 의심하기 시작했다. 민비의 약점은 의심증이 많았고 미신과 신령기도를 좋아했다. 민비는 전의를 불러 갓난아기에게 산삼이 독약이냐고 물었다.

그러나 그들은 시원한 대답을 해주지 않았다. 그러자 민비는 민간의사에게 찾아가서 물어오라고 명했다. 얼마 후 시녀가 물음에 답을 가지고 왔다.

"중전마마, 경우에 따라서는 갓난아기에겐 해롭기도 하지만 당시의 증세를 모르니까 단정하기는 어렵다고 하옵니다."

이후 대원군과 민비 사이는 무척 나빠졌다. 민비는 아들 잃은 슬픔과 새롭게 아들을 점지해 달라고 비는 미신으로 자신의 맘을 달랬다. 이때 무당과 판수와 중과 도인들이 활개를 치며 궁중에 출입했고 명산대천까지 세자 탄생을 비는 기도를 올렸다.

이것으로 인해 국고가 바닥날 지경이 되었다. 대원군은 민비의 세력을 꺾을 수 없을 정도로 약해졌다는 것을 대신들이 자신의 말을 듣지 않음을 보고 알았다. 그러자 대원군은 부랴부랴 세력을 만회하려고 했지만 이미 때가 늦었던 것이다.

민비에게는 마침내 대원군을 몰아내는 공격을 노골적으로 표면화할 기회를 잡았다.

고종 10년 여름, 명치유신으로 국력을 강화한 일본에서 조선을 정복한다는 정한론이 머리를 들었다. 이것은 대원군이 일본의 수교사절을 적대적인 태도로 쫓아 보낸 것에 대한 강경한 주장이었던 것이다.

이것으로 인해 만약 일본과 전면 전쟁이 되면 임진왜란 이상의 타격을 받으리라고 정객들은 두려워했다. 민비는 이 기회에 대원군을 몰락시키려고 쇄국정책에 대한 비난여론을 조성시켰다.

그해 10월에 민비는 고종의 명으로 대원군이 꺼려하는 유림의 거물 최익현을 부승지로 등용했으며, 동시에 대원군의 실정을 과격히 비판하고 고종의 실질적인 친정으로 국난을 구해야 한다는 상소문을 올리게 했다.

"상감과 중전께서 대원군의 반발을 막아줄 테니 철저하게 대원군을 탄핵해 주시오."

이런 민비의 뜻을 전하는 민승호는 최익현을 격려했다. 최익현은 대원군에게 개인적인 원한을 품고 있었다. 민비는 그를 이용해 대원군 배척의 불길을 조야에 던졌던 것이다. 대원군은 공격의 중심 대상이 본인이었기 때문에 화가 치밀었으나 그는 체면상 침묵을 지키면서 막후에서 간접적으로 욕을 먹은 대신들을 충동시켰다.

"우리들을 모욕하는 최익현의 상소를 전적으로 인정한 상감에게 황송하기 때문에 우리는 총사직하겠습니다."

그러자 고종은 뜻하지 않은 고관 전체의 반발에 당황했지만 이런 잡음에 대해서 민비는 눈썹 하나 까딱하지 않았다.

"상감마마 걱정하지 마십시오. 대신들의 감정을 자극시킨 지나친 내용도 있었습니다. 하지만 대신들 대부분도 대원군을 탄핵한데는 동참하고 있습니다. 더구나 대원군에 대해서 한마디의 충고도 못한 것은 당연히 비판을 받아야 합니다. 말로만 그럴 뿐이지 사직할 대신은 한 명도 없을 것입니다."

이때 좌의정 강로와 우의정 한계원이 최익현의 상소 취지를 반박하는 상소를 올렸다. 그렇지만 고종은 최익현의 손을 들어주었다.

"최익현의 상소는 정당하오. 그것은 대신들의 책임일 뿐만 아니라 나 역시도 반성하고 실천해야 할 충언이라고 생각하오."

고종의 이런 소리에 대원군은 놀랐다. 그러자 영돈녕 홍순목도 최익현의 상소를 물리치라는 상소를 올렸다.

그러나 고종의 태도는 불변이었다. 이때 사헌부와 사간원과 승정원이 총동원되어 최익현을 규탄하는 상소를 올리고 무능한 책임을 지고 스스로 물러가겠다고 고종을 위협했다. 그렇지만 고종은 더욱 강경해지기만 했다.

"무능함을 스스로 책임지고 물러난다면 막지 않겠소."

그런 후 고종은 그들을 전부 파면시켰다. 이것을 본 대원군은 고종에게 그런 용기가 있으리라고는 전혀 생각하지 못했다. 물론 이것이 민비가 뒤에서 조종한 배척운동이라는 것을 알고 이를 갈았다. 민비는 최익현을 시켜 다음과 같은 재반박 상소를 올리게 했다.

"대원군이 물러나면 모든 것이 해결되는데, 공연히 다른 사람들만 희생을 당한다. 그래도 대원군이 직접 자기 이름을 지적해서 규탄하지 않았다고 해서 모른 척한다는 것은 철면피의 얼굴이다. 이제부터는 직접 그를 공격해야 한다."

그러면서도 최익현은 앞으로 대원군이 정치에 관여해서는 안 된다고 주장했다. 7일 동안 상소파동은 이렇게 발전되면서 대원군에게 대세가 불리하게 작용했다. 그러나 고종은 대원군이라는 특정인물까지 지목한 최익현의 과격한 상소로 세상에 부자지간에 권력 암투가 있다는 이면이 폭로되어서 체면을 구기고 말았다.

민승호는 민비에게 최익현이 암살당할지 모르기 때문에 상소문이 과격하다며 일부러 귀양을 보내자고 했다. 그래서 최익현은 목숨을 부지할 수가 있었다. 이제 대원군의 대세는 민비 쪽으로 기울고 말았다.

하소연할 때도 없게 된 대원군은 지금까지도 자신을 동정하고 있는 대신 박규수와 몰래 만나 정확한 정세판단을 의논했다. 또 스스로 섭정에서 물러나야 되는지도 물었다.

"대감께 죄송한 말씀이지만 사람에겐 항상 진퇴해야 하는 시기가 있습니다. 지난 십년 동안 대감의 섭정으로 국정에 많은 개혁을 이루었지요. 권불십년이란 말이 있잖습니까. 또 십년이면 강산이나 민심도 변한다고 하지 않습니까. 이럴 때 정국을 안정시키는 대의적인 입장에서 손을 떼시고 물러나시어 풍류와 산수를 벗삼아 휴양하시는 것이 좋을까 생각합니다."

이때 박규수는 대원군의 실정에 대해서는 한마디도 언급하지 않았다. 더구나 대원군은 박규수가 자진해서 섭정에서 물러나라고 권하자 사임을 결정했다.

그러나 속으로는 민비에게 언젠가는 자신이 당한 수모를 반드시 되갚아줄 것이라고 다짐했다. 대원군은 섭정에서 사임하고 초라한 모습으로 삼계동 별장에서 세월을 보냈다.

백성들은 대원군의 독재에서 벗어난 해방감으로 좋아했다. 더구나 천도교도들은 민비가 외국과 친교를 맺고 개명정책을 써서 신앙의 자유가 오기를 바라고 있었다.

이때 대원군은 삼계동 별장에 있었지만 몰락한 그에게 찾아오는 사람은 단 한 사람도 없었다. 그는 아픈 가슴을 억누르면서 서울을 떠나 양주군 직곡산 속의 산장으로 들어갔다.

대원군이 물러나면서 고종의 친정이 시작되었다. 그 후 대원군은 두 번 다시 정치에 참견할 수가 없었다. 민비는 야심대로 성공하였고 천하의 실권을 잡고 휘둘렀다.

정권을 잡은 민비였지만 여자의 몸이라 정치에 전면으로 나설 수는 없게 되어 오빠 민승호와 일가 오빠인 민규호에게 맡겼다. 이래서 또다시 고질적인 척신정치가 재현되고 말았다.

이들이 권력을 휘두르면서 민승호는 일인자로 민규호가 이인자가 되었다. 또한 영의정 이하 대신들은 민비와 결탁하여 대원군축출에 공로가 있던 인물로 채워졌다.

영의정은 이유원, 우의정은 박규수, 아우인 대원군을 배반한 이최응이 좌의정을 맡았다. 그 밖에 조대비 친척인 조씨 문중의 중심인물인 조두순을 원훈으로 예우하고, 조대비의 조카 조영하를 금위대장으로 삼았다. 그리고 대원군의 최대의 정적이었던 안동 김씨 김병국이 예조판서에 올랐다가 우의정까지 승진했다.

한편 대원군의 후퇴에 결정적 동기를 만들었던 주인공 최익현은 석방되어 충신 대우를 했다. 그와 동시에 대원군의 탄압으로 폐쇄된 청주 화양동서원 등을 부활시켜서 지방 세력의 환심을 사려고 했다.

대원군을 중심으로 모였던 남인계의 인물을 무자비하게 숙청한 것은 정계 이면의 파벌암투를 심각케 했고, 밖으로는 일본에 대한 반동적인 개방 외교정책은 국운에 큰 영향을 끼치게 했다.

대원군은 양주에 있었지만 민씨 일족에게 복수하려고 때를 기다리고 있었다. 또한 민씨 일파에게 숙청당한 대원군파는 대원군의 복귀를 기다리며 음모를 꾸미고 있었다. 이때부터 시아버지와 며느리 파는 표면의 경쟁을 떠나 모략과 암살을 서슴지 않고 자행되었다.

대원군의 산장 주변에는 민비가 파견한 밀정이 잠복해 있었기 때문에 이름난 정객들은 접근하지 못했다. 그러나 천하장안의 잡배들은 외부와의 연락을 하면서 정보를 제공하고 있었다.

즉 천가, 하가, 장가, 안가를 비롯한 패거리들은 대원군의 뜻을 받고 하수인으로 자원하고 나섰다. 그들은 암살에 필요한 무기까지 입수하여 민씨 거두들을 죽이기 위해 기회를 엿보고 있었다.

"대감, 자기황을 쓸만큼 구해놓았습니다."
"혹시 모르니 산 속에 가서 시험을 해봐라."

그들은 자기황으로 민비 이하의 정적을 몰살시키려고 했다. 자기황은 청국에서 수입하는 일종의 폭탄이다. 대원군이 물러난 지 한 달 뒤인 캄캄함 밤에 경복궁의 민비 침전에서 천지를 진동하는 자기황이 터졌다.

이로 인해 침전 일부가 파괴되고 자경전에 화재가 일어났다. 이 불은 순희당과 자미당 등의 전각을 몽땅 태워버렸다. 이 사건으로 궁중과 조정은 발칵 뒤집혔다.

고종과 민비는 난을 피해 창덕궁으로 옮긴 후 포도청에 지시를 내려 범인 체포를 명했다. 하지만 범인을 잡지 못하자 민비는 체면을 유지하기 위해서 궁중화재는 실화였다고 발표했다. 그렇지만 민씨 일파는 대원군이 죽기 전엔 안심할 수가 없었다.

이런 화제사건이 있은 그 다음 해 민비는 기다리던 아들을 또 낳았다. 민비는 아들을 낳게 된 것은 기도를 올린 덕택이라고 생각했다. 이후부터 그녀는 더더욱 미신에 심취했고 신임받는 무당과 중들이 궁중에 득실거렸다.

민비는 세자 탄생의 축하로 죄수의 대사령을 내리고 유림에게 경과의 과거를 보게 했다. 그러나 조작된 과거의 급제자는 모조리 민씨 일족의 자제거나 민씨 일파에 속하는 고관들의 자제뿐이었다. 이것으로 인해 청운의 뜻을 품었던 유능한 선비들은 실망하고 민비 정권에 대한 반감을 가지기 시작했다. 이들은 도리어 대원군 시절을 그리워했다.

민씨 일가가 정권을 잡은 후부터 인사행정이 썩어 빠졌고 무당과 치맛바람에 나라가 망해 버린다며 선비들은 입을 모았다.

결국 세자탄생을 축하하는 기념으로 치른 과거가 유림들의 저주만 받고 말았다.

더구나 궁중에서 무당과 중의 무리들은 아들에 미친 민비를 유혹하고 위협했다. 그래서 민비는 아들의 명을 위한 굿을 매일같이 올렸다. 궁중에는 매일 징소리, 북소리와 함께 주문과 경문 외는 소리가 그치지 않았다. 이에 대한 경비가 예상외로 들어가자 국가의 재정을 맡은 호조판서가 마침내 민비에게 간했다.

"중전마마, 그만큼 하셨으니 이제라도 기도행사를 중지하시옵소서."

"호조, 세자의 명복을 비는 일이오. 호조에게는 그런 충성보다 경비가 더 아깝소?"

"중전마마, 나라 일에는 막대한 재정이 필요합니다. 본디 넉넉하지 못한 예산에서 예정 밖의 비용이 자꾸 들어가면 나랏일에 큰 지장이 생깁니다."

"어허, 호조판서는 모르시오? 나라를 위해서 나라의 돈과 곡식을 쓰는데 왜 반대하시는 것이오?"

"지당하신 말씀이옵니다. 하지만 궁중의 모든 비용은 내수사 재정으로 쓰시게 되어 있습니다. 그런데 요즘은 일반재정인 선혜청 것까지 기도비용으로 소모되고 있사옵니다."

"선혜청 재산이 세자기도의 비용도 댈 수 없을 정도로 그렇게 빈약하오?"

"네, 중전마마. 예산이 일반 국용에도 많이 부족한 형편이옵니다."

이처럼 민비는 자신만 생각했던 것 외에 국가의 재정이 얼마나 부족한지를 몰랐다. 결국 민비는 자신의 정치자금과 미신비용으로 국고를 탕진하고 말았다.

"중전마마, 아뢰옵기 황송하오나, 일년 동안에 사용한 재정이 대원군 십년보다 더 많이 들었습니다."

일년 동안 벼르던 대원군은 마침내 민씨 일족 암살의 음모를 계획하고 심복 부하들의 행동대에게 밀령을 내렸다.

"먼저 민비의 수족인 민승호부터 척살하라."

"알겠습니다, 대감. 그놈의 식구를 몰살시킬 묘책이 있습니다."

"무엇보다 조심할 것은 꼬리가 잡혀선 안 될 것이야."

"염려 마십시오. 대감님의 은혜를 이제야 갚을 때가 왔습니다. 만약 잡히더라도 절대로 대감님 관계는 불지 않겠습니다."

"너희들이 죽으면 내가 공을 갚지 못할 게 아니냐?"

"저희들의 얼굴을 민승호나 그 집 청지기까지 알고 있습니다. 그래서 시골 동지를 보내겠습니다."

"그것 좋은 생각이구나."

이렇게 대원군과 일당들은 민승호의 암살계획을 모의했다. 며칠이 지난 어둑어둑한 저녁때 시골 냄새나는 관가의 청지기가 민승호의 집을 찾아왔다.

"대감님 계십니까?"

"무슨 일로 왔소?"

"시골 원님의 봉물과 편지를 대감께 올리려고 찾아왔소이다."
"어느 원님 댁이오?"
"아, 그건 밝히지 말고 봉물과 편지만 올리고 오라는 원님의 분부가 있었소."

민승호 집의 청지기는 더 이상 물어볼 필요가 없었다. 각 도에서 승진을 하기 위해 이름을 숨기고 뇌물을 가져오기 때문이었다.

"알았으니 거기에 두고 가시오."

마침 민승호는 그 날 따라 절에 불공을 드리러갔다가 돌아와 저녁상을 받는 순간이었다. 청지기가 가져온 편지와 보자기에 싼 작은상자를 받았다. 먼저 민승호는 편지를 뜯자 이런 내용이 적혀 있었다.

'상자 속에 귀중한 진품이 들어있습니다. 타인이 모르게 대감께서 친히 열어 보시고 소납하시기 바랍니다.'

편지를 읽은 민승호는 상자를 들고 안방으로 들어갔다. 방안에는 양모인 한창부 부인과 손자가 있었다. 이 양모가 바로 민비의 계모였다.

"시골 원이 보낸 선물인데 진귀한 물건이라기에 여기서 펴보려고 왔습니다."

이렇게 말한 민승호는 양모에게 웃음을 보였다. 새로 만든 나무상자는 잠겨 있고 뚜껑 밑에는 구멍이 뚫어져 열쇠가 끈에 달려 있었다.

민승호가 열쇠를 구멍에 넣고 돌렸다. 순간적으로 '펑' 하는 소리와 함께 폭탄이 터지자 방안의 벽이 달아났다. 양모와 손자는 그 자리에서 즉사하고 말았다. 그러나 중상을 입은 민승호는 피투성이가 되어 방바닥에 자빠져 꿈틀거리며 비명을 질렀다.

그는 죽어가면서 운현궁이란 말을 남긴 채 죽었다. 운현궁이란 자신의 매부인 대원군이었다. 그런 며칠 후 대원군을 배반한 친형 이최응의 집에도 화제가 발생했다. 이렇게 연속적으로 일어나는 폭발과 방화사건은 민비 일파 거물들의 가슴을 서늘하게 했다.

얼마 후 조정에서는 민승호 폭발사건의 범인을 체포했는데 그는 뜻밖에도 진주병사 신철균의 청지기였다. 민비는 신철균과 그의 청지기를 대역죄로 고문한 후에 참형에 처했다. 하지만 그들은 대원군의 지지파였지만 대원군이 직접 지령을 내렸다는 근거를 찾지 못했다.

민승호의 암살로 민비 일파가 전전긍긍하고 있을 때 대원군파는 폭탄세례로 선전포고를 한 기세를 몰아 정치적 공세까지 취했다. 장령 손영로로 하여금 대원군을 다시 조정으로 모셔와 민심을 수습하고, 친정을 비난하는 상소문을 올리게 했다.

'대원군이 섭정으로 다스린 십년간의 공적으로 탐관오리가 숙청되고 상하에 검소한 생활이 실천되었습니다. 지금 친정 일년 동안에 영의정 이유원을 비롯한 불충지신들이 권세를 마음대로 자행해 정계에 뇌물이 성행하고 국정을 부패하게 만들었습니다. 이제 그런 세도의 병폐를 일소하고, 대원군에게 다시 정치를 맡겨야 하옵니다.'

그러자 민비가 펄펄 뛰면서 노발대발했다.

"이놈 역시 민대감을 암살한 신가놈과 결탁한 놈이야. 무엄하게도 상소라는 형식을 빌려 감히 상감을 협박하고 있구나."

민비는 사헌부에 그를 처벌하라고 명했다. 이것은 대원군을 지지하는 의사는 상소문으로도 표시하지 못하게 했다. 이 상소로 손영로는 금갑도로 귀양을 갔다.

이런 상황을 두고 간관과 옥당들이 상소하는 사람을 벌하면 국정비판과 건의에 길이 막힌다고 했지만 모두 묵살되었다.

그 후부터 상소한 유생들을 모조리 체포해 귀양을 보내거나 암살했다. 그리고 암살된 민승호 부자의 양자로 민태호의 아들 민영익이 들어와 대를 이었다.

꺼져가는 조선의 불꽃

일본은 대원군이 몰락하고 민비가 정권을 잡는 순간 조선과의 수교통상을 서둘렀다. 그렇지만 종전의 배일정책을 주장하는 김병학 등이 반대했다.

고종 12년 8월 21일, 일본함대는 강화도 동남방 난지도 부근 바다에 머물고 있었다. 이때 운양호의 함장 이노우에 제독은 수십 명의 해군을 데리고 연안을 탐색중이었다. 그들을 발견한 도민들과 수비병은 깜짝 놀라며 물었다.

"너희들은 우리나라에 무단 침범했다. 어느 나라 군대냐?"

"우리는 일본 사람이다. 조선과 이웃나라로 화친할 생각으로 온 것이다."

"그런데 왜 육지로 올라온 것이냐?"

"청국으로 가다가 물이 떨어져 식수를 구하려고 상륙했다."

이 사실을 곧바로 수비대본부에 보고했다. 포대에서는 그것이 거짓 핑계라며 포격을 개시했다. 그러자 일본군대는 작은 배를 타고 철수했다. 얼마 후 본함으로 돌아간 일본인들은 우리 포보다 훨씬 성능이 강한 포탄으로 반격했다. 이들은 초지진 포대를 파괴하여 침몰시킨 후 포신을 영종진 포대에 맞춰 맹공격했다.

영종진 포대는 응전했지만 패했다. 승기를 잡은 일본군이 육지로 상륙해 공격을 감행하여 살육과 방화와 약탈을 했다. 그들에 비해서 우리의 무기는 구식이고 규모 또한 작았다.

　수비병의 사기도 대원군 시절보다 떨어져 있었기 때문에 참패를 당했던 것이다. 이것이 근대국가로 개명한 일본이 우리나라에 무력침략을 최초로 감행한 것이었다. 하지만 조정으로선 일본의 불법 행동에 아무런 대책이나 결정도 못했다.

　다만 이 사건을 일반 백성에게 숨겨두려고만 했다. 그러자 일본은 이 사건의 책임이 도리어 조선에 있다고 주장했다. 그러면서 공식 사과를 요청하는 한편, 우호통상 관계를 맺자고 했다.

　그러자 민비와 그 일파들은 당황했다. 더구나 일본은 청국과의 교섭을 통해서까지 조선에 압력을 가했다. 그들은 그해 12월에 전보다도 규모가 큰 외교, 군사를 겸한 거물급 사절단이 도착해 조정을 위협했다.

　"화친이냐, 전쟁이냐, 둘 중 하나를 택하라."

　무력을 배경으로 한 일본의 외교공세였다. 즉 일본은 거물급 대사를 조선에 파견하여 과거 대원군의 배외정책으로 일본에게 저지른 무례와 운양호사건의 책임을 추궁하였다.

　이것을 계기로 국교재개를 촉진시키기로 방침을 세웠다. 따라서 청국주재공사 모리 유우레이로 하여금 청국의 태도를 확인하는 한편 일본 주재 각국 공사에게도 양해를 구해서 사전준비를 했던 것이다.

　이처럼 일본은 조선에 대해 국제적인 양해 아래에 거국적인 태세로 임했지만, 조선의 민비 일파는 아무것도 몰라 당황하기만 했다.

　이때 대원군은 복귀의 기회를 노리다가 대일수교 반대라는 대의명분을 내세워 민비 일파 정권에 반대한 유림과 민심을 자극시켰다. 그리고 운현궁으로 돌아와 민비 일파 정권에 반격을 가하기 시작했다. 그리고 이런 유언비어를 퍼뜨렸다.

'대원군은 탐관오리를 숙청하고 국방비를 저축해 외군의 침략을 통쾌하게 격퇴시켰다. 그런데 민비 일파 정권은 미신의 굿 비용으로 국고를 탕진하고 국방엔 신경쓰지 않았다.

무당, 판수가 호의호식하고 세도까지 부리고 있지만 정작 군대에겐 무기와 밥도 제대로 먹이지 않았다. 이러니 나라를 위해서 싸울 충성의 기운이 남아 있겠는가.

또한 썩은 정권은 자기들 세력유지에만 급급해 나라를 일본에게 팔아먹으려고 비밀외교를 하고 있다.'

한편 민비 일파 정권에서는 친일보다도 오히려 일본이 무서웠다. 이 틈을 타서 대원군이 정권을 다시 노리려는 책동 또한 겁나지 않을 수가 없었다. 이에 따라 조정에서는 논의 끝에 대일 완화책을 좌의정 이최응의 명의로 고종에게 건의하였다.

그러던 중 일본의 전권대사 구로다 일행이 현무호를 타고 야포 팔 문과 의장병 2백5십 명과 별도의 군함 세 척과 수송선 두 척에 5백5십 명의 병력을 싣고 부산항에 들어왔다. 신식무기로 장비한 병력만도 8백 명으로 그들의 강경 외교정책의 태도를 알 수가 있었다.

이 정보에 접한 조정과 백성들은 큰 공포에 휩싸였다. 이것은 당시 백성들이 외교관계를 잘 모르고 있었기 때문에 빚어진 일이었다. 어쨌든 백성들의 공포증을 대원군은 최대한 이용하여 민비 일파 정권을 타도하려고 했다.

부산에 있는 일본 관장대리 야마노시로는 일본 전권대사를 정중히 대접하라는 위협적인 구술서를 동래부사에게 전달했다.

'일본 전권대사 일행이 장차 강화도로 가 귀국의 전권대신과 회담을 청하려고 합니다. 만일 귀국의 전권대신이 우리를 국빈으로 정중히 마중하지 않으면 서울로 직접 들어가 정부와 직접 담판할 것입니다.

일행의 승선이 강화부에 도착하는 시일은 마침 엄동기의 풍파가 심하기 때문에 아마 칠팔일 후가 될 듯하니 귀관은 이 소식을 빨리 귀국 정부에 전달하기 바랍니다.'

만반의 준비를 갖춘 일본은 고종 13년 1월 3일에 강화도로 들어왔다. 먼저 군함 맹춘호가 초지진 앞바다에 들어와 강화부판관 박제근과 함장 가사마 히로다데 사이에 교섭이 시작되었다. 그들은 교섭에서 이렇게 말했다.

"귀국과 국교문제로 친선관계를 맺으려고 일본 전권대사가 왔습니다. 이 뜻을 조정에 전해 주시기 바랍니다."

이 정보를 받은 조정은 전직, 현직 중신들을 비상소집하여 중대회의를 열었다. 그 결과 그들을 정식 외교사절로 대하고 회담을 갖기로 했다. 이것으로 쇄국의 문이 개방되었다. 그런 후 접견대관으로 어영대장 신헌, 도총부 부총관 윤자승을 접견부사로 임명해 일본의 사신과 교섭하게 했다.

아무튼 일본의 위협적 분위기 속에서 회의는 수차 거듭된 끝에 2월 27일 한일수호조약이 정식으로 조인되었다. 그러나 조선 측의 태도가 미덥지 못한 일본 측은 국왕의 비준을 고집했다. 조선 측은 비준엔 상당한 절차가 필요하니 후일로 미루자고 했다.

그러자 일본 측의 구로다 전권은 강화도를 떠나버렸다. 이에 당황한 조정에서는 귀국하지 않고 남아 있는 부전권대사 이노우에와 절충하고 고종의 비준까지 교환했다.

비준 때 고종과 민비는 어정쩡한 태도로 웃지 못할 촌극까지 남겼다. 고종은 비준문서에 친서할 경우 무슨 책임이나 체면에 손상을 입을까봐 '조선국주지보'라는 진짜 옥쇄 대신에 작은 도장을 찍었던 것이다. 이렇게 체결된 강화도조약의 '병자수호조약'은 근대조선이 외국에 대하여 최초로 체결한 조약인데, 이것은 역사적인 개국정책임엔 틀림없다.

이렇게 강화도조약이 체결되자 일본에서는 자기 나라의 개화된 문명과 부강한 국력을 자랑하기 위해 조선 조정에다가 친선사절을 초청했다. 이에 조정에서는 고종 13년 4월 4일 예조참의 김기수를 수신사로 임명해서 보냈다.

원래 사절단은 나라의 위신을 세우기 위해 상당히 큰 규모로 보냈는데, 당시 사절단 일행은 70명이나 되었기 때문에 일본의 화륜선 황룡환을 전세로 빌려 타고 부산항을 떠났다. 그러나 사절단 일행은 일본에 인질로 잡혀 있을 수 있다는 공포로 떨었다.

그러나 이런 우려와는 달리 일본땅에 상륙한 순간부터 뜻밖의 친절과 융숭한 영접을 받았다. 일행은 예기하지도 않게 아카사카이궁에서 명치천황과의 접견까지 마련해 주었다. 그러나 수신사 김기수는 당황했다.

조선왕의 대리자격으로 일본왕이 만나겠다는데 실은 고종의 친서를 가지고 오지 않았던 것이다. 이것은 외교 경험이 부족한 것에서 빚어진 촌극이었다.

그렇지만 일본은 사절단의 환심을 사기 위해 형식을 떠나 외교예의상 특별대우로 명치천황의 접견을 주선해 주었다. 그리고 체류기간 동안 그들은 서양문물을 모방한 근대식 시설의 군사, 산업, 교육기관의 중요한 곳을 보여 주었다.

융숭한 대접을 받고 귀국한 사절단의 보고를 받은 조정은 일본에 대한 인식을 달리했다. 지금까지 외국사절이라 함은 청국을 대국으로 섬기는 소국으로서 상전을 문안하는 식이었다. 따라서 사절단의 가슴을 뿌듯하게 한 것은 독립국가로서 외국에게 동등한 대우를 받은 것이었다. 그리고 사절단이 더더욱 놀란 것은 청국의 구문화보다 발전된 일본의 신문화였다.

그들의 대일 인식도가 불과 20일 동안의 시찰로 완전하게 바뀌었다. 일본왕과 대신들이 보낸 진귀한 예물을 갖고 돌아와 고종에게 바쳤다. 고종은 수신사 김기수를 자미당으로 불러 보고받고 민비와 함께 일본의 실정에 대한 물었다.

"그래, 수고했소. 일본 왕의 인물을 어떻게 보았느냐?"

"매우 정명하였습니다."

"그들의 풍속과 범절은 어떠했느냐?"

"나라의 부강을 위해 힘쓰고 있었습니다."

"어떤 방법으로 그렇게 하는 것 같으냐?"

"열심히 부하고 강해질 기술을 숭상하며 실천하고 있었습니다."

"그들의 생활태도와 정도는 어떠했느냐?"

"국민 모두가 각자 직업을 갖고 근면히 일하면서 놀고먹는 사람이 없고, 길에는 걸인들이 보이지 않았습니다. 더구나 성질이 유순하고 친절하며 사나운 자가 없었습니다."

"일본인들의 기술이 어떤 것이었더냐?"

"서양식 기계로 물품을 만들기 때문에 물건이 좋고 빨리 만들어져, 그 기술을 배우지 않은 사람이 거의 없었사옵니다. 그리고 그런 기계를 다루는 솜씨가 익숙해져 있었습니다."

"그렇다면 동양 고래의 경전 같은 것은 모두 버렸다고 하더냐?"

"그렇지 않사옵니다. 기계위주의 새로운 문명에 열중하면서 도덕적인 면에서는 고래의 경전을 숭상해서 지키고 있사옵니다."

하지만 민비 일파 정권의 대일정책에 대해 대원군을 선봉하는 반대론이 점점 강하게 일어났다.

이때 배일정책의 주동자인 대원군 섭정을 반대하고 극렬한 상소문사건을 일으켜 그를 몰락시킨 최익현이 묘한 행동을 보였다.

이번에는 강화도에서 대일수호조약이 진행되고 있는 가운데, 오란망(五亂亡)이란 이유를 들어 과격한 반대 상소문을 올렸다.

'소문에 의하면 일본과 화친한다고 하여 많은 사람들이 분개하고 사경이 흉흉하니, 만약 그렇게 된다면 상감의 처사는 큰 실책입니다. 화친 문제로 그들이 애원할 정도로 우리가 강한 입장에 있어서 그들을 견제할 수만 있다면 그 화친은 유지할 수가 있습니다.

그러나 우리가 그들을 두려워해서 화친을 구하면 목전의 고육지책에 지나지 못합니다. 금후 그들의 흉악한 야욕을 무엇으로 충족시키겠습니까? 이것이 난망의 첫째 화근입니다.

그들의 물품과 재화는 모두 사치하고 신기하며, 우리의 물품과 재화는 겨우 백성의 명맥만을 유지할 정도로 소박한 것입니다.

따라서 그들과 통상을 하면 수년을 못 가 지탱하지 못하고 경제적으로 반드시 망할 것이니 이것이 난망의 둘째 화근입니다.

그들은 일본이란 탈을 썼지만 실은 양의 탈을 쓴 도적이기 때문에 그들과 화친하면, 서양의 사학을 전해서 나라를 휩쓸게 할 것이니 이것이 난망의 셋째 화근입니다.

그들이 우리나라에 자유롭게 왕래해서 큰집에서 호화스럽게 생활하면 부녀자들이 그들을 사모하게 될 것이니, 이것이 난망의 넷째 화근입니다. 그들은 재욕과 색욕만 알고 인정과 의리가 없으니 무슨 해괴한 일이 생길지 모르니, 이것이 난망의 다섯째 화근입니다.

후세 역사의 붓을 잡는 사람이 이것에 대해 쓴다면 모년 모월에 양인이 조선에 들어와 모처에서 화친을 맹세하였다 할 것이매 이것은 기성고강이 일조에 멸망했다고 통탄할 것입니다. 오늘날 일본인은 양복을 입고 양포를 쓰고 양선을 타고 있으니 이것은 왜양일체(일본과 서양은 한 패거리이기 때문에 일본은 물론 서양에게도 문호를 개방해서는 안 된다는 주장)의 명백한 증거입니다. 그런데 왜 그들에게 속으려고 하십니까.'

최익현의 반대 상소문은 한마디로 일본자체의 침략성을 정치적, 경제적인 이유로 반대하는 동시에 그들의 중계로 서양문화가 전파되는 것을 두려워한 것이다. 같은날에 상소한 전 사간 장호근은 최익현보다 더 강경한 대일주전론을 주장했다.

'추악한 무리가 4백 명이나 우리땅에 들어왔다고 하니 수백 년 굳게 닫혔던 문을 열고 도적을 맞아들이는 것이 웬일입니까. 그들이 정한 13조라는 것은 더욱 해괴망측하옵니다. 이때야말로 군신상하가 일치단결해서 죽기를 맹세하여 그들을 배척하는 것이 마땅하옵니다. 그렇지만 조정의 대신들은 그런 논의는 하지 않고, 혹여 그런 의견을 상소하면 모조리 축출해서 충간의 길까지 막아버리고 발본대책은 세우지 않고 있습니다. 목하의 급무는 국방태세를 엄중히 하고 인재를 등용해서 요해를 굳게 방비하는 데 있습니다. 그러면 반드시 그 무리들을 소탕할 수 있습니다.'

이밖에 일본과 통상한 후에 신기한 그들의 상품이 들어오면 사치폐단만 조장시키는 무용지물이라는 비판의 상소가 많았다.

또 인천개항 문제가 시끄러워졌을 때 원로 이유원은 자기만 반대하는 척한 후 사의를 표명했다.

그러자 김병학, 홍순목, 한계원, 이최응 등도 일시에 단결해서 자신들도 인천개항에 찬성한 바가 없다며 이유원을 반박했다. 한마디로 민비 세력에 아부하기 위해 처음 개국론에 찬성했던 자들까지 일본의 이권강요가 계속되자 책임을 회피하려고 분열하기 시작했다.

공교롭게도 일본과의 통상조약이 체결된 병자년에 큰 흉작이 들었고, 또한 민비의 미신신봉으로 국고가 탕진되었던 것이다. 따라서 백성들은 기아에 허덕였고, 정부관리와 병사들의 봉급도 지불하지 못하는 큰 경제위기에 부닥쳤다.

대원군은 이런 정치적인 분위기와 국민감정을 교묘하게 이용하여 유림들을 모아 개화당으로 이름으로 내건 민비 일파 정권에 대한 반격의 준비가 차질 없이 진행되고 있었다.

이불 속에서 새어나간 비밀

경복궁 안에선 북소리 덩덩,
무당년, 중놈의 춤바람 분다.
진고개 사탕도 개화당 선물,
장안의 남녀가 집 팔아 댄다.
운현궁 호랑이 코만 골아도
자기황 소리가 탕탕 터진다.

백성들 사이에는 이런 풍자적인 노래가 회자되었다. 이것은 민비 사생활의 부패와 그녀의 정책인 개화풍조에 불만을 품고 대원군이 어서 빨리 혁명을 일으키고 다시 정권을 잡아야 한다는 뜻이다. 진고개 사탕은 일본 상품이 일반 국민 생활에 환영되고 있다는 상징적인 말이다.

기계로 짠 광목과 비단은 종래 부녀자들이 가정에서 만든 거친 무명과 명주를 무색케 하고, 수공업을 위축시키는 동시에 사치풍조를 조장했다. 침침한 들기름 등잔불보다 석유 남포불은 밤을 밝게 해주었다. 또한 우두(종두)를 하면 무서운 마마병에 안 걸리고 곰보도 안 된다. 그리고 금계랍(키니네)은 학질과 복통엔 그만이었다.

한마디로 전통한약과 무당굿으로도 고치지 못했던 마마병과 학질을 개화바람으로 타고 들어온 신약이 완벽하게 고쳐냈다. 그러나 불평객들은 좋은 점을 묵살하고 오직 나쁜 점만 골라 과장해서 선동하는 것은 예나 지금이나 변함없는 정쟁 방법인 것이다.

아무래도 개화당의 민비 일파 정권에게는 작금의 세월이 불리해졌다. 대원군이 언제까지 운현궁에서 낮잠만 자고 있을 것 같지 않았다. 그의 코고는 소리조차 혁명의 폭탄소리처럼 민비와 개화당 일파에게 들렸다.

세상이 이렇게 돌아가자 대원군 주변에는 민비 일파 정권에게 불이익을 당하거나 불만을 품은 정객과 모사들이 모여들었다. 대원군이 사랑하던 기생 홍련에게 설화라는 친구가 있었다.

대원군의 심복 정보원이며 낭인시절부터 부하였던 장안의 건달 장순규가 술친구인 진주병사 신철균에게 설화를 기생첩으로 소개했다. 그런 관계로 인해 민비의 오빠 민승호를 폭사시키도록 했던 것이다. 그 사건으로 신철균은 민비의 손에 잡혀 참형을 당하는 바람에 장순규가 신철균에게 소개했던 설화는 과부가 되었다.

삼십이 넘은 과부 설화는 기생으로 나아가기를 망설이고 있던 차에 장순규는 또다시 대원군의 일당으로 과거 승지 벼슬을 지낸 안기영의 셋째 첩으로 소개했다. 설화는 장순규의 끄나풀로 대원군을 위하여 정보활동을 해 오고 있는 여전사였다.

어느 날 밤, 안기영의 집에는 친구인 진사 채동술과 승지 권정호가 밀의를 하고 있었다. 설화도 그들이 남편과 함께 대원군파였기 때문에 옆방에서 바깥을 경계하면서 그들의 음성에 귀를 기울였다. 이때 권정호가 성급하게 말했다.

"대원군께서는 민비를 죽여야 한다고 벼르기만 하고, 우리가 거사한다면 책상물림이라 안 된다며 신중한 태도만 취하고 계시니 답답하오. 대원군의 명령을 기다릴 것도 없소. 우리가 먼저 행동합시다."

그러자 안기영이 권정호의 말을 받았다.

"그거야 좋은 수가 있다면 대원군도 마다하실 이유가 없을 것이오."

이때 채동술이 권정호에게 방법을 묻자 이렇게 대답했다.

"이번 8월(고종 19년)에 과거가 있어서 영남을 비롯한 전국의 선비가 모인답니다. 그때 그들에게 대원군의 명령이라고 선동하여 대궐을 점령하고 민비 앞잡이들인 개화당 놈들을 몰살시키면 됩니다. 그리고 별동대로 하여금 일본 공사관을 습격해 그놈들을 모두 몰아내면 되지 않겠소."

이들의 이야기를 모두 들은 안기영이 말했다.

"선비들이야 입과 글로는 개화당을 잘 치겠지만 그런 실지 행동에는 비겁해서 안 될 것이오. 대원군께선 우리들까지 책상물림이라 일할 자격이 없다고 하는데, 선비들이야 오죽 하겠습니까."

얼굴을 안기영에게 돌린 채동술이 이렇게 주장했다.

"거사가 성공하려면 뭐니뭐니해도 군대들이 반란을 일으켜야 됩니다. 즉시 무관 친구를 찾아가 상의해 보겠소이다."

채동술은 광주산성 별감 이풍래를 찾아가 모의해 협력해 달라고 권했다. 그러자 이풍래는 친구의 면전이라 듣고만 있었고 가부를 대답하지 않았다. 채동술을 보낸 뒤 이풍래는 잠시 동안 대원군의 동정을 살폈다.

그러나 채동술의 소리와는 달리 잠잠했다. 이풍래는 겁이 났다. 그래서 그는 친구를 배신하고 음모의 사실을 의금부에 고발했다. 이 고발에 고종은 안색이 창백해졌고 민비는 화가 치밀었다. 민비가 입을 열었다.

"상감마마, 운현궁이 시킨 반란음모가 틀림없습니다. 운현궁을 잡아다가 심문하시고 대역죄로 처단해야 합니다."

그러나 고종은 나지막하게 말했다.

"중전, 운현궁이 시켰는지는 신중하게 조사해 봐야 할 것이오."

민비는 지금까지 시아버지 대원군을 숙청하려고 했지만 뚜렷한 물증이 없어서 기회를 잡지 못했다. 더구나 지아비 고종의 체면 때문에도 단행하지 못했었다. 그러나 이번만은 기회를 잡았다고 생각한 민비는 꼭 처단하겠다는 결심이 강했다.

안기영, 채동술, 권정호 등을 잡아들여 고문했지만 대원군이 직접 지휘했다는 사실이 없었다. 그러자 민비는 사건을 날조시켜 눈에 가시였던 조중호, 한성근, 윤웅열, 유도석, 윤홍섭 등의 무관을 역적으로 몰아서 참형시켰다.

또 대원군에게는 간접적으로 앙갚음하기 위해 대원군의 서자 이재선을 그들이 추대했다는 것으로 꾸며 독약을 먹여 죽였다. 그제야 민비는 화가 풀렸다.

그리고 이 사건의 주모자로 몰린 안기영의 첩 설화도 잡혀가 고문을 당했다. 설화는 중년이었지만 미모가 있어 추관들의 장난감이 되었다.

"이년, 네 꼬락서니를 보거라. 기생 주제에 얼마나 운이 없으면 역적놈만 골라서 첩노릇을 하느냐?"

"네 년의 얼굴이 아깝구나. 반반한 얼굴이 서방만 잡아먹는구나."

"너와 하룻밤만 자도 죽어도 한이 없겠구나."

그러나 고문과 경멸을 당한 설화는 증거가 없어 석방되었다. 그러면서 추관들은 금후로 역적놈의 잔당들과 만나기만해도 잡아죽이겠다고 위협했다.

집으로 돌아온 설화는 신세한탄을 했다. 마음의 안정을 겨우 찾은 어느 날 밤, 자신을 체포했던 포교가 소리 없이 찾아왔다. 설화가 깜짝 놀라며 그 포교를 맞았다.

"나리 이 밤중에 어인 행차이십니까?"

설화는 기생 경력으로 얻은 남자 다루는 솜씨로 아양을 떨었다. 포교에게 나리라는 것은 큰 대접이었다. 그러자 어깨가 으쓱해진 포교는 조용히 말했다.

"아씨께 조용히 할 말이 있어 왔소이다."

설화는 조용히 하라며 자기 방으로 안내했다.

"나리께서 또 절 잡으러 왔소?"

포교는 겸연쩍어하다가 갑자기 표정을 바꾸면서 입을 열었다.

"사실은 내가 아씨에게 사정을 하러 왔소이다. 상놈인 내 청을 들어주시겠소."

눈치 빠른 설화는 이 포교가 자기에게 반했다는 것을 알고는 눈웃음을 쳤다.

"나리도 왜 그렇게 말씀하세요."

"마누라는 일찍 죽고, 기생하고 오입 한 번 해보지 못한 신세요. 좋지 않은 곳이지만 아씨를 본 후 상사병에 걸렸다오. 그래서 하룻밤의 정이라도 쌓게 해주시오."

"어머, 나리의 농에 넘어갈 나이가 아니에요. 아무리 족쳐도 전 죄가 없다오."

"그러지 마시오. 내가 밀탐하러 여기까지 온 것이 아니라오."

포교는 참지 못하고 설화의 손을 덥석 잡았다. 포교는 설화의 약점을 이용해 자신이 욕망을 채우러 왔던 것이다.

"어머, 나리께서도 포승을 들지 않고 여자의 손을 잡네요. 어서 돌아가세요. 공연히 역적년 집에 드나든다고 혼나지 마시고요."

"아씨, 사내간장 그만 태우시고 어서 청이나 들어주소. 난 아씨의 정을 한번이라도 받는다면 역적으로 몰려 죽어도 원이 없겠소. 그리고 이건 내가 정표로 주는 것이외다."

포교는 가슴 품안에서 비단옷감을 내놓았다. 그렇지만 설화는 그것을 한쪽으로 밀쳐놓고 냉정한 표정을 지었다. 그러자 포교는 자신의 억센 두 팔로 설화의 허리를 힘껏 감았다. 그러자 설화는 사내에게 몸을 맡기면서 입을 열었다.

"저도 나리께 청이 하나 있네요."

"내가 할 수 있는 일이라면 모두 들어주겠소."

"앞으로 절 잡아가지 않겠다고 약속해 주겠어요?"

"나 같은 일개 포리야 무슨 힘이 있겠소. 그저 윗분이 시키는 대로 할 뿐이지. 혹시 그런 명령이 떨어지면 미리 알려주겠소."

"정말이세요? 맹세할 수 있겠어요?"

"혈서라도 쓰겠소."

"만약 약속을 어기시고 절 잡아가시면 강간했다고 폭로할 것입니다."

"좋소이다. 그럼 강간을 허락하시는 것이오."

두 사람은 한 이불 속에서 하룻밤의 유희를 즐긴 후 날이 밝았다.

"개화당의 덕을 내가 톡톡히 보는군요."

"흥! 나리께선 포도대장 세도도 부리지 못하잖소."

"그게 아니라, 개화당의 반대파를 무조건 역적으로 모는 세월이라 상놈인 내가 천하일색의 설화와 하룻밤을 잘 수 있었지."

"나리는 민비가 무척 고맙겠군요?"

"몰라서 그렇지. 민비는 지독한 독종이라 죄 없는 시형 이재선에게 독약 사발을 안겼지."

"저도 여자지만 민비는 천하 독부라 나라를 망치고 있지요."

"그러다가 분명히 저주를 받아 끝이 좋지 않을 거야. 지금, 군대도 들썩거린다는 정보도 있소. 의금부와 포도청은 속으로 무척 떨고 있는데, 무슨 난리라도 날 것 같아."

포교는 설화에게 중요한 기밀까지 누설했고, 그녀는 다음 날 바로 대원군의 정보원인 장순규에게 알렸다.

호롱불 아래의 어전회의

창덕궁 뒷문으로 민비를 등에 업고 탈출에 성공한 별감 홍재희는 그녀를 내려놓으면서 사과했다.
"중전마마, 이렇게 모셔서 황송하옵니다."
"홍별감, 그런 말씀하지 마시오. 어서 안전한 곳으로 갑시다."
민비는 자신을 구해준 홍재희에게 고맙다고 하면서 안전한 곳으로 데려가도록 재촉했다.
억수같이 퍼붓는 장맛비를 흠뻑 맞은 민비. 그녀는 궁녀로 변장했는데 통통하고 풍만한 육체에 옷이 찰싹 달라붙어 있었다.
"중전마마, 급한 대로 윤태준의 집으로 모시겠습니다."
"그곳은 안전하오?"
"그렇사옵니다. 저와 믿는 사인지라 괜찮을 것입니다."
홍재희는 빠른 속도로 걸음을 재촉해 민비를 화개동에 있는 윤태준 집으로 모셨다. 거리의 백성들은 비를 피해 모두 집안에 들어가 있었기 때문에 도망치기에는 안성맞춤이었다.
민비가 도착하자 윤태준은 당황하고 송구스러워하며 곧장 골방으로 숨게 하고 옷을 갈아입게 했다. 민비는 밤이 되자, 홍재희에게 명해 민응식과 민긍식을 몰래 불러오게 했다. 민비는 그들을 만나자 우선 신변 안전에 대한 방도를 상의했다.
"거리는 지금 어떤 상황인가? 그리고 반란은 앞으로 어떻게 될까? 더구나 상감께서는 지금 어디에 계시는가?"

"중전마마, 걱정하지 마시옵소서. 상감께서는 대원군에게 국정을 맡기셨사옵니다. 그리고 대원군은 중전께서 승하하셨다고 국상 발표를 했사옵니다."

"그건 나도 알고 있다오. 아무래도 이곳 장안을 빠져나가 시골로 숨어야겠소. 그러자면 노잣돈이 필요한데 마련할 수가 있겠소?"

"분부대로 하겠사옵니다."

말은 쉽게 했지만 세도를 부리던 모든 민씨들이 도망하는 판국인지라 그들 역시 돈을 준비할 길이 없었다. 그래서 주인 윤태준에게 부탁하자 윤태준은 조충희에게 오백 냥을 빌려서 민비의 피란 비용을 만들어 주었다.

이렇게 노자가 마련되자 민비는 동대문 밖에 있는 이근영의 집으로 갔다. 그곳에서 민응식, 민긍식, 민영기 등과 더불어 피란민을 가장해 여주로 향했다.

일행은 14일 새벽 광나루에 도착해 배를 타기 위해 사공을 만났다. 이때 민비는 저 멀리 보이는 북악산을 돌아보고 원수를 갚겠다며 이를 갈았다. 한쪽에서 하인처럼 짐을 진 민응식, 민긍식 등이 뱃사공과 교섭했지만 움직이려고 하지 않았다.

"아 글쎄, 강물을 보세요. 장마로 불어난 이런 큰물에 배를 띄웠다간 큰일납니다. 더구나 대원군이 일체의 피란민을 건너게 해선 안 된다고 엄명을 내린 상태라오. 만일 그것을 어겼다간 내 목이 달아납니다요."

이때 평민의 신부로 가장하고 가마 안에 있던 민비가 큰 금가

락지를 빼어서 민응식에게 주며 눈짓했다. 금가락지를 사공의 손에 쥐어주자, 그는 얼른 배를 갔다대면서 대꾸했다.

"생원님, 뱃삯으로 인심을 쓰셨지만, 나중에 피란민을 건네주었다는 것이 발각되면 우린 목이 잘린답니다."

"대원군께서 설마 그런 가혹한 벌을 내리시겠소?"

"대원군은 세도에 눈이 어두워 중전마마까지 죽인 흉악한 시아버집니다. 그런 사람이 우리 뱃사공 따위의 목숨을 생각하겠어요?"

민비는 대원군을 미워하고 자기를 동정하는 백성이 고마웠다. 하지만 이와 반대로 다른 사공은 민비가 죽어서 속이 시원하다는 말에 서글펐다. 대원군의 철통같은 정보망도 민비를 잡지 못하고 이들 일행은 이미 한강 너머로 탈출했던 것이다. 또다시 권력을 잡은 대원군은 민비의 생사 따위는 관심이 없었다.

그는 오랫동안 굶주린 정권욕을 채우기에 바빴다. 그는 민비일파를 몰아내고 새 조정을 조직하기 시작했다. 그러나 정변으로 인해 대원군과 운명을 같이 할 인물이 없었다.

신응조를 우의정에 앉혔지만 곧바로 사퇴하고 조정에 나오지 않았다. 그래서 조대비의 외척인 병조판서 조영하를 중용하려고 했지만, 그는 협력하지 않고 방관태도를 취했다.

병조판서를 그만두고 싶었지만 그렇게까지 하면 대원군에게 박해를 받을 것 같아서 관망만 하고 있었던 것이다. 더구나 영의정 홍순목까지 조정에 나오지 않았다.

하는 수 없이 대원군은 부자체제로 임할 수밖에 없었다. 자신의 아들인 이재면에게 삼영의 대장을 겸임시키고, 호조판서와 선혜당상까지 맡겨 군권과 국고를 장악하게 했다.

이때 민비는 청국으로 망명해 과거부터 청국에서 미워하던 대원군을 끌어낼 공작을 꾸미고 있었다. 백성들 사이에선 정변으로 민비에 대한 유언비어가 나돌았다.

'민비는 청국에 간 것이 아니라 일본으로 가 군사들을 이끌고 일본공사관에 불을 지른 대원군을 몰아낸다고 하더라.'

대원군은 벼락같이 정권회복을 했지만 심복이 적었고, 국제정세가 불리하자 고독감과 불안감에 휩싸였다. 대원군은 그럴수록 민비 일당에 대한 가혹한 숙청의 칼날을 휘둘렀다.

먼저 고종을 단속하기 위해 군신관계가 아니라 부자관계로 되돌렸다. 12일 밤에 대원군은 궁중의 조용한 곳으로 고종을 불러놓고 아버지로서 자식에 대한 엄숙한 훈계를 했다.

"내가 너를 임금 자리에 앉힌 것은 나라를 위하고 집안을 생각했기 때문이다. 그런데 넌 간악한 계집이 하자는 대로 휘둘려 나라를 이 꼴로 망쳐놓았다. 임금으로서 그런 사단이 어디에 있으며, 나에게까지 이렇게 불효를 할 수 있느냐?"

"아버님, 모든 것이 소자의 불충에서 일어난 일이옵니다. 용서해주십시오."

"더구나 신성해야 할 궁중이 굿터와 유흥장으로 타락했고, 국정은 민가 일파의 세도로 부패했다. 또한 개화정책으로 일본의 세력을 끌어들였으니 이것이 매국이 아니고 무엇이겠느냐?"

"아버님, 소자의 힘으론 어떻게 할 수가 없었답니다."

"국정은 둘째치더라도 궁중의 유흥장도 막지 못하는 그런 무능한 임금, 아니 그런 사내자식이 천하에 어디에 있겠느냐?"

대원군은 시아버지답지 않게 며느리 민비에 대한 원한 때문에 온갖 말을 했다. 그러자 고종은 머리를 조아리며 입을 열었다.

"이 모든 것이 얄팍한 주술에 놀아난 계집의 소행이었습니다."

"이젠 궁중에서 그런 잔당들을 모두 제거해야만 하느니라."

"명심하겠습니다. 아버님."

이런 말을 한 대원군이 나가자 고종은 오열했다. 앞으로 자신의 지위와 생명이 불분명했기 때문에 무척 불안했다. 아버지 대원군에게 부자지정이라곤 조금도 남아 있지 않고 마냥 무섭기만 했다.

그래서 더더욱 민비에 대한 사랑이 그리웠다. 고종은 민비가 살아있기만 빌었다. 또한 민비가 살아서 대원군을 다시 몰아내고 전처럼 왕실의 위세를 세워보고 싶었다.

탈출 다음 날 아침에 광나루에서 한강을 건넌 민비 일행은 그 날로 여주 친정인 민영소의 집으로 들어갔다. 그곳에서 며칠 지내며 정세를 살피던 중 이런 말을 들었다.

"대원군이 민비를 잡기 위해 전국에 밀정을 놓았다. 이집 주위에도 수상한 놈이 기웃거리고 있는 것 같다."

민비는 곧바로 그 집을 나와 남한강 지류를 타고 올라가 장호원으로 피신했다. 장호원에는 서울서부터 민비를 호위해 온 심상훈의 별장도 있었고, 민형식의 시골집도 있었다. 민비는 은밀하게 민형식의 집에 은신했지만 세도하던 서울의 민씨들이 이곳으로 몰려왔기 때문에 그녀가 있다는 비밀이 탄로났다.

그러자 민형식이 휘두른 권력의 칼에 학대를 받았던 지방민들이 보복을 할 수 있는 좋은 시기라며 들고 일어났다. 그때 장호원에 살고 있는 장사 정문오가 주동이 되었다.

그들은 민형식의 집을 습격했는데 그때도 민비는 용케 운이 좋아 신속하게 피신했다. 그곳을 도망쳐 나온 일행들은 다시 60리나 되는 산길을 지나 국망산 밑의 한적한 산촌에 도착했다.

민비는 피란 온 사람이라며 신분을 속였다. 그리고 돈으로 마을 부녀자들에게 선심을 쓰면서 사교술로 이곳에서 여왕노릇을 했다. 민비는 망명중임에도 불구하고 유흥과 미신의 기도로 심신을 달랬다. 그래서 무당의 굿소리와 술집의 잡가소리가 마을을 점점 시끄럽게 하자 훈장은 민비 일행의 행동을 꾸짖었다.

"서울에서의 난리가 이곳 산촌의 미풍양속을 어지럽히게 됐다. 그래도 피란해 온 서울 양반들인 줄 알았더니 장사로 돈푼께나 번잡스런 중인 같구나."

민비 일행은 그런 공격이 도리어 망명정객으로 의심받는 것보다 낫다며 고마워했다. 민비가 이곳에서 소원 성취를 기도하는 굿의 목적이 무엇인지 마을사람들은 전혀 알 수가 없었다.

그리고 부녀자들과의 자연스러운 유흥 태도는 자신들을 숨기기 위한 술책이었던 것이다. 남이 보는 앞에서는 신하들도 민비에게 왕비에 대한 존경의 태도는 일체 취하지 않았다. 그러나 밤만 되면 민비를 중심으로 회의를 열어 음모를 꾸몄던 것이다.

"이젠 민심도 가라앉았으니, 우선 상감께 중전께서 무사하시다는 것을 알려야겠습니다."

"그렇지만 상감께선 내가 살아 있다는 소식만으론 오히려 걱정만 시켜드릴 뿐이오. 따라서 대원군을 몰아낼 비책과 함께 전해야 기뻐하실 것입니다. 그리고 청나라에 밀사를 보내어 이번 일을 도와달라고 해야겠소."

민비는 청나라의 이홍장에게 밀사를 보내 군사를 빌어서 대원군을 죽이거나 잡아가게 하는 것을 목표로 삼았다. 이것은 예전에 세자책립 문제로 청국에 밀사를 보내어 이홍장의 일갈로 대원군 주장을 꺾어버렸던 경험이 있었기 때문에 생각한 것이다.

한마디로 민비는 산속에 피란해서도 외국의 힘을 이용하고 외국을 이간시키면서 자기의 정권을 회복하려는 외교술책을 창안해 냈던 것이다. 그렇지만 이것은 나라와 함께 자신의 생명까지 앗아가는 사건으로 전개될 줄을 꿈에도 몰랐던 것이다.

민비는 윤태준을 밀사로 서울로 잠입시켰고 그는 엄밀한 방법으로 고종에게 민비가 살아있다고 전달했다. 고종은 민비의 소식이 반가웠으며 민비의 생각이 옳다고 여겼다.

이것으로 용기를 얻은 고종은 비밀리에 민태호, 조영하와 상의한 후 밀사를 천진으로 보냈다. 이곳에 주재하고 있는 외교관 김윤식과 어윤중으로 하여금 청국에 강력한 응원을 청했던 것이다.

삼일천하의 비밀

　거삿날은 고종 21년(갑신년) 12월 5일(음력 10월 17일) 우정국 낙성식이 열리는 날 밤이었다. 일본을 배경으로 한 개화독립당의 박영효, 김옥균, 홍영식, 서재필, 서광범 등이 주범들이었다.
　이들은 일본공사관과 짜고 후원 약속까지 받아놓았다. 폭력배를 매수해 행동대원으로 썼고 김옥균은 습격 목표와 방화 및 암살의 방법 등을 지시했었다.
　이들이 우정국을 택한 것은 우정국장으로 개화당 동지 홍영식이 맡고 있었기 때문이었다. 이들의 계획은 낙성식에 초대된 민씨 일파 정권의 실력자들을 암살하고, 행동대원들을 앞장세워 왕궁을 점령한 뒤에 고종과 민비를 협박해 개화독립당 위주의 정부조직을 왕명으로 발표할 예정이었다.
　그런 다음 고종에게는 보수당의 반란이라며 속인 후 호위명목으로 일본군에게 동원을 요청하여 청국군의 간섭을 막으려고 했다. 혁명의 봉화는 우정국에서 연회가 열릴 때 행동대원들이 안동별궁에 불을 지르는 것이었다.
　초조하게 기다리던 그날 밤, 우정국에서 연회가 한창 진행되고 있는 시각임에도 불구하고 안동별궁에서의 방화 소식은 들리지 않았다. 행동대원들의 계획이 신통치 않았던 모양이었다.
　이미에 식은땀을 흘리고 있던 김옥균과 박영효는 급하게 계획을 변경했다. 이에 따라 의도적으로 연회를 밤 10시까지 지연시켰다. 그러자 각국 공사들은 지루함에 못 이겨 돌아갈 준비를 했다.

이때 우정국 옆에 있는 민가에서 화제가 발생했다. 행동대원들은 혁명의 봉화를 안동별궁 대신 애매한 민가에 방화했던 것이다. 불길은 삽시간에 퍼져나가 우정국 주변을 모두 태우고 있었다. 그러자 화제로 당황한 내외귀빈들은 허둥지둥 밖으로 뛰어나갔다.

개화당을 배신한 민영익이 맨 먼저 연회장을 빠져나오는 순간이었다. 그는 문 밖에서 기다리고 있던 개화당 행동대원 윤경순과 이은종의 칼과 몽둥이를 맞았다.

민영익은 머리에 흐르는 피를 손으로 막으면서 우정국 안으로 되돌아갔다. 그를 목격한 귀빈들은 깜짝 놀라며 떨고 있었지만 미국공사와 영국공사는 침착한 태도로 물었다.

"대감, 무슨 일이오? 도대체 어떤 자가 이런 짓을 했습니까?"

이때 갑자기 김옥균이 우정국 밖으로 뛰어나가자 그의 패거리들도 함께 뒤를 따랐다. 이것을 본 민영익은 단순하게 자신에 대한 암살이라고 생각했다. 하지만 그것은 반란사건의 서막에서 빚어진 첫 번째 유혈이었다.

그러면서 이들을 향해 역적이라고 면박하자 김옥균은 부하들에게 명령해 죽이라고 했다. 그래서 유재현은 이들 패거리 일당에서 맞아서 죽었다. 이 광경을 지켜본 고종은 떨고 있었다.

영리한 민비는 이번 반란의 주범이 김옥균과 박영효라는 것을 알고 목숨을 그들에게 맡겼다. 이때 안절부절못하고 있는 고종에게 박영효가 자신에게 명을 내려달라고 윽박질렀다.

"상감마마, 정부의 각료들을 빨리 조직하라고 어명을 내리십시오."

이때 경비를 맡고 있던 행동대원 한 사람이 급히 들어와 미국 공사와 영국공사가 고종을 만나러 왔다고 알렸다. 천하의 김옥균이라도 외국사신들의 국왕 방문을 막을 수가 없는 것이었다. 고종을 알현한 두 나라 공사는 침착하게 인사하며 입을 열었다.

"상감마마, 급변을 듣고 문안차 예방하였습니다. 걱정하지 마십시오. 사태가 곧 진정될 것으로 생각됩니다."

두 나라 공사가 인사를 마친 후 바로 물러나자 이번에는 독일공사가 찾아왔다. 고종과 한참동안 화담을 나눈 후 돌아갔다. 이때 일본공사는 다른 나라 공사와는 달리 경우궁을 수시로 드나들면서 김옥균과 밀담을 거듭했다. 그러자 민비는 애써 모른 척하면서 동물적인 감각으로 음모의 냄새를 맡고 있었다.

반란 그 다음 날 저녁때였다. 노환의 조대비가 어젯밤 소란에 놀라 병세가 악화되어 위급해졌다는 전갈이 왔다. 고종과 민비는 이것을 핑계로 창덕궁으로 돌아가게 해달라고 김옥균에게 말했다.

그러자 김옥균은 옆방에 있는 일본공사를 만나 상의한 후 나오더니 문병을 가도 좋다고 했다. 고종과 민비는 이미 출동한 일본군대의 삼엄한 경비를 받으며 창덕궁으로 돌아왔다.

이때 김옥균이 이끄는 개화독립당에서는 국왕을 협박해 자신들의 내각을 만들어 놓은 상태다. 흥영군 이창응을 영의정으로, 24세의 개화당원 홍영식이 좌의정과 우포도대장을 겸직했다. 박영효는 친군영사 겸 좌포도대장으로, 김옥균은 호조참판을 맡았다. 이밖에 서광범, 변수, 윤치호 서재필 등을 요직에 임명했다.

이런 인사는 정계와 국민들에게 신뢰받지 못했던 개화독립당으로서는 어쩔 도리가 없었다. 이처럼 인물난에 허덕인 이들은 보수파와 중간파들의 관직을 그대로 유임시키기로 했다. 또한 거국일치내각이라는 허울집단을 만들었다.

김옥균 패거리들은 열악한 인사와 동시에 새정부의 당면정책을 다음과 같이 공포했다.

1. 대원군을 속히 귀국시킨다.
2. 문벌을 없애고 탕평책으로 관리를 등용한다.
3. 지세법을 없애고 탐관오리를 숙청해 국민 부담을 줄이고 국가 재정을 증대시킨다.
4. 내시부를 폐지한다.
5. 국정을 부패하게 하고 사리사욕을 채운 자를 색출해 엄벌에 처한다.
6. 규장각을 폐지한다.
7. 순경을 모집해서 훈련시켜 도적을 방지한다.
8. 혜상공국을 폐지한다.
9. 정치범으로 귀양 간 사람을 방면하여 복권시킨다.
10. 전후좌우의 사영을 폐지하고 근위군을 둔다.
11. 국내재정은 호조에서 관할하고 기타의 재정기관은 모두 폐지한다.
12. 대신과 참찬관의 회의는 의정소에서 결정해서 임금께 품정한 후에 정령을 반포한다.
13. 정부육조 이외의 관청은 모두 폐지한다.

이런 포고령에도 백성들은 관심이 없었다. 더구나 궁중을 폭력으로 점거하여 정권을 잡은 김옥균의 개화독립당은 역시 후사가 불안했다. 그들은 무력으로 차지한 정권이 한낱 꿈으로 끝나지 않기 위해 일본공사에게 군사적 지원을 적극적으로 당부했다.

그러나 18일이 되면서 일본공사는 청국 측의 반발이 의외로 커지자 타협하자면서 태도를 바꿨다.

일본공사 다케조에는 김옥균과 박영효에게 이렇게 말했다.

"일본군이 궁중에 오래 있으면 내정간섭의 오해를 받기 쉽소이다. 그래서 철군을 하기로 결정했소이다. 하지만 걱정하지 마시오. 우리가 뒤에서 모든 것을 원조할 것이오."

이 말에 김옥균은 깜짝 놀라며 일본공사에게 따졌다.

"당신의 약속만 믿고 거사를 치른 것이외다. 그런데 뭐요? 혼란 중에 갑자기 철군한다니, 말이 되는 소리오? 그것은 우리와 약속을 어기는 배신행위란 말이오. 부탁이오. 아무 말씀마시고 딱 삼일만 궁중에 주둔해 주시오. 그러는 사이에 우리가 완전하게 자리를 잡겠소이다."

"그렇다면 철군을 해도 삼일간은 사관열명으로 근위대의 훈련을 하겠소."

이처럼 일본공사로부터 개화당 간부들은 일본이 궁중에서 철군해도 군사고문 제공, 삼백만 원 차관, 재정고문 제공을 허락받았기 때문에 철석같이 믿고 있었다. 그래서 오직 청국의 간섭만 막으면 모든 것이 끝나고 자신들의 세상이 도래할 것으로 생각했다. 이에 따라 김옥균은 개화당 간부들과 군사문제를 논의하고 있었다.

이때 청국의 오조유 장군이 보낸 사관 한 명이 고종을 만나겠다고 청했다. 그러자 김옥균은 오조유나 원세개 장군이 직접 찾아오면 가능하지만, 일개 사관에게는 고종을 알현시킬 수 없다고 거절했다. 그러자 청군의 사관은 오조유가 고종께 바치는 서한을 전달했는데 그 내용은 이렇다.

'서울 장안 안팎이 평시와 다름없이 평정하니 부디 안심하십시오.'

이 글은 본 김옥균 일파는 청국이 개화독립당 혁명을 소가 닭 보듯 관심이 없자 은근히 불안했다. 그는 이에는 이라는 식으로 서한을 전달한 청국 사관을 냉대해 보냈다.

그가 떠난 지 채 한 시간도 지나지 않아 청국군 통역관이 찾아왔다. 그는 원세개 장군이 군사 6백 명과 함께 궁중으로 국왕을 알현하러 오겠다는 통고만 남기고 가버렸다.

이에 당황한 김옥균은 곧바로 일본공사와 상의한 후 청군과의 전쟁도 불사하겠다고 결의했다. 하지만 그날 오후 2시 30분, 청국군 1천5백 명은 동서 양쪽을 2개 부대로 나누어 궁중으로 기습해 들어왔다. 요란한 총성에 김옥균 일파와 일본공사는 몹시 당황했다.

청국군의 기습작전은 보수당의 긴밀한 연락으로 취해진 행동이었다. 또한 이것은 민비가 고종의 이름으로 요청한 것이기도 했다. 즉 오주유 장군의 군대가 선인문을 돌파했고, 원세개 장군의 군대는 돈화문을 공격했다. 이밖에 청국군이 훈련시켜 오던 조선군 좌우영의 군대와 백성까지 합세한 부대도 수천 명에 달했다.

그러나 청국군대의 공격군에 맞설 수 있는 일본군은 겨우 2백 명에 불과했고, 박영효가 지휘하는 전후영의 조선군은 8백 명에 지나지 않았다.

싸움이 벌어지자 김옥균 일파가 당황하여 우왕좌왕하자 민비는 세자 부부와 함께 궁을 탈출해 북쪽 산으로 도망했고, 왕대비, 대왕대비 등도 궁을 빠져나왔다.

얼마 후 청군의 공격을 방어하고 있던 김옥균에게 중전이 세자와 함께 궁을 빠져나갔다는 보고를 받고 침전으로 달려갔다. 그곳에 있어야 할 고종까지 없어졌다.

김옥균은 급히 고종의 행방을 찾기 위해 후문으로 뛰어나가 울창한 후원 산길로 올라갔다. 그때 무감에게 인솔된 네다섯 명의 병사들의 호위를 받으며 북쪽 산으로 탈출하고 있는 고종을 발견했다. 그러자 김옥균과 서광범은 고종을 향해 단숨에 달려가 또다시 납치했다.

이번에는 고종을 연경당에 감금시키고 청군과 싸우고 있던 일본공사에게 급히 연락했다. 그러자 일본공사는 일본군 일부와 연경당으로 달려와 고종의 주위를 지켰다. 개화독립당의 간부들은 연경당에서 일본공사와 긴급대책회의를 했다. 얼마 후 김옥균이 고종에게 아뢰었다.

"상감마마, 청군이 궁중까지 침범했습니다. 잠시 인천으로 피하셨다가 사태수습 이후 환궁하시는 것이 좋을 듯하옵니다."

하지만 고종은 일본공사보다 먼저 반대 의사를 표했다. 그러자 개화독립당의 간부들은 고종의 강경한 태도에 당황하는 기색이 역력했다. 한참 침묵이 흘렀다. 그러던 중 갑자기 청군들이 발사한 탄환이 연경당 왼쪽에서 쏟아졌다.

일본공사와 김옥균의 개화독립당원들은 고종을 모시고 뒷산 언덕으로 달아나다가 동북문까지 이르렀다. 이미 해가 저물어 사방이 어둑한데도 총소리만은 요란했다. 청군의 방화로 궁궐은 화염에 휩싸여 저녁 하늘을 환하게 밝혀주고 있었다.

일본공사와 개화독립당원들은 고종을 인질로 데리고 갔지만 안전한 곳을 찾지 못해 갈팡질팡하고 있었다.

이때 민비와 세자, 대왕대비, 왕대비가 상감에게 사람을 보내 북묘로 오시라는 기별을 했다. 북묘는 진령군에 봉한 무당 박소사가 민비의 복을 빌던 곳이라 신앙적으로 마음의 피난처였다. 기별을 받은 고종은 민비를 비롯한 왕족들과 함께 있고 싶었다.

"여봐라, 과인이 지금 북묘로 가고 싶다."

하지만 김옥균은 위험하다며 반대했다. 그것은 민비를 함께 모신다는 것이 부담스러웠기 때문이었다. 그렇지만 고종은 김옥균의 말을 듣지 않고 무감에게 강경히 명령했다.

"무감은 뭘 하고 있는 것이냐? 빨리 북묘로 인도하지 않고?"

무감은 고종의 명을 받들어 북묘로 출발했다. 이것을 쳐다보고 있던 박영효가 갑자기 화를 내며 장검을 뽑아 무감의 옆구리에 갖다대고 위협했다. 이렇게 하여 고종은 또다시 억류를 당했다. 김옥균이 일본공사에게 요청했다.

"상감을 모시고 인천으로 가야겠소. 우리를 호위해 주시오."

이 말을 들은 일본공사는 여전히 입을 굳게 다물고 눈을 감았다. 그 순간 북쪽 산을 점령한 조선 별초군 1백여 명이 일본군을 발견한 후 맹렬한 사격을 가했다. 총알은 고종 옆에 서 있던 내시 한 명을 쓰러뜨렸다. 그래서 김옥균은 무감을 시켜 이곳에 상감마마가 계시니 사격을 중지토록 했다. 곧이어 공격하던 조선군 부대의 사격이 중지되었다.

고종은 또다시 북묘로 가야겠다고 주장했다. 이럴 즈음 침묵으로 일관해온 일본공사가 입을 열었다.

"우리가 대한제국 국왕을 호위한다면 도리어 문제가 복잡해질 수도 있소. 따라서 군대를 철수시키고 사태의 진전에 따라 선후책을 강구하겠소이다."

은근슬쩍 발뺌하겠다는 일본공사의 말에 김옥균과 박영효는 머리가 띵했다. 김옥균이 앞으로 나오면서 벌컥 화를 냈다.

"상감을 여기까지 모신 것은 당신과 군대를 믿어서였소. 지금 철군한다면 청군과 민가 일족에게 정권이 돌아갈 것이고, 우리 또한 어찌되겠소?"

이 말이 끝나기가 무섭게 일본공사가 말했다.

"현실을 보시오. 사태가 심상치 않게 돌아가고 있소이다. 처음엔 청군뿐인 줄 알았는데, 조선군까지 있지 않소. 조선군의 발포는 국왕을 우리 군대가 호위하고 있기 때문이오."

일본공사는 고종에게 공손하게 아뢰었다.

"상감마마, 곧바로 우리 군을 철수하겠습니다. 부디 이번 사태를 잘 수습하시옵소서."

고종은 일본공사의 말을 듣고 무감을 재촉해서 민비가 기다리고 있는 북묘로 향했다.

박영효, 김옥균, 서광범, 서재필 등이 일으킨 '갑신정변'은 이렇게 삼일천하로 끝나고 말았다.

이때 대부분의 개화독립당 간부는 일본공사를 따라가 생명을 보전하기로 했다. 다만 홍영식은 이번 혁명에서 민영익을 보호해 주었고, 원세개와도 친분이 있어서 민비 일파의 세력으로부터 보복은 면할 것으로 생각했다. 또한 국왕을 따라가겠다고 해서 김옥균 등도 찬성했다.

외세에 휘둘리는 용상

 국왕을 따라나선 홍영식과 박영교는 자신들의 생각과는 달리 참형되었고, 삼일천하를 이으킨 개화독립당은 완전히 사라져버렸다.
 그날 밤 남산에 주둔하고 있던 일본군 병영이 습격을 받아 불에 타버렸다. 23일 아침부터 보수당에서 선동한 민중들이 일본공사관을 포위하고 돌을 던지면서 시위를 하고 있었다.
 일본공사는 사태가 다급해지자 미국공사와 영국공사에게 구원을 청하려고 했지만 교통이 마비되어 어쩔 수가 없었다.
 일본공사관은 완전히 고립되어 식량까지 떨어졌다. 그들은 굶어죽을 바에야 위험을 무릅쓰고 인천으로 탈출해 본국으로 돌아가는 것이 낫다고 생각했다.
 일본공사와 직원들은 점심으로 죽 한 그릇씩을 먹은 후 군대의 호위로 인천으로 도망갔다. 이들 가운데는 박영효, 김옥균, 서광범, 서재필, 신응식, 정난교, 유혁로, 변수 등도 있었다.
 청나라 오조유 장군은 19일 밤에 고종을 자신의 군영에 모셔서 보호했고, 20일 아침부터 원세개가 자신의 군영으로 모셔갔다. 고종은 그의 군영에서 중신회의를 연 후 중요인사를 발령했다. 그리고 김옥균, 박영효, 홍영식, 서광범, 서재필 등을 오적으로 몰아서 극형에 처하기로 결정했다.

외무협판 목인덕은 김옥균 등을 체포하라는 왕명으로 군대를 거느리고 인천으로 급파했다. 그러나 이미 개화독립당원들은 일본 기선으로 망명한 후였다.

화가 난 목인덕은 일본공사 다케조에를 독대해 역적 김옥균과 박영효 등을 내놓으라고 윽박질렀다. 그러자 잔꾀의 달인이며 기회주의자인 일본공사는 김옥균 등에게 하선하라고 요구했다. 그런 뒤에 마음대로 피신하라고 했던 것이다.

사형선고와 같은 다케조에의 하선 요구에 김옥균, 박영효 등은 반대하면서 이곳에서 자결하겠다고 했다. 그렇지만 다케조에는 눈썹하나 까닥하지 않았다. 이때 천세호의 선장 쓰지가쓰 사부로오가 구세주로 나타났다. 그는 일본공사를 비난하면서 선장의 권한으로 말했다.

"처음 망명객을 태우게 된 동기는 공사의 체면 때문이었소. 하지만 이제 와서 문제가 생겼다며 하선하라는 것은 비겁한 행동이오. 이젠 선장 체면으로도 하선시킬 수가 없소이다. 공사의 명령이 있어도 이 배의 권한은 내가 가지고 있소."

선장은 이들을 배 밑에 있는 비밀실에 숨긴 후 재촉하는 목인덕에게 시치미를 뗐다.

"공사는 그들이 이 배에 탄 줄 알고 그렇게 말한 것 같소. 선장인 내가 보기엔 그런 사람을 태운 적이 없소이다."

개화독립당의 갑신정변은 삼일천하로 실패했다. 개화독립당의 갑신정변은 민비 보수정권에게, 또는 세계 각국과의 관계에 있어서 복잡 미묘함을 일깨워주었다.

이후 일본은 대한제국에게 공사관 습격과 일본인 40명을 살해한 배상요구와 함께 안전보장을 위한 한양조약을 체결했다. 그런 다음 청국과는 천진조약을 체결해 양국군대의 철수와 함께 이권평등으로 대한제국을 집어삼킬 준비를 진행시켰다. 이들의 이권에 못마땅한 러시아, 영국, 미국 등은 조선의 중립론을 들고 나왔다.

따라서 조정에서는 어쩔 수 없이 각국에게도 문호를 개방했다. 그러자 민비는 청국군과 일본을 배척함과 동시에 제삼국의 외국세력과 결탁하는 잔머리를 굴렸다.

민비가 이렇게 생각하게 된 것은 청국과 일본이 공동 양해로 대원군을 귀국시키는 것을 싫어했기 때문이다. 청국과 일본이 대원군의 집권을 후원하지 않더라도 그는 또다시 정치음모를 꾸밀 것이 뻔했던 것이다. 민비는 여러 상황을 생각한 뒤 혼자 중얼거렸다.

'청국과 일본은 저희들끼리 이권에 따라 야합하면서 대한제국을 이용만 하는구나. 이 기회에 러시아와 손잡아 청국과 일본의 간섭을 막아야겠다.'

1885년 4월 14일 민비는 러시아의 남하정책으로 반대했던 방러책을 포기하고 한러조약을 체결했다. 이와 함께 민비는 러시아 황제에게 밀사를 보내 조선에서 외국간섭으로 중대사건이 생겼을 때 보호를 요청했다.

그러나 이런 밀약설이 밝혀지면서 이를 시기한 영국은 그해 4월 15일에 남해 거문도를 무단 점령했다. 그러자 러시아는 영국에게 이런 내용의 항의서를 보냈다.

'영국 해군이 이런 불법행동을 시인한다면 우리도 대한제국의 어느 일부를 점령할 것이다.'

대한제국의 영토를 외국이 분할 점령하는 대상물처럼 마음대로 주물렀다. 민비는 영국의 거문도 점령이 러시아의 압력으로 철수되기를 바랐다. 영국은 러시아, 청나라, 일본 등의 항의에 못 이겨 거문도를 5천 파운드에 팔라고 했다. 그러나 3국의 반대가 심해 민비는 결국 거절하고 말았다. 마침내 1887년 2월에 영국군은 해군을 철수시켰다.

청국은 민비가 갑신정변 때 왕실을 구해준 은공을 팽개치고 친러정책을 실시하는 것이 얄미워 그 견제세력으로 대원군을 귀환시켰던 것이다. 일본 역시 청나라와 같은 생각으로 동의했다.

앞에서 언급했지만 민비 생각과는 달리 청국과 일본은 대원군을 귀국시켜 장차 정권을 맡기기 위한 공작이었던 것이다. 민비는 대원군의 귀국이 몹시 두려웠다. 그리고 그를 이용해서 청국과 일본이 야합해서 자기의 세력을 꺾으려는 것에 분개했다.

민비는 잔머리를 굴려 러시아공사에게 대원군의 귀국을 반대해줄 것을 은밀히 부탁했으며, 이와 동시에 민씨 일파의 대표자격으로 민영익을 천진으로 보내 이홍장에게 반대운동을 하도록 했다. 그러자 이홍장은 그의 말을 듣지 않고 능청맞게 대답했다.

"이보시오, 우리나라로선 귀국의 내정문제엔 간섭할 생각이 추호도 없소. 그리고 국왕의 부친을 너무 오래 감금해두는 것은 양국의 체면이 서로 구겨지는 것이기 때문에 돌려보내는 것이오."

민비는 민영익을 파견했지만 불안한 나머지 김명규와 이응준을 또다시 이홍장에게 보냈다. 그러자 이번에는 이홍장이 거꾸로 그들을 설복시키는 말을 했다.

"대원군은 귀국해도 나이가 많아 전처럼 정치활동에 흥미를 못 느낄 것이오. 그래서 왕비를 비롯해 민씨 일가와 원만한 화해가 되도록 당신들이 도와주시오."

한마디로 이홍장은 민비 밀사들의 말에 귀를 기울이지 않았다. 그러자 밀사들은 다른 방법을 제시했다.

"그렇다면 대원군이 귀국 후 서울보다 국내벽지에서 한거하도록 귀국에서 조치해 주시면 고맙겠습니다."

이 말을 들은 이홍장은 두 밀사의 얼굴을 쳐다보면서 한심하다는 표정을 지었다.

"이보시오. 정말 한심하오이다. 그것이 국왕의 생각이오? 아니면 대신들의 생각이오?"

고종의 가족사진

이홍장은 민비의 밀사들을 물리친 며칠 후 보정부로 귀양 보냈던 대원군을 국빈대우로 천진에서 맞이했다. 그는 청국황제를 만나게 했고 대한제국의 정치문제도 논의하면서 대원군의 진의를 살폈다. 그러자 대원군은 칠십 노인답지 않게 자기소신을 뚜렷하고 솔직하게 말했다.

"왕비가 전면에 나서서 정치를 휘두르면 귀국에서 보호 원조를 해주더라도 수년을 버티기 어렵습니다. 귀국에서 왕비에게 일체 정치에 참여하지 못하도록 하고, 귀국의 대신 한 명을 파견하여 국정의 대소사를 감독케 한다면, 나라와 민심이 안정될 것입니다."

이로써 청나라는 친러거청하려는 민비의 외교술책을 완화시키는 방법으로 대원군을 귀국시켜 친청 세력을 강화시키는 것이 좋다는 자신감을 얻었다. 대원군이 3년 만에 청국 귀양에서 풀려나오자 청국 및 일본공사들과 민비정권을 증오한 백성들까지 좋아했다. 이와 반대로 고종과 민비를 비롯한 조정의 중신들은 그를 환영하지 않았다.

그들은 대원군에 대해서 직접적으로 박해를 가할 수가 없었다. 그렇지만 대원군이 돌아와 운현궁에 들어간 다음 날부터 누구를 막론하고 일체의 출입을 금지시켰다.

대원군은 청나라 보정부의 귀양살이 이상으로 부자유스러웠다. 그리고 '임오군란' 때 도망했다가 잡힌 김춘영, 이영식 등을 능지처참해서 대원군을 위협했다. 그리고 대원군의 옛날 종복들도 다시 시중들지 못하도록 독살하고, 가깝게 지내던 사람들을 모조리 체포하라는 명과 함께 수배를 내렸다.

'민비와 대원군 싸움에 나라가 망한다. 시아비는 청국편, 며느리는 러시아편, 그래서 집안싸움이 언제 전쟁으로 터질지 모른다.'

백성들은 친청 대원군과 친러 민비의 당파싸움을 이렇게 비아냥거렸다. 그렇지만 민비와 대원군의 권력투쟁의 암투는 자꾸만 악화되어 갔다. 현실에서 아직까지 청국이 대한제국에 대한 국제적인 발언권이 가장 강했다. 따라서 민비의 비밀 친러 경향은 문제가 되지 않았다.

더구나 일본이 청국보다 더 강한 러시아를 막고 있었기 때문에 당분간 청에 대한 간섭에 동의했던 것이다. 이홍장은 임오군란 때 공을 세웠던 원세개를 대원군의 호환사로 다시 보내어 대한제국 주재 청국 책임자로 삼아 내정간섭을 하게 했다.

이것은 대원군이 청국의 대신급을 파견해 대한제국 국정을 감독하라고 요청한 것으로 제도화된 것이나 다름없었다. 민비정권은 원세개의 압력을 배제하기 위해 러시아와 비밀외교에 정성을 기울였다. 민비는 척신들과 공모한 후 웨베르 러시아공사에게 국새와 총리대신의 도장이 찍힌 비밀문서를 보냈다.

'조선왕국을 러시아제국이 보호 육성해 주시오. 청국의 간섭을 배제하고 지원해 주되, 만약 청국이 꺼려 하거든 군함을 파견해서 견제해 주시오.'

그러나 민비의 친러 비밀교섭에 반대해 온 민씨 일파의 거물은 우영사 민영익이다. 그는 대원군과는 정적이었지만 외교문제에서는 반러친청이었다.

민영익은 민비의 친러 비밀공작에 반대하던 중 고종 병술년 7월 원세개에게 밀고했다. 이에 깜짝 놀란 원세개는 본국 이홍장에게 비밀 전보를 보냈다.

'국왕(高宗)이 러시아와 밀약하고 청국세력을 몰아내려는 음모를 꾸미고 있으니 하루빨리 국왕을 바꿔야 합니다.'

그러자 청국은 독립된 국가의 왕을 자기들 마음대로 바꾸기 위한 음모를 진행시켰다. 즉 고종을 몰아낸 뒤 고종의 조카 이준용을 세자로 세워 대원군을 섭정으로 삼아 국정을 맡기겠다는 계획이었다.

이 계획은 대원군에게 비밀리에 연락되었으며, 그에겐 정권회복의 기회를 노리던 중 반가운 소식이었다. 그러자 대원군은 원세개에게 급하게 서둘자며 졸랐다.

"장군의 건의가 이홍장 대신을 비롯한 귀국조정에서 승인될지 모르겠습니다. 하지만 모든 것은 장군의 힘만 믿습니다. 만약 귀국에서 승인하지 않을 경우라도 장군만 후원하신다면 해치울 방도가 있습니다."

하지만 원세개는 본국의 승인 없이는 어렵다고 말했다. 그런 후 그는 이홍장에게 자신이 꾸민 음모를 보고했다. 즉 대원군의 운현궁을 습격 방화하고 그 폭동의 책임을 민비 일당의 소행으로 뒤집어씌운다.

그리고 민비 일당의 만행을 규탄한다는 명목으로 폭도들로 하여금 민비정권을 전복시키려고 궁궐을 습격하는 난리를 일으킨다. 그 뒤에 자신은 폭동을 진압한다는 명목으로 청국군대를 거느리고 궁중을 점령한 뒤에 고종을 폐위시키고 대원군에게 다시 정권을 맡긴다는 것이었다.

그렇지만 원세개의 음모를 건의받은 이홍장은 '대원군의 세력이 민비 일당의 세력을 제거할 때까지 기다리는 것이 좋다. 따라서 제반준비를 갖추고 기회를 보라'는 훈령을 내렸다.

이 훈령과는 달리 이홍장은 고종 폐위와 대원군 재집권에 대한 계획에 찬성하고 곧바로 청국에서 할 수 있는 모든 준비를 마련했다. 다시 말해 조선 출병을 정여창에게 명함과 동시에 군대

수송의 준비도 서둘렀다.

7월 15일 각 군영의 대장들을 자신의 공관으로 초대하여 연회를 베풀었다. 연회를 베푼 이유는 원세개가 러시아 밀서사본을 제공한 민영익을 보호해 주기 위한 것이었다. 그는 이 자리에서 위조전보를 공개하면서 입을 열었다.

"본국 정부에 대해 면목이 없게 되었소. 지금까지 여러분과는 매우 친했는데, 어떻게 나를 속일 수가 있소. 내가 보고도 하기 전 본국에서 먼저 귀국과 러시아와의 밀약사실을 알게 되었소. 본국은 귀국에 문죄차 오늘 정오에 군대를 실은 군함이 출동했다는 전보가 왔소."

초청받은 대신들은 깜짝 놀라며 급히 돌아가 고종과 민비에게 보고했다. 이 소문으로 인해 궁중은 물론 장안의 민심이 설렁거리기 시작했다.

이때 조정에서는 친군 사영에 비상경계령을 내렸다. 그러자 원세개는 자신의 위조전보로 연극의 효과가 큰 것을 보고 코웃음을 쳤다. 그는 그 이튿날 고종을 방문하여 직접 위협했다.

"문죄의 대병이 오기 전에 상감께서는 하루빨리 양국친선관계를 파괴하는 간신무리를 숙청해서 상감의 본심이 아니라는 성의를 보여주십시오."

고종은 원세개의 이런 위협에 어쩔 줄 몰라했고, 원세개는 외교독판 서상우를 불러놓고 말했다.

"귀국정부의 군신상하가 본군의 친선정통을 파괴하는 불법을 저질렀소. 그 책임을 느낀다면 타국과의 밀약음모를 파기하고 즉시 사과를 하시오."

이때 원세개가 미리 연락해 둔 대원군이 입궐하여 조대비를 만났다. 대원군은 국가안위의 중대사건을 금시초문이라는 듯 놀란 표정을 짓고 눈물로 호소했다.

"대비마마, 무모한 친러밀약으로 청국을 배신한 관계로 그들이 노하여 대군을 급파하였고 합니다. 왕실의 운명이 바람 앞의 등잔불 같사옵니다. 청국대군이 입성하기 전에 조정의 간신배를 하루빨리 몰아내야 하옵니다. 그리하여 국정을 바로잡아 청국의 노여움을 풀어야 하지 않겠습니까."

한편 조정에서는 당황한 군신들이 긴급회의를 열고 대책안을 강구했다. 하지만 국왕과 대신들은 책임을 회피하기에 급급했다. 그러자 원세개는 러시아공관에서 문서일체를 돌려받아 무효시키라고 요구했다.

조정에서는 어쩔 수 없이 밀사역할을 맡은 사람들을 체포해 귀양을 보냈다. 이때 귀양 간 사람들은 민비에게 충성한 조존두, 김가진, 김학우, 김양묵 등이었다. 이런 난리가 났음에도 러시아 공사관에서는 비밀문서를 반환하지 않고 도리어 조선조정의 처사에 항의했다.

이처럼 민비의 외교정책은 청국에겐 위협을, 러시아에겐 웃음 거리가 되었다. 그렇지만 원세개의 국왕폐립 음모는 멈추지 않았다. 그는 7월 21일 이홍장에게 비밀전보를 보냈다.

'고종은 증거를 없애려고 비밀문서를 보낸 채현식을 암살하고, 러시아군대를 기다리고 있습니다. 지금 이곳의 민심이 흉흉하오니, 저에게 오백 명의 군사만 보내주시면 왕을 폐한 후 러시아와 야합한 무리들을 천진으로 잡아다가 신문할 수 있겠습니다.'

이때 대원군에게 정권을 담당할 세력이 있었다면 이홍장도 원세개의 음모에 찬성했을 것이다. 하지만 불행하게도 대원군에겐 아직 그만한 정치세력이 없었다. 또한 국제정세가 미묘했기 때문에 이홍장으로선 고종 폐위에 신중할 수밖에 없었던 것이다.

이때 외교문서에 가짜옥새가 사용되었다는 고종의 증언으로 정부와 국왕의 위신은 땅바닥으로 떨어지고 말았다. 이것은 러시아와의 밀약문서가 가짜옥새로 찍었기 때문에 무효라는 것을 주장하기 위해서였다.

'민비의 고집과 간교한 지혜도 별 볼일 없구나. 치욕으로 대원군에게 또다시 정권을 빼앗기지 않은 것만 해도 운수가 좋구나.'

백성들의 소문을 들은 민비는 어쩔 수 없이 서상우와 이응준을 사신으로 청국에 보냈지만 변명하는 꼴이 되었다. 이런 가운데 고종의 폐위는 무산되고 민비정권은 구차하게 명맥만 유지되었다.

밀약사건이 이렇게 일단락되자 민영익은 양심상 원세개와 왕실에 고개를 들 수가 없어 홍콩으로 망명하고 말았다. 그가 망명한 또 하나의 이유는 밀약서의 공개가 뜻밖에 고종 폐위와 대원군의 재등장으로 발전하게 된 것에 대한 책임 때문이다.

나라를 망친 집안싸움

감국대신 원세개는 민비의 병이 중해지자 직접 왕실로 찾아와 조정대신들을 직접 명령하는 등 제멋대로 굴었다. 그래서 민비정권은 청국의 종주국적인 태도에 불만이 있었다. 또 그들의 보호 아래 정권의 명맥은 유지되고 있었지만 내부적으론 부패했다.

특히 정치적 공작으로는 반대파인 대원군의 세력을 탄압하고, 일본에 망명중인 김옥균, 박영효 등 개화독립당의 음모를 분쇄하는 데만 온통 신경을 쓰고 있었다.

따라서 그들을 암살하기 위해 민비정권은 여러 명의 자객을 일본에 밀파하는데 비용을 소비했었다. 일본에서는 이것을 알고 낭인정객들로 하여금 김옥균, 박영효 등을 보호했고, 일본정부에서는 귀양을 보내 그들의 신변을 보호해 주었다.

김옥균은 민비를 싫어하는 청국 이홍장의 후원을 받기 위해 상해로 건너갔다가 홍종우에게 피살되었다. 그런 후 그의 시체가 서울로 이송되자 민비파들은 죽은 시체에 역적의 패를 붙이고 참형에 처하는 잔인한 보복을 자행했다.

이처럼 민비정권에 대한 일본의 반감과 일청관계가 악화되고 있을 때 전라도에서 동학혁명이 일어났다. 동학혁명은 부패한 민비정권을 타도하려는 민중운동이었다.

민비정권의 부패하고 무력한 관군으로선 도저히 반란을 진압하지 못했다. 그러자 조정에서는 상투적인 구명책으로 청국에 파병을 요청해 진압을 호소했다.

　그러자 조선의 파병구실을 기다리고 있던 청국은 5월 3일에 1천5백 명의 군사를 아산만 백석포로 보냈다. 청국은 조선출병에 앞서 천진조약에 따라 일본에 통보하자, 5월 6일 1만 명의 군대를 태운 군함이 인천항에 입항했다. 일본군의 일부는 서울로 향했고 일부는 평택으로 내려가 북상하는 청국군을 막았다.

　이에 당황한 조정에서는 사신을 보내서 일본공사 오오도리에게 보냈다.

　'동학당의 내란도 진압되었다. 따라서 귀국의 군대를 곧 철수시켜라.'

　그러나 오오도리 일본공사는 억지 핑계를 대면서 완강히 거부했다.

　"청국군대가 먼저 왔다. 그들이 먼저 철수하면 우리도 철수하겠다."

　이처럼 민비정권은 내정의 부패로 농민폭동인 동학란을 유발시켰고, 그것을 진압하기 위해 청국군대를 불러들였다. 하지만 청하지 않은 일본군대까지 침입하는 결과를 초래했던 것이다. 하지만 안타깝게도 일본군을 격퇴시킬 힘이 없는 조정은 청국군대가 그들을 격퇴해 주기만을 바라고 있었다.

　하지만 일본공사 오오도리의 속셈은 청국군대와 일전을 치르기 위해 지금까지 숨겨온 내정간섭을 노골적으로 나타냈다. 오오도리 일본공사는 조선에서 민란이 끊이지 않고 일어나는 것은 부패한 정치에 있다고 역설했다.

"이번 기회에 내정개혁을 단행하시오. 모든 국내반란과 국제분규는 내정개혁에서만 이룰 수가 있소."

그러면서 그는 조정에 5강목 20개조에 달하는 개혁안을 강요하면서 교정청을 신설하고 심의하라고 강요했다. 힘없는 조정에서는 어쩔 수 없이 교정청의 임원을 대신급으로 구성하고 일본이 지시한 개혁안을 심의했다.

이남규가 올린 상소는 자주적 입장에서 하루빨리 내정개혁을 하라는 뜻이 담겨져 있었다.

'일본의 개혁안은 체면상 부끄럽지만 그 취지와 원칙엔 찬성이다. 곧 민씨 일파의 부패한 전제정치를 폐하고 거국내각으로 서민정치로 일신해야 한다. 또한 선진문명국의 제도를 채택해야만 오늘의 국난을 극복할 수가 있다.'

그렇지만 민비의 대변자인 고종은 이런 긴박한 내외공세에 정신을 차리지 못하고 어정쩡하게 시일만 보내고 있었다. 그러자 민비는 잔머리를 굴려 고종에게 아뢰었다.

"원세개와 파견군 사령관이 본국과 연락해서 일본군을 몰아내는 대책이 설 때까지 일본의 회답을 지연시키도록 하세요."

안타깝게도 민비는 상대의 힘을 빌려 상대를 제압하려는 얄팍한 외교잔꾀만 말할 뿐 자기일파의 내정개혁엔 조금도 반성하지 못했다. 고종은 민비의 말에 따라 청국 이홍장에게 친필로 호소하는 비밀전보를 보냈다.

'일본의 내정간섭이 심하오. 그들이 요구한 개혁안을 심의하는 척하면서 귀국의 신속한 해결을 기다리고 있소.'

그렇지만 이홍장은 청국주재 각국 공사를 통해 일본군의 철군을 외교적으로 교섭할 뿐이었다. 민비정권은 조선에 파병된 청국군 1천5백 명으론 일본군 1만 명을 이길 수가 없다는 것을 알았다. 더구나 일본군을 몰아내기 위한 추가파병도 하지 않았다. 그래서 매일 불안하게 보내고 있었다.

그러던 중 일본공사는 하루도 빠짐없이 내정개혁의 결과를 재촉했다. 하지만 지연작전에 화가 난 그는 조선대표 세 명을 불러 담판했다. 대표들은 내정개혁에 합의했지만 청나라를 믿고 있는 고종은 결재를 하지 않았다.

이때 원세개가 정세보고 차원에서 귀국하고, 그의 대리로 당소의가 부임했다. 그러자 조정에서는 불길한 예감에 사로잡혔다. 청국의 현지세력들은 일본에 비해 정보능력과 정세판단이 떨어졌다. 그러자 민비정권에 불만을 품은 각 정파들은 비밀리에 일본공사관에 출입했다.

물론 대원군 일파도 있었다. 일본 측에서는 민비정권을 무너뜨리는데 대원군을 이용할 계획이었다. 정치에는 영원한 동지도 영원한 적도 없다고 하지 않았던가. 일본은 과거 대원군이 배일정책의 주창자로서 미워했고 꺼렸지만 민비를 제거하기 위해선 그를 이용할 수밖에 없었다.

일본공사가 담판에서 결정한 최후의 기한인 6월 20일이 되어도 조정에서는 아무런 회답을 내놓지 못했다. 일본 측은 이렇게 될 것을 예상하고 실력행사를 준비해 두었다. 21일 새벽 일본군 2개 대대가 경복궁으로 침입했다. 이때 도망치고 남은 병사들의 무장을 해제시켰다.

그런 뒤에 일본공사 오오도리는 곧장 함화당으로 달려가 고종을 배알하고 겉으로는 공손하게 안심시켰다. 하지만 이것은 고종을 감금시킨 꼴이었다. 이때 경복궁 안은 호위군과 일본군과의 싸움이 계속되었다. 하지만 일본군의 승리로 조용해졌으며 군사들은 모두 무장해제되었다.

대원군은 민비정권을 퇴진시킨 것은 좋았지만, 일본군의 앞잡이로 괴뢰정권의 수반이 되는 것은 별로였다. 하지만 자신이 또다시 정권을 잡으면 부패한 정치를 일신하겠다는 야심과 포부는 컸다. 고종도 일본군의 총칼 아래에서 일본공사가 요구한 내정개혁안에 무조건 찬성했다. 그리고 신하들에게 신속하게 개혁안을 실시하라며 명을 내렸다.

"오늘부터 중요한 국사와 육해군의 통수권 보두를 대원군에게 맡기도록 하라."

고종은 큰 인심이나 쓰는 것처럼 모든 실권을 민비로부터 대원군에게 이양시켰다. 과거와는 달리 대원군은 민씨 일파의 숙청을 철저하게 단행했다. 그런 후 내각을 개화독립당원들로 구성하여 일본이 요구한 정치개혁을 진행시켰다.

이후 일본군과 청국군이 충돌하기 시작했다. 6월 23일 청국군 9백 명을 싣고 오던 군함이 일본군함의 공격을 받아 침몰했다.

25일에는 평택에서 육전이 벌어졌지만 역시 일본의 대승으로 끝났다.

청국군 패잔병들은 강원도를 돌아 평양으로 들어가 새로 파견된 청국군과 합류했다. 그런 후 일본군을 조선 땅에서 방어하고 자기네 땅엔 침입하지 못하게 작전을 세웠다.

7월 1일 청국군은 정식으로 일본에 대한 선전포고를 했다. 그러나 예상과 달리 일본군은 연전연승하면서 평양의 청국군을 단번에 물리치고 압록강을 넘었다. 일본군은 9월이 되자 만주를 휩쓸고 여순과 군항을 차례차례 함락시켰다.

그러자 친청파들은 비로소 강력한 일본의 신흥세력에 놀라움을 금치 못했다. 따라서 국내는 청국세력이 아닌 일본세력들이 세도를 부렸다. 대원군은 일본의 힘으로 정권을 다시 잡았지만 일말의 희망으로 청이 일본을 이기길 바랐다. 그래서 평양전투 때까지 평양감사에게 밀사를 보내 청군에게 협력하라고 지령까지 내렸던 것이다.

이런 와중에 대원군의 가슴을 답답하게 하는 고민이 있었다. 그것은 아직까지 고종과 민비정권의 잔당을 조종하고 있는 민비를 처치하지 못한 것이다. 따라서 대원군은 친일파인 개화독립당과 국사를 함께 하기가 싫었다. 현재 자신이 섭정을 하고 있긴 하지만 그들은 과거의 정적들이었다. 또한 지금은 일본의 내정간섭만 합리화하려는 것도 못마땅했던 것이다.

따라서 대원군은 모든 국정을 마음대로 하기 위해선 일본의 내정간섭을 봉쇄해야 된다고 생각했다. 그래서 그는 청국이 연전연패하자 스스로의 힘으로 일본세력을 추방할 비밀계획까지 추진시켰다. 하지만 불행하게도 군대가 없기 때문에 동학당의 잔존세력을 이용해 부패와 외세의 내정간섭을 막고자 그들을 선동했다.

10월 21일 새벽 대원군의 밀령을 받은 동학군 총사령관 전봉준과 참모장 김원식 등이 수만 명의 동학군을 재수습해서 서울을 공격하기 위해서 행군을 개시했다. 이때 동학당 간부들 사이에는 찬부양론이 격했다. 결국 교주 최시영과 손병희, 이용구는 경천안민의 종교적 평화론을 주장하면서 합류하지 않았다.

동학군들은 북상하면서 공주를 습격했을 때 일본군 1천 명이 관군을 도와주기 위해 급파되었다. 그러자 재래식 무기로는 신식무기를 가진 일본군을 당할 수가 없어 패했다. 이런 가운데 동학군이 대원군의 충동으로 다시 일어나 행동을 개시했다는 풍문이 전국 각지에서 유언비어로 떠돌았다.

당시 정부의 요직엔 개화독립당원으로 구성되어 있었는데, 김옥균과 함께 일본으로 망명했던 박영효까지 돌아와 감투를 쓰고 있었다. 그렇지만 박영효는 배일태도를 고집한 대원군을 민비만큼이나 싫어했다.

민비와 대원군은 이런 와중에서도 권력싸움을 하고 있었다. 일본은 민비를 제거하기 위해 대원군을 섭정시켰지만 일본의 말을 잘 따르지 않아 점점 거리가 멀어졌다.

이것을 알게 된 민비는 과거엔 대원군을 제거하기 위해서 청국의 힘을 빌렸지만, 지금은 일본의 힘을 빌려서 제거하고 싶었다.

대원군은 동학군이 일본군에게 참패하자 불안해졌고, 그것이 일본과 민비에게 알려질까봐 두려웠다. 그리고 섭정자리도 곧 끝날 것이라는 초조한 마음으로 나날을 보내고 있었다. 더구나 민비를 빨리 제거하지 못하면 언젠가 큰 화를 당할 수 있다는 생각에 신변까지 챙겼다.

이때 개화독립당의 득세로 벼락감투를 쓴 법부협판 김학우가

10월에 암살된 것이다. 경무청에서는 전동석을 범인이라고 체포해 고문을 가하면서 거짓으로 사건을 꾸몄다. 또한 정인덕을 비롯해 검거된 사람들은 모두 대원군의 부하들이었다. 얼마 후 특별법원에서 이들을 조사한 결과를 발표했다.

'대원군의 종손 이준용을 임금으로 삼아 고종과 민비를 살해할 목적으로 동학군과 결탁했다. 이들은 궁중을 습격하고 조정 요인들을 몰살한 뒤에 대원군 일파로 새로운 내각을 세운다.'

재판 후 전동석 등 네 명은 사형에 처했고, 대원군의 종손 이준용 등 세 명은 귀양 보냈다. 그 외 관련자들은 10년에서 15년의 징역에 처해서 대원군 세력을 송두리째 뽑아버렸다.

이 사건에 대해 중립파인 각료의 김홍집, 김윤식, 어윤중 등은 날조된 것이기 때문에 무죄를 주장했지만 박영효, 서상범 등은 엄중한 처단을 주장했다.

이에 따라 대원군은 민비의 소행이라며 분개했지만, 아무도 두둔해 줄 사람도 없었다. 더구나 일본도 그의 이용가치가 떨어졌다고 판단했다.

그 사건 이후 대원군은 마포별장으로 은퇴해서 두문불출하자 정권은 또다시 민비의 수중으로 돌아갔다. 민비의 생활도 개화풍의 새로운 것을 좋아했다. 즉 일본사탕과 서양식 커피를 즐겼고, 궁중에 발전기를 설치해 전등을 켜놓고 밤새도록 서양식 연회에 취했다. 이때 민비의 머릿속에서 항상 사라지지 않은 것은 무당의 굿과 대원군에 대한 증오심이었다.

이런 문화적 혜택을 누리고 있는 민비의 대오정책은 일본을 싫어해 러시아 세력으로 꺾으려는 생각을 버리지 않았다.

이것은 대원군을 밀어주었다는 점에서 나온 생각인데, 그녀는 러시아와 결탁하기가 어려우면 청국세력이 회복되기를 바랐다. 일본에서는 민비의 이런 태도에 불만이 쌓였던 것이다.

민비의 죽음과 몰락

'이노우에 공사는 대원군과 결탁하여 민비를 시해하려고 왔다.'

이런 소문이 회자되는 가운데 이노우에는 옛날 청국의 원세개 이상의 위엄을 갖고 오오도리 공사 후임으로 부임했다. 대원군 역시 민비의 모함으로 부하들이 참형을 당하자, 분개한 나머지 일본의 세력을 빌려서 민비일당을 없애버릴 생각이었다.

그것은 청일전쟁 동안 대원군은 일본의 군사력을 알았기 때문이었다. 대원군은 일본인 낭인정객 오카모도 류우노스케를 동지로 삼아 민비제거와 정권회복에 힘썼다.

이노우에 공사가 부임하자 오카모도는 민비의 음모로 죽을 뻔한 대원군의 손자 이준용을 비밀면회 시켰다. 이때 이준용은 할아버지 대원군을 대신해서 민비가 할아버지를 음해하고 있으며, 또한 할아버지가 일본과 화친하려는 것을 꺼려하기 때문이라고 민비를 중상했다. 그것은 오카모도가 시킨 것이었다.

일개 외국공사에게 궁중의 추악한 암투까지 설명해야 하는 것은 독립된 국가로서 수치였다. 더더욱 가관인 것은 이노우에가 궁중의 사치생활을 비판하고 정치의 방법론까지 강의한 것이다. 그렇지만 국왕인 고종은 자신 없는 말투로 우물거리기만 했다.

이때 옆방에 있던 민비는 고종이 이노우에의 논리에 끌려가는 것을 무척 안타까워했다. 이노우에는 실력 있는 민비를 만나고 싶어 다음 날 민비와 국왕과의 공동회견을 요청했다. 다음 날 민비는 병풍 뒤에 앉아서 얼굴을 보이지 않고 음성만으로 이노우에의 물음에 답했다. 이노우에가 내정개혁의 시급을 강조하자 민비는 확실하게 항의했다.

"유월정변 때 대원군을 내세운 것은 일본이 내정간섭을 했다는 증거가 아니고 무엇이오?"

그는 민비의 날카로운 추궁에 움찔하면서 어색한 변명을 늘어놓았다.

"제가 관계하지 않았기 때문에 내용을 잘 모릅니다. 하지만 그것은 궁중의 완고파가 일본과의 친선조약을 무시하고 청국의 종노릇을 막기 위한 일종의 경고였다고 봅니다. 정권의 교체를 감행한 장본인은 어디까지나 대원군이었습니다. 그것 역시 귀국의 사정일 뿐입니다."

그러자 민비가 날카롭게 쏘아붙였다.

"폐왕, 폐비까지 하려던 음모사건은 어떤 세력을 믿고 한 짓이오?"

"그것은 대원군 일파가 했다고 처벌까지 한 일입니다. 그것이 사실이라면 대원군에게 물어보십시오. 일본으로선 단지 궁중의 암투라고 생각하옵니다. 풍문에 의하면 그 사건은 날조된 것이라지만 우리로선 흥미가 없사옵니다."

"지금, 공사도 대원군의 집권을 바라고 있지 않소?"

"무슨 말씀이십니까? 대원군은 잠시 흐트러진 궁중을 감독했을 뿐, 이미 물러간 것이나 다름없지요."

민비는 이노우에 공사에게 되풀이하여 대원군을 밀었던 내정간섭을 추궁했다. 그러자 그는 대원군이 일본의 호의를 배신하고 전쟁 중 청국과 밀통한 도덕적으로 믿을 수 없는 자라며 불만까지 털어놓았다.

민비정권은 이노우에가 요구한 내정개혁안의 기초인 14조를 발표했다. 이것은 현대적인 정치방법임에는 틀림없었다. 단점으로는 이것이 자주적으로 실천되지 못해 거꾸로 일본에게 당하게 된 것이다.

이로써 일본은 조선을 청국의 속국에서 해방시킴과 동시에 평등한 독립국가로서 공수동맹(한 패거리가 되는 것)까지 맺었다.

일본의 세력이 국내외적으로 조선을 흔들자 갑신정변으로 일본으로 망명했던 박영효, 서광범, 서재필 등의 개화독립당원들이 들어와 대신이 되었다. 일본이 청일전쟁에서 승리한 후 독립국으로서 고종과 민비는 황제폐하와 황후폐하로 승격되었다.

1895년 청국은 일본에게 항복한 후 '시모노세키조약'에 따라 조선은 완전한 독립국가로 승인되었다. 또한 청국은 대만, 요동반도, 팽호도를 일본에게 주기로 약속했다. 하지만 러시아, 독일, 프랑스가 반대했기 때문에 요동반도와 팽호도를 단념했던 것이다.

이때 민비는 일본이 러시아보다 약하다는 것을 재확인하고 과거에 실패한 러시아와의 친선정책을 꾀했다. 그것은 개화정책으로 민씨 일파가 몰락한 것을 회복시킬 수 있는 유일한 수단이라고 생각했기 때문이다. 박영효는 대원군 세력을 꺾는데 이용했지만 서광범, 서재필, 이완용 등은 모두 갑신정변 때의 원수들이었다.

박영효는 대원군의 세력제거에서 민비의 신임을 받았다. 하지만 세력이 커지자 총리대신 김홍집을 무시하기까지 했다. 그러다가 마침내 김홍집을 밀어내고 내무대신과 군무대신을 겸하면서 민비까지 위협했다.

민비는 박영효를 몰아내고 갑신정변으로 쫓겨났던 민영달, 민영환, 민영소, 심상훈 등을 특진관으로 등용해 옛날 개화당 세력을 회복시켰다. 이것은 앞에서도 언급했지만 3국 간섭에 물러난 일본을 깔보고 취한 숙청이었다.

벼슬에서 쫓겨난 박영효 일파는 민비의 공작이란 사실을 알고 반격했다. 이때 일본공사가 박영효를 만나 친러정책에 대한 문제를 논의했다. 그러자 박영효는 논의 중에 화를 내며 공사에게 충고했다.

"민비와 일당들은 개화독립당 출신과 친러정책으로 일본세력까지 몰아낼 음모를 꾸미고 있소."

그러자 일본공사는 고개를 끄덕이며 말을 이었다.

"민비가 대원군을 제거할 때 나를 이용하더니, 이제는 구파를 재등용해 친러반일 음모를 꾸미고 있소. 그런 궁중요물 때문에 조선의 개화가 방해되고 궁중이 또다시 시끄러워질 수 있어 걱정입니다."

박영효는 일본공사의 태도에서 싸늘함을 느꼈다. 그것은 오늘 밤에라도 당장 민비가 보낸 자객의 칼에 죽을 것 같은 공포였다. 며칠 후 대원군파로 몰려 관리에서 쫓겨난 한재익이 일본낭인과 함께 민비정권에 대해 서로 욕했다.

"민비가 사라져야 나라가 바로서지."

"이봐, 대원군도 죽이지 못한 민비를 누가 죽일까?"

"그거? 박영효가 죽일 것이오."

집으로 돌아간 한재익은 역적음모를 밀고하면 상을 받고 벼락감투를 쓴다는 생각에 박영효를 밀고했다. 그러자 민비는 곧바로 박영효를 잡아오라고 명했다. 밀고자 한재익은 경무관으로 발탁되고 표창까지 받았다.

외무대신 김윤식은 일본공사에게 박영효가 역적음모자로서 체포령이 내려졌다며 양해해 달라고 통고했다. 일본공사는 이 사실을 박영효에게 알렸다. 그러자 곧바로 일본공관으로 피신해 신변보호를 요청했다.

그러자 조선정부의 강경한 요구를 받았는데, 망명한 정치범은 국제법상 인도하지 못한다고 했다. 박영효는 일본군의 호위를 받으며 서울 시내를 거쳐 한강으로 갔다. 그곳에서 일본인이 운전하는 기동선에 태워져 인천으로 보냈다. 그는 거기서 일본의 기선을 타고 또다시 망명의 길에 나섰다. 이때 그와 동행한 사람은 신응희와 이규완뿐이었다.

이럴 즈음 대원군을 추대하려던 오카모도는 박영효의 잔당 이주회와 함께 민비를 제거하기 위한 계획을 짰다. 또한 박영효에게 밀려난 전 총리대신 김홍집의 세력도 참가했다. 이들은 대원군을 업은 후 거사하려고 그를 찾아갔다. 대원군도 역시 민비축출 후 정권을 재탈환하려고 적극적인 태도를 보였다.

을미년 10월 3일 가을밤, 공덕동에 있는 대원군의 별장에는 중대한 비밀회의가 열리고 있었다. 책사 오카모도와 대원군, 대원군의 아들이며 고종의 형 이재면, 손자 이준용 등 네 명이 모였다. 오카모도는 일본공사의 양해를 받았다는 전제하에서 말했다.

"지금 당장 민비를 제거하고 싶지만 아직 일본공사는 시기상조라며 찬성하지 않습니다. 따라서 대원군께서는 국왕을 돕고 궁중을 감독하는 정도만 하시고 정치문제엔 손을 떼십시오. 김홍집, 어윤중, 김윤식 등을 중심으로 내정개혁을 추진시킨다면 민비의 독재를 막을 수 있을 것입니다. 그리고 아드님(이재면)은 국내대신으로 하고, 손자님(이준용)은 3년 동안 일본으로 유학해서 실력을 쌓는 것이 장래를 위해서 좋을 듯싶습니다."

그러자 대원군은 현재의 상황에서 가장 좋은 방법이라고 찬성했다. 하지만 이것을 눈치챈 민비는 훈련대의 해산을 단행하기 위해 군무대신 안경수를 일본공사에게 보내 사전양해를 구했다. 이때 훈련대장 우범선이 해산에 대한 불만을 품고 일본공사를 찾아와 충동질했다.

"사태가 시급하오이다. 민비가 훈련대를 해산시킨 뒤 대원군 일파와 친일정객을 일망타진할 음모를 꾸미고 있소. 오늘밤 안으로 대책을 마련하지 않으면 당신까지 해가 미칠 것이오."

그러자 미우라 공사는 오카모도의 미온적인 대책으로는 민비에게 반격을 당할 우려가 있다고 판단해 긴급대책을 세웠다.

"내일(10월 8일) 새벽 훈련대와 일본수비병과 일본낭인들이 단결하여 끝냅시다."

민비는 다음 날 새벽에 대원군일파와 일본군대가 경복궁으로 쳐들어와 자신을 살해하려는 줄도 모르고 부하들에게 명령을 내린 후 침실로 들었다.

"이번에 대원군을 아주 없애버려야겠다."

그 다음 날 새벽 3시였다. 대원군은 이주회와 오카모도를 앞장 세우고 나섰다. 광화문은 이미 우범선이 지휘하는 훈련대와 일본수비대의 병력이 집결해 대원군 도착을 기다리고 있었다. 대원군 일행을 맞이한 군대는 경복궁으로 쳐들어갔다.

그때 궁중을 지키던 시위대는 총을 쏘고 대항했다. 하지만 시위대장 홍계훈이 총에 맞아 쓰러지자 모두들 도망치고 말았다. 건청궁을 지키던 시위대들도 마찬가지였다. 대원군은 훈련대와 일본군의 호위를 받으며 경복궁으로 들어가 성명서를 발표했다.

"간신들이 임금의 총명을 흐리게 하고, 조정을 부패문란하게 만들어 대업을 망치고 있다. 나 대원군은 나라가 위태로운 것에 종친으로서 묵과할 수 없어서 이렇게 간신배 처단에 나섰다.

임금을 잘 모시고 사직을 튼튼히 하여 백성들이 배불리 먹고 잘 사는 정치를 하겠다. 이에 백성들은 동요치 말라. 만일 나의 의로운 일을 방해하는 자는 엄단할 것이다."

대원군은 일본의 병력을 배경으로 고종을 협박하여 새로운 내각을 조직하고 발표했다. 그리고 고종에게 어려운 용단을 내리게 했다.

"중전은 왕실과 국사를 망친 장본인이오. 왕비를 폐하고 서인으로 강등시키시오."

그러자 고종은 대원군을 향해 눈물을 흘리며 호소했다.

"너무 심하신 말씀입니다. 차후로 정치를 못하게 하면 되지 않습니까. 그런데 왕실의 가정사까지 간섭할 필요는 없잖습니까?"

한편 일본군과 일본낭인을 비롯해 조선군은 민비를 찾기 위해 궁궐을 이 잡듯이 뒤졌다. 이때 침전에서 자다가 총소리에 깬 민비는 사태의 위급함을 알고 궁녀의 옷으로 갈아입었다. 그런 후 도망칠 기회를 엿보고 있었다. 그때 그들은 침전으로 침입해서 벌벌 떨며 우왕좌왕하고 있는 수십 명의 궁녀들을 족쳤다.

"이년들, 민비가 어디 있느냐? 빨리 불지 않으면 목을 벨 것이다."

"살려주세요. 저희들은 모릅니다."

하지만 궁녀들은 한결같이 민비가 있는 곳을 알려주지 않았다. 궁녀옷을 입은 민비는 궁녀들 틈에 섞여 있었다. 그때 민비의 일본인 시녀 오가와가 중년여자를 손가락으로 가리켰다.

그러자 일본 낭인은 단칼에 민비를 벤 후 부하들에게 시체를 불에 태우라고 명령했다. 그들은 민비의 시신을 침실보로 말아서 녹원숲 속으로 운반한 뒤 석유를 뿌려 태워버렸다.

이것으로 민비와 대원군의 궁중암투가 끝났으며, 민비가 살해되면서 조선왕조의 국운은 몰락했다.

일본은 러시아와의 전쟁에서 승리하면서 대한제국과 '을사조약'을 맺었다. 그로부터 얼마 후 '한일합방(1910년 8월 29일)'이라는 형식을 거쳐 대한제국은 망하고 일본의 식민지가 되고 말았던 것이다.